프랑스
제3공화국
헌정체제

초기 정립과정을 중심으로

내일을여는지식 / 법 8

프랑스
제3공화국 헌정체제

초기 정립과정을 중심으로

한동훈 지음

한국학술정보㈜

머리말

　이 글은 저자의 박사논문인 "프랑스 제3공화국 헌법체제의 정립 과정에 관한 연구"를 출판하기 위해 수정한 것으로, 규범적으로 이원적 의원내각제를 규정한 프랑스 제3공화국 헌법이 헌정실제에서 일원적 의원내각제로 변용되어 안정화되는 과정을 역사적인 관점에서 규명함으로써 프랑스의 의원내각제를 이해하는 것을 목적으로 합니다.

　이해의 편의를 돕기 위해 프랑스 제3공화국이 등장하기 이전의 프랑스 헌정사를 모리스 오류(Maurice Hauriou)의 순환이론(théorie des cycles)으로 간단히 설명하자면 다음과 같습니다.

　1789년에 시작된 프랑스 대혁명은 이전의 체제인 절대군주제를 급속히 해체하면서 1791년 헌법을 통하여 왕과 의회 간의 엄격한 권력분립에 의한 제한군주제를 천명하게 됩니다. 하지만 이 체제는 1792년에서 1795년까지 지속된 국민공회정부로 변경되며, 회의제 정부의 성격을 가진 국민공회정부는 테르미도르반동을 거쳐 나폴레옹 독제체제로 전환되게 됩니다. 그러나 집정관체제에서 제정체제로 변화된 나폴레옹독재는 패전으로 몰락하게 되며, 이로서 혁명의 제1주기는 종료하게 됩니다.

혁명의 제2주기는 루이 18세의 왕정복고 체제부터 시작되는데, 나폴레옹의 제정체제를 이은 왕정복고 체제는 부르주아지들이 주축이 된 1830년의 7월 혁명의 결과 7월 왕정으로 전환되며, 이와 같은 왕정복고와 7월 왕정의 경험은 의회제가 제도적으로 발전하는 시기로 평가됩니다. 하지만 1848년 2월 혁명은 7월 왕정을 무너뜨리며, 제2공화국을 수립하게 됩니다. 그러나 공화주의자가 존재하지 않는 공화국이라는 평가를 받는 제2공화국은 곧바로 권위주의적 성격을 가지는 제2제정체제에 자리를 내주게 되며, 나폴레옹 보나파르트에 의한 제1제정체제와 달리 의회주의를 통한 자유주의 이념을 인정한 제2제정체제는 제1제정체제와 유사하게 프로이센과의 전쟁에서 패함으로써 몰락하게 됩니다. 그리고 이와 같은 법적인 공백상태 속에서 제3공화국은 서서히 만들어지게 되며, 프랑스 역사상 그토록 원했던 헌정체제의 안정을 가져다주게 됩니다.

이와 관련하여 이 글은 보불전쟁후의 시점부터 출발을 하며, 이원적 의원내각제가 일원적 의원내각제로 변용되게 되는 결정적 사건인 1877년의 5월 16일의 위기와 그 결말에 해당하는 1879년 2월 6일의 그레비 대통령의 교서(message)가 발표되는 시점까지를 연구대상으로 하기 때문에 65년여간 지속된 제3공화국의 초기에 해당되는 부분을 다루고 있습니다. 따라서 제3공화국의 헌정체제에 대한 전체적인 평가는 또 다른 연구를 통해서 보완되어야 할 것으로 생각됩니다.

이 보잘 것 없는 하나의 글을 내기까지 저자에게 많은 도움을 주신 분들을 잊을 수 없습니다. 학문적으로나, 인간적으로나 늘 따뜻한 마음으로 지도해 주신 성낙인 교수님, 파리에서의 체류기간 동안 자상한 배려를 해 주신 M. Jean Morange, 대학원 수업에서 학문을 길을 일러주신 정종섭 교수님, 송석윤 교수님, 논문심사과정에서 법학일반에 대한 조언과 격려를 해 주신 박정훈 교수님, 부족한 박사논문을 지도해 주신 변해철 교수님, 정재황 교수님, 언제나 늘 따뜻한 사랑을 베풀어주신 어머님, 장인어른, 장모님, 그리고 사랑하는 아내에게 감사하는 마음을 전하고 싶습니다.

2009년
저자

목차

제 **1** 장

제3공화국 헌법의 맹아

제1절 띠에르 정부의 출범

제3공화국의 출발은 체제 내부적인 요인이 아닌 패전이라는 갑작스러운 사건으로 인한 권력의 공백상태로부터 비롯되었다. 그리고 이와 같은 권력의 공백상태는 공화국의 사실적 선포에 뒤이은 국민방위정부의 출현, 민주적 정당성을 가진 국민의회에 의한 사실적 정부의 대체, 그리고 국민의회에 의한 새로운 정부의 수립이라는 일련의 사건으로 채워지게 된다.

Ⅰ 국민방위정부의 구성

비스마르크가 이끄는 프로이센군에게 스당(Sedan)에서 결정적인 패배를 한 나폴레옹 3세는 1870년 9월 2일 항복서명을 하게 된다. 그런데 이와 같은 항복서명은 개인적 정부의 성격을 띠는 제정체제의 종식이라는 결과 외에 난해한 헌법적 문제를 야기했다. 왜냐하면 제정헌법(constitution impériale)인 1856년 7월 17일의 원로원의결(sénatus – consulte)은 단지 황제가 미성년인 경우의 섭정만을 예상했기 때문에 황제가 체포되는 경우에 누가 국가원수의 권한을 대행할 지에 대해서는 침묵하였기 때문이다.[1]

---

1) "황제의 섭정에 관한 1856년 7월 17일의 Sénatus – consulte(Sénatus – consulte du 17 juillet 1856, sur la Régence de l'Empire)"는 제1조에서 황제는 18세까지 미성년임을 규

하지만 국가원수의 부재와 이에 관한 헌법규정의 흠결은 곧바로 사실적인 힘에 의해서 대체되었다. 즉 1870년 9월 3일 나폴레옹 3세의 패전소식이 파리에 도착하자마자 황후는 뛸르리(Tuileries)궁으로 도피하게 되고, 수 많은 군중들에 둘러싸인 일단의 공화파들은 1870년 9월 4일 시청 앞에서 프랑스에서의 세 번째 공화국을 선포하게 된다. 그리고 공화파는 곧바로 제2제정체제하에서 존속한 하원(Corps législatif)을 해산시키고, 상원(le Sénat)을 폐지하였다.

1870년 9월 4일 파리의 공화파들은 프랑스 인민과 파리 시민들에게 각각 포고를 발표했으며, 같은 날 각료임명에 관한 데크레를 발함으로써 국민방위정부(gouvernement de la Défense nationale)를 구성하였다.

그러나 국민방위정부는 공화파들의 의도와는 달리 그 구성에 있어서 체계적이지 않았다. 즉 1870년 9월 4일의 파리 시민들에 대한 포고에서 정부는 엠마누엘 아라고(Emmanuel Arago), 글레비주엥(Glais – Bizoin), 크레미유(Crémieux), 펠르탕(Pelletan), 쥘 포브르(Jules Fauvre), 피가르(Picard), 쥘 페리(Jules Ferry), 로쉬포르(Rochefort), 강베타(Gambetta), 쥘 시몽(Jules Simon), 가르니에 파제(Garnier – Pagès)에 의해서 구성된다는 점을 선언하고 있지만, 같은 날 발표된 각료임명에 관한 데크레에서는 이들 구성원 중에 쥘 포브르(Jules Fauvre), 강베타(Gambetta), 크레미유(Crémieux), 피가르(Picard), 쥘 시몽(Jules Simon)만을 각료로 임명하였다. 그리고 9월 4일 포고

정하며, 제2조에서는 만약 아버지인 황제가 사망 전에 황제의 섭정에 대해서 공표를 하지 않은 경우 황후가 섭정을 하는 것으로 규정하고 있다. L. Duguit, H. Monnier et R. Bonnard, *Les Constitutions et les Principales Lois Politiques de la France depuis 1789*, Paris: L.G.D.J., 1952, pp. 227 – 242.

문에서 열거했던 정부구성원이 아닌 자들, 즉 플로(Flô), 프리송(Fourichon), 도이앙(Dorian), 마냉(Magnin)을 각료로 임명하였고, 정부의 적법한 구성원이 아닌 이들 4명의 각료들에게는 정부 내부에서의 투표권조차 인정하지 않았다. 결국 이와 같은 비체계적인 국민방위정부 조직은 국민방위정부의 권력기반이 그만큼 취약하다는 것을 보여 주는 징표였다.[2]

이와 같이 구성된 국민방위정부는 무엇보다도 파리중심적인 정부였다. 왜냐하면 제3공화국이 사실적으로 선포된 것은 바로 파리의 시청 앞이며, 국민방위정부가 실제로 구성되고 그 실질적인 힘이 미친 곳은 바로 파리이기 때문이다. 그 결과 국민방위정부는 프로이센군에 의해 파리가 포위되었음에도 그들의 권력기반인 파리를 떠날 수 없었다.

하지만 국민방위정부의 파리에 대한 애착은 국토를 점령한 외국군과 타협하지 않는 자코뱅정신에는 충실했을지 모르지만, 프랑스를 수도와 지방으로 분열하는 결과를 초래했다. 그리고 그 결과 리용, 마르세이유, 뚤르즈와 같은 지방대도시는 프로이센군으로부터 스스로를 방위하기 위하여 파리의 국민방위정부의 통제에 응하지 않았다. 게다가 이와 같은 국민방위정부의 파리중심적인 정부라는 특성은 이후 지방명사들로 구성된 국민의회다수파들의 가치관과 상반되는 것이었으므로, 따라서 파리자치정부라는 성격을 가지는 국민방위정부와 국민적 정당성을 수여받은 국민의회는 충돌하지 않을 수 없게 된다.

---

2) Marcel Morabito, *Histoire constitutionnelle de la France(1789∼1958)*, Paris: Montchrestien, 2004, p. 286.

그리고 국민방위정부는 법적인 정통성이 있는 정부가 아니라 단지 사실적인 정부이다. 왜냐하면 불과 4달 전인 1870년 5월 8일 제2제정체제의 플레비시트(plébiscite)에서 유권자 80% 이상이 나폴레옹 3세의 제정체제에 찬성을 표시했다는 사실을 감안해볼 때, 갑작스러운 파리 시민들의 봉기와 일단의 공화파들에 의한 공화국 선포행위는 단순한 사실적 행위이지, 법적인 정당성과 효력을 가지는 행위라고 보기 힘들기 때문이다.[3]

따라서 국민방위정부는 이와 같은 취약한 정당성 때문에 프랑스 국민전체를 대상으로 하는 국민의회 구성을 위한 선거를 실시하게 되며, 이 선거를 통해서 국민방위정부가 과연 국민주권의 충실한 수임자였는지, 아니면 프랑스 국민전체의 선택권을 부당하게 찬탈했는지 밝혀지게 되었다.

Ⅱ 국민의회와 띠에르 정부의 구성

1. 국민의회 선거와 왕당파에 의한 다수파형성

(1) 국민의회 선거

1) 국민의회 선거의 실시와 선거제도

1870년 9월 8일 국민방위정부는 스스로 임시적인 성격을 지닌

---

3) René Rémond, *La vie politique en France depuis 1789 Tome Ⅱ (1848~1879)*, Paris: FAYARD, 2002, p. 272.

정부라고 생각하고, 헌법제정 국민회의의 구성을 위해서 다음과 같은 데크레(décret)를 공포했다.

> "제1조 헌법제정 국민회의의 선출을 위한 선거인단은 10월 16일 일요일에 소집된다. 제2조 선거는 1849년 3월 15일 법률에 따라 명부투표제[4]로 치러진다. 제3조 헌법제정 국민의회의 숫자는 750명이다. 제4조 내무부장관[5]은 본 데크레의 집행에 책임이 있다."[6]

그러나 헌법제정 국민의회를 구성하기 위한 선거는 프로이센군의 포위 때문에 데크레(décret)에서 규정된 날에 실시되지 못하고 연기하지 않을 수 없었으며, 1871년 1월 28일 베르사유에서 비스마르크와 쥘 파브르(J. Favre)에 의해 휴전협정이 체결됨으로써 비로소 실시할 수 있게 되었다.

즉 체결된 휴전협정 제2조는 명시적으로 "휴전협정은 국민방위정부로 하여금 자유로이 선출된 의회를 소집하도록 하며, 이 자유로이 선출된 의회는 전쟁을 계속 수행할 것인지, 아니면 어떠한 조건으로 평화가 이루어져야 할지를 결정한다. 이 의회는 보르도에서 소집될 것이다."라고 규정함으로써 국민방위정부는 국민의회 선

---

4) 명부투표제(scrutin de liste)는 인구비례에 따라 복수의 당선자를 선출하는 제도이며, 단기투표제(scrutin uninominal)는 한 선거구에서 단 한 명의 당선자를 배출하는 제도이다. 명부투표제와 단기투표제에 관한 자세한 내용은 성낙인, 프랑스 헌법학, 법문사, 1995, pp. 204 – 205 참조.

5) 내무부장관(le ministère de l'intérieur)의 직위는 새로운 내각이 구성될 때마다 비중이 있는 자리로 평가된다. 왜냐하면 오랜 관행에 따라 내무부장관직을 어떤 사람이 보유하게 되는지에 따라 새로운 내각의 정치적 색깔을 나타내게 되며, 내무부장관은 또한 선거와 소규모 정치적 활동의 중심으로서의 기능을 하기 때문이다. Joseph Barthélemy et Paul Duez, *Traité de droit constitutionnel*, Panthéon Assas(Ed)p. 646: 따라서 국민방위정부의 내무부장관인 Gambetta가 헌법제정 국민의회의 구성을 위한 선거의 담당하게 되었으며, 이는 뒤에서 살펴볼 것처럼 선거결과에 영향을 미치게 된다.

6) *Bulletin des Lois de la République Française*, XIIe Série. N°2, p. 13.

거를 1871년 2월 8일로 정하는 1871년 1월 29일의 데크레(décret)를 공포했으며, 이 데크레(décret)에 따라 선거는 1871년 2월 8일에 치러졌다.

그리고 1871년 2월 8일의 선거는 1870년 9월 8일 데크레(décret) 제2조의 규정에 따라 1849년 3월 15일 법률의 규정에 따라 치러졌다. 따라서 우선 제2제정체제하에서 시행되었던 구단위의 단기투표제(scrutin uninominal)는 배제되고, 도 단위의 명부투표제가 채택되었으며, 선출되기 위해서는 상대다수면 충분했다. 따라서 결선투표(2회제 투표, second tour)는 필요 없게 되었다. 그리고 유권자는 깡통(Canton)의 소재지에서 투표를 해야 하며, 복수입후보도 허용되었다.

그런데 9월 8일의 데크레 제4조의 규정에 의해 국민의회 선거에 관한 책임을 맡았던 강베타(Gambetta, 1838~1882)는 국민의회 선거를 공화파들에게 유리하게 진행시키고자 1871년 1월 31일 데크레(décret)를 공포하게 된다.

이 데크레는 특정 시민계급에 대한 피선거권의 박탈을 정하는 것으로서 제1조는 "1851년 12월 2일에서 1870년 9월 4일까지 각료, 상원의원, 국참사원 위원, 도지사를 역임한 자는 국민의회에서 인민의 대표자가 될 수 없다."[7]라고 규정하였다. 따라서 강베타는 실패한 체제인 제2제정체제를 가담한 모든 정치 인사들을 정계에서 추방하고자 했으며, 데크레(décret)에서 규정된 기간이 제2제정체제의 전 기간을 포함하고 있기 때문에 자유주의적 제정체제[8]에

---

7) Décret retirant le droit à l'éligibilité à certains classes de citoyens du 31 janvier 1871, *Bulletin des Lois de la République Française*, XIIe Série. N°17, p. 408.

가담한 자 역시 정계에서 배제하고자 하였다.

그리고 제2조에서는 "1851년 12월 2일에서 1870년 9월 4일까지 치러진 하원의원 선거에서 공식후보자를 수락한 사람, 그리고 그 이름이 도지사에 의해 유권자들의 투표에 추천된 후보자명부에 게시되어 정부후보자, 행정부의 후보자 또는 공식후보자와 같은 언급과 함께 Moniteur officiel9)에 공표된 사람은 피선거권이 없다."10)라고 규정함으로써 강베타는 국민의회 선거를 공화파에게 유리하게 진행하고자 하였다.

그러나 이와 같은 강베타의 시도는 "자유로이 선출된 의회(Assemblée librement élue)"라는 휴전협정의 문구에 명백히 반하기 때문에 비스마르크는 선거가 있기 전 2월 3일 외교문서를 통하여 국민방위정부에 항의를 하였으며, 파리의 국민방위정부 역시 강베타의 이와 같은 조치에 반대한다는 입장을 취했다. 또한 강베타에 의해 도입된 피선거 자격 제한 조항은 국민들의 의사표현의 자유를 침해했다는 비난으로부터도 자유로울 수 없었다.

결국 파리의 국민방위정부는 쥘 시몽(Jules Simon, 1814~1896) 외 3명의 인사를 보르도로 파견하여 강베타를 설득하려 했으며, 이들과 강베타의 격렬한 싸움 끝에 강베타가 발한 데크레(décret)는 폐지되고, 강베타는 사임하게 된다. 그리고 공화파들 간의 분열을

---

8) 자유주의적 제정체제에 대해서는 Georges Pradalié, *Le Second Empire*, Paris: PUF, 1987, pp. 24 – 45: René Rémond, *op.cit.*, pp. 201 – 240

9) "Moniteur officiel"가 정확히 무엇을 의미하는지 정확하지는 않지만, 아마도 "공화국관보 (Journal officiel de la République française)"가 발행되기 이전의 Le Moniteur universel 을 말하는 것이 아닌 가 추론할 수 있을 것이다.

10) Décret retirant le droit à l'éligibilité à certains classes de citoyens du 31 janvier 1871, *Bulletin des Lois de la République Française*, XIIe Série. N°17, p. 408.

나타내는 이와 같은 사건으로 어떠한 제한도 부과되지 않은 선거가 치러졌으며, 그 결과 왕당파와 보나파르티스트들은 자유롭게 선거운동을 했던 반면 공화파들은 분열된 모습을 가지고 선거에 임하지 않을 수 없게 되었다.

2) 국민의회 선거의 특징

국민의회 선거의 특징은 무엇보다도 공화주의(républicaine)와 보수주의(conservatrice)라는 커다란 두 이념의 대결이라는 점이다.

우선 공화파들은 선거에서 전쟁과 평화간의 선택보다는 공화주의체제의 옹호를 주장했다.

반면에 보수주의자들은 공화파들과는 상이한 전략을 채택했다. 보수주의자들은 군주주의자들인 귀족들과 의회제도에 애착을 가지는 자유주의적 부르주아를 끌어안았으며, 후보자명부를 강베타와 같은 급진공화파의 노선을 지지하지 않을 것을 조건으로 공화파들에게까지 개방했다. 아울러 보수주의자들은 공화파들과는 달리 체제의 문제에 대해서는 입장을 표명하지 않고, 평화(paix)와 자유(liberté)로 표현되는 자유주의적 결합, 즉 사회적 결합을 제도화하는 데 중점을 두었다. 그리고 행정적 전제, 경찰의 감시로 특징 지워지는 제정체제에 대한 거부와 1793년의 공화국을 환기하는 강베타의 자코뱅적인 독재 역시 거부하였다.

그리고 국민의회 선거는 선거의 기능을 충분히 보장하기에 상당히 미흡한 선거였다. 투표의 공고와 실시기간은 단지 10일에 불과했고, 프로이센과의 전쟁으로 43개의 도가 점령된 상태였으며, 선거운동 자체가 존재하지 않았다는 점 등은 국민들의 민주적 의사가 정확하게 표명될 수 없었다는 비판과 함께 국민의회에서 소수파의 자리를 차지하는 공화파가 선거결과에 대해서 승복하지 않는 결과를 초래하게 하였다. 그리고 이와 같은 공화파의 태도는 이후 보궐선거에서 공화파가 계속 압도적인 승리를 하게 되면서 더욱더 확고해진다.

마지막으로 국민의회 선거는 무엇보다도 두 명의 정치인 - 강베타와 띠에르(Thiers, 1797~1877) - 에 대한 플레비지트(plébiscite)의 기능을 수행했으며, 이는 단지 두 정치인의 개인적 차원이 아닌 이들이 상징하는 공화파와 보수파의 이념적 대결로 풀이될 수 있다.

즉, 띠에르와 강베타는 모든 면에서 대조적이었다. 먼저 나이를 보자면 띠에르는 1797년생이기 때문에 그 당시 73살이었으며, 강베타는 1838년에 태어났기에 40살이 되지 않았다. 그리고 경력면에서 보자면 띠에르는 거의 50년간 공직에 종사했지만, 강베타는 단지 제2제정 후반기에 노동자계층이 많이 거주하는 벨빌(Belleville)에서 급진주의적 강령[11]으로 정계에 입문했을 뿐이었다.

---

11) 1869년 Gambetta는 하원 선거에 입후보할 때 그의 선거위원회(comité électoral)가 만들고, 1869년 5월 15일에 L'Avenir national에 공표한 벨빌강령(le Programmme de Belleville)을 그의 연설 속에서 다시 수락한다. 이와 같은 벨빌강령은 그 뒤에 20세기 초반까지 급진주의적 공화파(le Parti radical)의 정치적 노선을 이루며, 일부는 좌파들이 공화국을 확고히 한 다음에 법률로써 규정되게 된다. 그 주요내용은 장소적 제한 없이 보통선거의 가장 급진적인 실시, 등록유권자들의 수에 따른 선거구획정, 일반적 안전에 관한 법률의 폐지, 혁명력 8년 헌법 제75조의 폐지와 모든 공무원의 직접적 책임, 모든 종류의 정치적 범죄의 판사에의 이송, 완전한 언론의 자유, 모든 종교적·철학적·정치적·사회적 문제를 토론할 권리와 함께 제한 없는 집회의 자유, 형법 제291조의 폐지, 완전한 결사의 자유, 종교적 예산의 폐지와 교회와 국가의 분리, 초등교육의 세속화, 무상화, 의무교육화, 특권의 폐지, 지나치게 많은 보수와 겸직의 폐지, 세제개혁, 모든 공직의 선거를 통한 선출, 상비군의 폐지, 정의의 원칙과 사회적 평등의 이름으로 끊임없이 연구되고, 탐구되는 경제개혁 등으로 이루어졌다.

그리고 이들이 대표하는 정치적 성향을 보자면, 띠에르는 제2제정 체제하에서 프로이센과의 전쟁반대를, 현재는 프로이센과의 전쟁종료를 주장했으며, 의회주의적 자율의 옹호자로서 평화와 자유의 이념을 인격화했다. 반면 강베타는 희망 없는 전쟁의 지속을 추구했으며, 국민방위정부와 같은 자코뱅독재를 추구하였다.

(2) 왕당파에 의한 다수파 형성

선거결과 여론의 분포는 전체적으로 보수주의자들의 압도적인 승리로 나타났다. 지역적인 차원으로 살펴보면 1870년 5월 8일 플레비지트의 결과와 아주 비슷하며, 공화파들은 도시에서, 보수파들은 농촌에서 상당히 많은 지지를 받았다.

그리고 공화파와 보수파를 대표한 두 명의 인물인 강베타와 띠에르에 대한 플레비지트의 차원에서 선거결과를 보자면, 띠에르는 26개도에서, 강베타는 8개도에서 국민의회 의원으로 선출되어 띠에르와 강베타는 모든 후보자들 중에서 선두를 나타냈지만, 26개도에서 국민의회 의원으로 선출된 띠에르가 강베타를 이긴 것은 분명하다.

1) 국민의회의 구성

1871년 2월 12일 국민의회는 프로이센군에 의한 국토의 점령으로 파리가 아닌 보르도에 소집되었으며, 2월 16일에는 536표 중에 519표를 획득한 쥘 그레비(Jules Grévy, 1807~1891)를 국민의회 의장으로 선출하였다.

이 당시 소집된 645명의 국민의회 의원들의 구성을 살펴보면 다음과 같다. 우선 왕당파들(monarchistes)은 약 2/3인 400석으로 다수파를 이루었다. 따라서 왕당파들의 열망인 왕정복고에 어떠한 어려움도 없어보였지만, 그들은 내부적으로 상당히 분열되어 있었다. 이들의 내부적 분파를 살펴보자면, 우선 극우파에 해당하는 180명의 정통주의자(légitimistes)들이 있다. 이들은 부르봉왕가(les Bourbons)에 대한 충성을 다했으며, 왕위계승자인 샹보르 백작(comte de Chambord)을 그들의 왕으로 생각했다. 그리고 중도우파에 해당하는 210명에서 220명 사이의 오를레앙파(orléanistes)가 있다. 이들은 국민의회의석 배치에서 중간의 오른쪽과 숫자가 많기 때문에 중간의 왼쪽도 침범했다. 이들은 오를레앙가(les Orléans)에 충성을 다했으며, 파리 백작(comte de Paris)을 그들의 대표로 삼았다.

이들 정통주의자들과 오를레앙니스트들은 왕정을 지지한다는 점에서는 공통점이 있지만, 그들이 신봉하는 왕가와 왕정의 성격, 나아가 프랑스 대혁명을 바라보는 시각에서는 엄청난 관점의 차이가 존재한다.

정통주의자들의 경우 왕의 권한은 신과 그 자신의 세습성에 의해서 정당화되고, 왕은 그 자신의 의지에 따라 헌장(charte)을 국민에게 수여하며(octroyer), 주권의 행사에 있어서 국민과 국민의 대표자를 참여시키지 않고, 그 자신이 주권행사의 형태와 정도를 정해야 한다고 생각한다. 따라서 정통주의자들은 왕을 프랑스 국민들의 왕(roi de Français)이 아닌 프랑스의 왕(roi de France)이라고 표현한다.[12]

---

12) 이와 같은 사고를 반영한 1814년 6월 4일의 헌장(Charte constitutionnelle)전문은 "NOUS

반면 오를레앙니스트들은 왕은 국민의 의지에 의해서 축성된다고 생각하며, 왕은 세습 또는 국민에 의해 선출될 수 있고, 그 자신과 국민의 대표자와의 권력을 공유하는 협약에 의해서 국민과 관계를 가져야 한다고 생각한다. 따라서 오를레앙니스트에 의하면 왕은 프랑스의 왕(roi de France)이 아닌 프랑스 국민들의 왕(roi de Français)13)으로 존재한다.14)

1789년의 대혁명을 바라보는 관점에 있어서 정통주의자들은 대혁명의 가치를 전혀 인정하지 않지만, 오를레앙니스트들은 그 가치를 기본적으로 인정하는 입장을 취하며, 이와 같은 관점은 그들이 지지하는 국가형태의 차이로 연결된다. 즉 정통주의자들은 절대군주제(monarchie absolue)를 그들의 국가형태로 주장함에 반해, 오를레앙니스트들은 입헌군주제(monarchie constitutionnelle)를 주장한다.

부르봉가(les Bourbons)와 오를레앙가(les Orléans)로 구성되는 이들 왕당파들은 국민의회 초기에는 공통의 대의였던 왕정복고를 위해서 서로 타협을 하고, 공화파들에 대한 블록을 형성하지만, 왕정복고의 가능성이 사라진 다음에는 돌이킬 수 없는 불화를 드러낸다. 그 결과 중도우파에 해당하는 오를레앙니스트들과 온건공화파들 간의 접근이 이루어지며, 이들이 제3공화국의 근본조직을 구성하게 된다.

AVONS volontairement, et par le libre exercice de notre autorité royale, ACCORDÉ ET ACCORDONS, FAIT CONCESSION ET OCTROI à nos sujets, tant pour nous pour nos successeurs, et à toujours, de la Charte constitutionnelle."라고 표현한다. CHARTE CONSTITUTIONNELLE, Bulletin des Lois, Ⅴe Série, IreN°133, p. 198.

13) 1830년 8월 14일의 헌장은 전문에 "LOUIS PHILIPPE, ROI DES FRANÇAIS"라고 표현한다. CHARTE CONSTITUTIONNELLE, *Bulletin des Lois*, Ⅸe Série, Ire N°5, p. 51.

14) Maurice Deslandres, *Histoire constitutionnelle de la France(Ⅲ)*, Paris: Armand Colin, 1937, pp. 124-125.

한편 공화파들 역시 그 내부적인 분파가 존재한다. 우선 80명 미만의 중도좌파(centre gauche)가 있다. 중도좌파는 원래 페레이(Féray) 모임에 그 기원이 있으며, 이들은 자유주의적인 제도로써 국가를 재조직하고자 했지만, 구체적인 체제의 문제에서 군주제와 공화제 사이를 망설였다. 그 주요인물로는 7월 왕정체제하부터 정치적 활동을 한 두 명의 거물정치인인 띠에르와 뒤포르(Dufaure)가 있다. 그리고 중도좌파보다 좌측에 공화파그룹(groupe de républicaine)이 있다. 공화파그룹은 쥘 파브르, 쥘 페리(Jules Ferry, 1832~1893), 쥘 시몽(Jules Simon, 1814~1896), 쥘 그레비 등 9월 4일의 국민방위정부 인사들이 주축을 구성했다. 이들은 숫자는 그렇게 많지 않았지만, 국민의회의 집행부(bureau)는 이들 그룹출신이 상당부분을 차지했다. 그리고 가장 좌측에 공화주의연합(Union républicaine)이라는 40명의 급진공화파(républicaines radicaux)들이 있다. 이들은 루이 블랑(Louis Blanc), 벨빌에서 선출된 강베타, 몽마르트르의 시장인 클레망소(Clemenceau)와 같은 인물이 주축을 이루었으며, 대부분 파리에서 선출되었다.

마지막으로 그 숫자의 미약함에도 불구하고 국민의회의 표결에서 중요한 역할을 하는 타르제(Target)그룹이 있다. 이들은 나중에 "1875년의 헌법적 법률"의 제정 과정에서 공화국이 채택되게 되는데 캐스팅 보트로서 중요한 역할을 하게 된다.

그 외에, 군주주의자들로도 공화파로도 분류될 수 없는 20여 명의 보나파르티스트들(bonapartistes)이 있다. 이들은 계속되는 보궐선거에서 공화파들과 더불어 상당한 약진을 하게 되며, 이들의 급속한 세력 강화는 왕당파로 하여금 두려움을 느끼도록 한다. 그리고 이와 같은 두려움은 헌법적 법률이 가결되기 위해 필요한 중도파가 형성되도록 영향을 미친다.

2) 국민의회의 헌법적 지위

상당수 의회경험이 없었으며, 농촌지역을 대표하는 인사들로 구성된 국민의회는 국민방위정부와 달리 주권적 위임을 받은 기관으로서의 성격을 가진다. 따라서 보르도에 1871년 2월 12일에 소집된 국민의회는 그 당시 국민주권을 유일하게 대표했으며 어떠한 규정도 국민의회의 권한을 제한하지 않았기 때문에 합법적으로 법률을 제정하고, 정부를 구성하는 모든 관료들과 법관들을 임면함으로써 입법권과 집행권을 정당하게 행사했다.[15]

하지만 국민의회가 헌법제정권도 보유하고 있는지에 대해서는 논란이 있다. 왜냐하면 대부분의 공화파들은 국민의회가 소집된 직후부터 국민의회의 헌법제정 권력을 부인했기 때문이다. 즉 공화파들은 휴전협정 제2조가 "국민방위정부로 하여금 자유로이 선출된 의회를 소집하도록 하며, 이 자유로이 선출된 의회는 전쟁을 계속 수행할 것인지, 아니면 어떠한 조건으로 평화가 이루어져야 할 것인지를 결정한다."라고 규정한 것처럼 국민의회는 전쟁 또는 평화의 문제에 대해서만 결정할 수 있을 뿐, 미래의 헌법제정의 문제는 국민의회에 속하지 않는다고 생각했다.

그렇지만 국민의회는 일련의 법률의 제정 작업을 통하여 스스로 헌법제정권력을 주장했다. 예를 들면, 국민의회는 1871년 2월 17

---

15) A. Esmein, *Éléments de droit constitutionnel français et comparé*, Paris, Recueil Sirey, 1914, p. 606.

일의 결의(Résolution)에서는 "주권적 권한의 수탁자(dépositaire de l'autorité souveraine)"라는 표현을, 리베(Rivet)법률이라 불리는 1871년 8월 31일 법률에서는 "국민의회가 부여받은 주권의 본질적인 상징인 헌법제정권을 행사할 권한이 있으며"라는 표현을, 브로이(Broglie)헌법이라고도 불리는 1873년 3월 13일 법률에서는 "그 완전한 형태로 국민의회에 속하는 헌법제정권을 부여받은"과 같은 표현을 사용했다.

그러나 공화파들에 의해 끊임없이 제기되는 국민의회의 헌법제정권 보유의 문제는 다분히 감정적인 면이 있는 것으로 분석된다. 왜냐하면 애초에 공화파들의 정부였던 국민방위정부는 1870년 9월 8일의 데크레 제1항에서 분명히 **헌법제정** 국민의회의 선출을 위한 선거인단은 10월 16일 일요일에 소집된다."라고 규정했으나, 이들은 1871년 1월 29일의 데크레에 대해서만 이야기하며, 나중에 왕정복고가 불가능해져서 중도우파와 중도좌파가 보수적인 공화국이라는 해법에 대해 뜻을 같이 할 무렵에는 공화파들은 국민의회의 헌법제정권에 대해 더 이상 부정을 하지 않기 때문이다.

2. 띠에르 정부의 구성

1871년 2월 8일에 프랑스 전여에서 소집된 국민의회는 2월 12일 보르도에 모여 우선 국민방위정부로부터 권력을 이양 받았으며, 1848년의 임시정부체제와 그 전개과정상의 유사성에도 불구하고, 1848년에 있었던 5인 집행위원회의 예를 따르지 않고, 1848년 헌법제정 당시에 그레비에 의해 제안된 바 있는 수정안을 모델로 하여 국민의회의 권력을 한 개인인 띠에르에게 위임하고, 그로 하여금 정부를 구성하도록 하였다.

따라서 아래에서는 1848년의 그레비의 수정안에 대해서 우선 살펴보고, 1871년 2월 17일 결의(Résolution)의 내용을 검토하도록 한다.

(1) 1871년 2월 17일의 결의 모델: 1848년의 그레비수정안

그레비는 1848년 헌법제정 국민회의에서 제3공화국 헌법이 헌법관습적 변용을 하게 되는 중요한 원인으로 작용하는 수정안을 제출하면서 다음과 같은 주장을 하였다.

즉 우선 권력분립원칙은 인민주권(souveraineté du peuple)이라는 단일한 근원으로부터 유래하기 때문에 삼권이 국민으로부터 따로따로 분리되어서 위임되는 것으로 이해될 수 없으며, 권력분립원칙은 단지 여러 권력들을 구별하고 그 권력들이 분리되어 행사될 수 있어야 한다는 것을 의미한다고 했다.[16]

그리고 보통선거를 통한 공화국 대통령선출은 공화국 대통령이 절대적인 권력을 가지는 지위에 앉게 할 것으로 보았다. 즉 공화국 대통령은 수백 만 명의 표를 통해서 엄청난 힘을 가지게 될 것이며, 국민의회 내에서도 상당한 그의 지지 세력을 가지게 될 것이므로, 결국 이전에 군주가 행사한 모든 권한을 행사할 것이며, 그 명칭이 왕(roi)이건 대통령(Président)이건 한 사람에게 부여된 권

---

16) Lucien Delabrousse, "Discours sur le projet de constitution", *Discours politiques et judiciaires, rapports et messages de Jules Grévy(Ⅰ)*, Paris: Quantin, 1888, pp. 42 – 43.

한은 바로 이전에 보나파르트나 루이 필립(Louis – Philipe)에 의해 행사된 바 있는 군주적인 권한으로 평가했다.

따라서 그레비는 1848년 10월 6일 "프랑스 인민은 집행권을 공화국 대통령의 직위를 가지는 하나의 시민에게 위임한다."고 규정하는 헌법제정 국민의회(l'Assemblée nationale constituante)의 헌법안 제41조에 대해 "제41조 국민의회는 집행권을 각료회의 의장의 직위를 가지는 하나의 시민에게 위임한다.", "제43조 각료회의 의장은 비밀투표와 투표자의 절대 다수에 의해 국민의회를 통해서 임명된다.", "제45조 각료회의 의장은 임기의 제한 없이 선출된다. 각료회의 의장은 항상 해임될 수 있다."라는 수정안을 제출한다(그레비수정안, l'amendement Grévy).

하지만 1848년 헌법제정시 이와 같은 그레비의 수정안은 채택되지 않고, 헌법제정 국민의회가 제안한 대로 "프랑스 인민은 집행권을 공화국 대통령의 직위를 가지는 하나의 시민에게 위임한다."라는 규정이 가결되었으며, 이는 뒤에 나폴레옹 3세의 등장과 나아가 제2제정체제의 도래를 가능하게 했다.

(2) 1871년 2월 17일의 결의와 띠에르 정부의 구성

1) 제정 과정[17]

2월 16일 회의(séance)에 뒤포르, 그레비, 비테(Vitet), 루시앙 리

---

17) 1871년의 국민의회는 소집된 다음 날인 2월 13일에 1849년의 입법부(Législative)에 의해 토의된 règlement이 임시적으로 국민의회 규칙으로 적용될 것을 결정했다. 그러나 이 règlement은 1871년 5월 17일과 12월 19일, 그리고 1873년 7월 2일의 개정이 있었지만, 최종적인 국민의회 규칙이 되었으며, 국민의회가 해산할 때까지 적용되었다고 한다. Eugène Pierre, *Traité de Droit Politique électoral et parlementaire* I, Paris: Loysel, p. 492.

베(Lucien Rivet) 등에 의해서 "띠에르는 프랑스공화국의 집행권의 수반으로 임명된다. 띠에르는 국민의회의 권위하에 그가 선택하고, 그가 주재할 각료들의 협력으로 그의 직무를 수행한다."는 내용의 법률안이 제출되었다.

그리고 이와 같은 제안을 검토하기 위한 위원회가 구성되었고, 위원회는 국민의회의 헌법제정 권력을 명확하게 규정하기 위하여 "주권적 권한의 수탁자인 국민의회는 프랑스의 제도에 대해서 결정이 내려질 때까지 즉각적으로 정부의 필요성과 협상의 진행을 고려하는 것이 중요하다고 생각함으로써 다음과 같이 결정한다."라는 문구를 추가하였다.

그리고 다음날인 17일 국민의회에서 2월 17일의 결의는 거의 만장일치로 채택되었으며, 최종적으로 채택된 결의(Résolution)의 내용은 다음과 같다.

> "주권적 권한의 수탁자인 국민의회는 프랑스의 제도에 대해서 결정이 내려질 때까지 즉각적으로 정부의 필요성과 협상의 진행을 고려하는 것이 중요하다고 생각함으로써 다음과 같이 결정한다. 띠에르는 프랑스공화국의 집행권의 수반으로 임명된다. 그리고 띠에르는 국민의회의 권위하에 그가 선택하고, 그가 지휘할 각료들의 협력으로 그의 직무를 수행한다."

2) 띠에르 정부의 구성과 보르도 협약의 체결

1871년 2월 17일의 결의로써 집행권의 수반으로 임명된 띠에르는 1871년 2월 19일 연설을 통해 3명의 정통주의자, 2명의 오를레앙니스트, 3명의 공화파로 그의 정부를 구성하였다.

그리고 정부의 구성을 마친 띠에르는 곧바로 왕당파가 다수파의 위치를 차지하는 국민의회와 장래의 체제문제에 대한 협정을 체결했다. 1871년 2월 19일과 3월 10일의 두 개의 연설[18]을 통해서 확인된 협정은 일반적으로 '보르도 협약'(Pacte de Bordeaux)이라고 불리며, 그 내용으로 " i) 공화제이든 군주제이든 최종적인 정부형태의 문제는 현재로서는 유보된다. ii) 띠에르와 국민의회는 협력을 통해서 국가의 재정적, 군사적, 행정적, 경제적 재건을 위해 최선의 노력을 다한다. iii) 국가의 정상적인 재건이라는 시급한 문제를 지속하는 동안 띠에르는 공화주의적 해결책도 군주주의적 해결책도 추진하지 않을 것을 약속한다."는 사항을 포함하고 있다.

입법권과 집행권 간의 합의의 성격을 띠는 이와 같은 보르도 협약은 왕당파의 입장에서는 우선 왕정복고를 위한 시간을 확보하기 위한 방책인 동시에 법적인 정당성이 없이 사실적으로만 존재하는 공화주의적 정부로 하여금 프로이센과의 평화협정을 체결하게 하여, 외국과의 공모를 통한 왕위회복이라는 제1차 왕정복고 당시의 애국주의적 비난여론으로부터 벗어나고자 하는 의도가 숨어 있었다. 반면 집행권을 대표하는 띠에르의 입장에서는 급박한 국가재건과 휴전협정 체결이라는 당면한 문제를 우선적으로 해결하고, 타협이 어려운 체제의 문제는 장래로 연기하려는 의지의 표현이었다.[19]

---

18) 1871년 2월 19일과 3월 10일의 두 개의 연설의 원문은 M. Calmon, *Discours parleme-ntaires de M. Thiers*(X Ⅲ), Paris: Calmann Lévy, 1882에서 볼 수 있으며, 특히 1871년 2월 19일 연설에서 Thiers는 "우리들의 포로가 먼 객지에서 비참하게 죽어가는 동안에, 우리의 국민들이 굶주림으로 죽어가면서도 마지막으로 남아있는 한 조각의 빵을 외국군대에게 주지 않을 수 없을 때 감히 누가 헌법조항에 대한 이야기를 할 수 있겠는가?"라고 했다.

19) Maurice Hauriou, *Précis de Droit constitutionnel*, Recueil Sirey(2ème Ed), 1929, pp. 327 - 328.

(3) 1871년 2월 17일의 결의하의 띠에르 정부

2월 17일의 결의는 무엇보다도 그동안 국민의회가 입법권과 집행권을 모두 가지고 있던 상황에서 집행권을 완전하지는 않지만 분리하기 위한 하나의 시도로 평가될 수 있다. 그리고 이를 위해서 1848년에 주장된 그레비수정안의 취지에 따라 국민의회는 주권의 보유자로서 그 스스로 해산할 권리가 전혀 인정되지 않았으며, 집행권은 단지 한 명의 수임자, 즉 띠에르에게 부여하도록 하였던 것이다. 따라서 띠에르는 국민의회보다 오랜 임기를 가질 수 없었으며, 국민의회에 의해 언제든지 파면될 수 있었다. 그리고 띠에르의 권한에 관하여 2월 17일의 결의는 어떠한 규정도 하지 않았기 때문에 띠에르는 국민의회의 권한과 조화되는 범위 내에서 전통적으로 집행권이 가지는 권한을 행사하게 되었다.[20]

그러나 2월 17일의 결의를 통해서 구성된 권력구조는 체계성이 미흡한 것으로 평가된다. 왜냐하면, 이 권력구조는 띠에르와 그의 각료들이 국민의회의 집행위원회(comité exécutif)를 구성하지 않기 때문에 대혁명 당시의 국민의회적인 구조가 아니며, 띠에르가 국민의회의 권위하에 있으며, 의회로부터 독립된 집행권의 수장이 아닌 단지 각료회의 의장의 직위에 있었기 때문에 의회주의체제라고도 볼 수 없기 때문이다. 따라서 2월 17일의 결의를 통해서 구성된 권력구조는 단지 국민의회권력의 수임자만이 존재하는 체제로 평가된다.[21]

---

20) 따라서 Thiers는 국민의회소집권, 회기연장권, 의회해산권을 가지지 않았다. Joseph Barthélemy et Paul Duez, , pp. 13-14.: A. Esmein, op.cit., pp. 610-611.

21) Maurice Hauriou, op.cit., p. 327.

하지만 헌정실제에 있어서 국민의회의 수임자인 띠에르 정부는 프랑스 역사상 가장 권위주의적인 정부 또는 프랑스가 경험한 가장 개인적인 정부로 흐르게 된다. 왜냐하면, 1871년 2월 17일의 결의의 규정에도 불구하고 권력을 좋아하는 띠에르의 개인적 성향과 그의 역량, 그리고 그 당시의 상황적인 요청이 규범의 본래의 도와 다르게 작동하도록 했기 때문이다. 즉 띠에르가 비록 국민의회에 의해서 집행권을 위임받은 단순한 수임자였지만, 이와 같은 헌정체제의 변용이 가능했던 것은 그는 이미 26개의 도에서 선출되었을 뿐만 아니라 국민의회 선거에서 획득한 200만 표는 사실상 보통선거를 통한 대통령 선출과 비견될 수 있다는 점, 그리고 프로이센과의 평화회담을 조속히 마무리 지어야 하는 상황 속에서 프로이센이 신뢰한 것은 아주 분열된 국민의회가 아니라 권위 있는 띠에르의 말이었다는 상황적 요청이 있었기 때문이다.

게다가 2월 17일의 결의가 띠에르를 집행권의 수반으로 임명은 했지만, 띠에르가 국민의회 의원으로서의 신분을 동시에 가지고 있었다는 사실은 규범이 그 제정 의도와 다르게 작동되는 데 일조했다. 즉 헌정실제에 있어서 띠에르는 국민의회 의원으로서 국민의회 의장에게 보통의 국민의회 의원처럼 발언권을 요구함으로써 국민의회의 토론에 끊임없이 간섭할 수 있었으며, 유창한 웅변술을 가지고 있었던 띠에르는 국민의회가 자신의 의도에 따르지 않을 경우 사임하겠다고 위협했다. 그리고 이와 같은 띠에르의 사임 위협은 프로이센과의 평화협상과 전후복구가 절박한 상황에서 국민의회로서는 받아들일 수 없는 것이었으며, 국민의회는 비록 띠에르의 간섭이 불쾌했지만 띠에르를 잃지 않기 위해서 계속 복종할 수밖에 없었다.

제2절 이원적 의원내각제로의 지향

　프랑스 제3공화국 헌정체제의 성립을 위한 도정에서 파리코뮌 (Commune de Paris)은 프랑스 역사상 가장 비극적인 사건임과 동시에 헌정체제의 진행방향에 큰 영향을 미친 사건으로 평가될 수 있다.

　공화파들의 경우 무질서와 폭력 대신 안정과 질서의 이념을 받아들이지 않을 수 없었으며, 실제로 공화파들은 이와 같은 시대적 요청에 부응하고자 변신을 하게 된다.

　한편 파리코뮌을 통한 급진적 공화파의 쇠퇴로 왕당파들이 다수 파를 차지하고 있던 국민의회는 외형적으로 용이하게 왕정복고의 길을 걸을 수 있을 것으로 보였지만, 정치적 상황의 변화는 왕정복고에 큰 장애로 작용했다. 왜냐하면, 국민의회는 띠에르에게 집행권의 수장의 직위를 부여함으로써, 그 자신이 더 이상 유일한 권력기관이 아니었기 때문이다. 그리하여 국민의회는 왕정복고를 위해 띠에르의 협력을 기대했지만, 띠에르는 그 당시 정세에서 보수적인 공화국만이 유일한 해결책이 될 수 있다고 생각했다. 그리고 왕당파 간의 내부적 분열 역시 왕정복고의 장애물로 작용했다. 왕당파들은 왕정복고가 가능하도록 단일한 왕위계승자를 선출하기 위해 통합을 시도했지만, 정통주의자들의 수장인 샹보르 백작의 완고함으로 통합에 실패하게 되었다. 그 결과 왕당파들은 시간이 필요했다.

또한 계속적으로 진행된 보궐선거는 전쟁 또는 평화에 대한 선택을 묻는 것이 아니라 진정한 체제선택의 문제에 대한 국민적 의지의 표명이었고, 국민들은 일관되게 1871년 2월 8일에 구성된 국민의회에 대한 불신을 나타내었다는 점은 국민의회로 하여금 큰 부담으로 작용했으며, 따라서 국민의회는 이와 같은 국민의 주권적 의사를 무시할 수 없는 상황에 처하게 되었다.[22]

이와 같은 일련의 흐름 속에 국민의회는 일련의 헌법적 성격을 가지는 3개의 법률 - 1871년 8월 31일의 '리베(Rivet)법률', 1873년 3월 13일의 '브로이(Broglie)법률', 1873년 11월 20일의 '맥마옹 공화국 대통령의 임기를 7년으로 정하는 법률' - 을 제정함으로써 조심스럽게 입법권과 집행권을 분리하고, 내각책임의 원리를 작동하고자 시도함으로써 오를레앙니스트적(이원적)인 의원내각제로 한 걸음 한 걸음 나아갔다.

따라서 아래에서는 집행권의 한 축을 이루는 공화국 대통령직을 창설하는 1871년 8월 31일의 '리베(Rivet)법률', 집행권과 입법권의 분리를 위한 1873년 3월 13일의 '브로이(Broglie)법률', 왕정복고가 실패한 후에 맥마옹이라는 특정한 개인에게 7년의 기간 동안 공화국 대통령직을 수여함으로써 정부의 안정을 찾고자 하는 1873년 11월 20일의 법률을 그 제정 과정을 중심으로 살펴보고자 한다.

---

22) René Rémond, *op.cit.*, pp.321 - 323.

Ⅰ 리베(Rivet)법률23)

파리코뮌을 성공적으로 진압함으로써 집행권을 확고히 장악한 띠에르는 1871년 2월 17일 결의에 의해 그에게 부여된 "프랑스공화국의 집행권의 수반(Chef du Pouvoir exécutif de la République française)"이라는 칭호를 교체하기 원했다. 반면 국민의회의 입장에서도 이와 같은 띠에르의 바램을 거절할 명분이 없었으며, 이 기회에 공화파들이 항상 부정하는 국민의회의 헌법제정권에 대해서 다시 한 번 법률로써 명확하게 규정하기 원했다.

1. Rivet법률의 제정 과정

(1) 1871년 8월 12일 회의 – 법률안의 제출

리베법률은 8월 12일 리베(Rivet)에 의한 법률안의 제출과 그 법률안에 대한 긴급처리(urgence)24)요구부터 시작되었다. 제출된 리베의 법률안은 다음과 같다.

> "국민의회는 – 국민의 기원에 호응하기 위해서 신임(crédit)과 기능(travail)
> 에 있어서 가장 간절한 이익을 만족하는 것, 즉 확립된 정부의 지속성과

---

23) Loi Portant que le chef du Pouvoir exécutif prendra le titre de Président de la République française du 31 Août 1871.

24) "urgence"의 일반적인 효과는 정부 제출법안이나 의회 제출법안, 그리고 보고서의 배포기간을 줄일 수 있으며, 특히나 두 번의 토의(délibérations) 중의 한번을 하지 않고 넘어갈 수 있다. 양원에 의해 선언된 "urgence"은 심지어 법률을 제안된 바로 그날 가결하고, 공포할 수 있도록 한다. Eugène Pierre, op.cit., p. 1023.

안정성에 대하여 새롭게 보장하는 것이 중요하기에 다음과 같이 결정한다.

제1조 띠에르는 공화국 대통령의 직함하에 2월 17일의 데크레에 의해 부여된 직위를 행사한다.

제2조 띠에르의 권한은 3년 연장된다. 그렇지만, 이 기간 동안 국민의회가 해산하는 경우, 국민의회의 권한과 연결된 띠에르의 권한은 집행권에 대해 결정할 새로운 국민의회의 구성을 위해 필요한 기간 동안만 존속한다.

제3조 공화국 대통령은 법률을 공포할 책임을 진다.

공화국 대통령은 법률을 감시하며, 보장한다.

공화국 대통령은 각료들을 통하여 법률안을 국민의회에 제출하게 한다.

공화국 대통령은 외국의 사절이나 대사를 신임장을 주어 파견한다.

공화국 대통령은 국민의회가 소재하는 장소에 거주하며, 공화국의 부담으로 거주하며, 재정에 관한 법률에 의해 할당된 급여를 받는다.

제4조 공화국 대통령은 그 자신이 임명하고, 파면하는 국무회의를 주재한다.

공화국 대통령은 국무회의에서 부의장을 지명한다.

공화국 대통령의 부재나 장애상태의 경우, 부의장이 국무회의 의장직과 다른 직무를 대신하여 행사한다.

제5조 고위직의 외교관, 육군과 해군의 사령관, 그리고 모든 사법관과 공무원은 국무회의에서 임명되고, 파면된다.

제6조 집행권의 모든 행위는 각료에 의해 부서되어야 한다.

각료는 국민의회 앞에 책임을 진다.”

이와 같은 리베의 법률안 제안에 대해 아드네(Adnet)는 “띠에르의 현명함과 애국심을 신뢰하는 국민의회는 띠에르에게 국민의회의 협력을 계속하며, 감사를 표시하는 국민들의 이름으로 국민의회가 띠에르에게 보르도에서 부여한 권한을 띠에르에게 확인한다.”라는 리베의 법률안과 동일한 취지이 법률안을 제출하였다. 그리고 이 두 개의 법률안은 띠에르의 주장에 따라 긴급선언 되었으며, 검토를 위한 회의(séance)를 다음 주 목요일에 열기로 합의되었다.

(2) 리베법률안에 대한 각 정파의 반응과 위원회의 법률안과 보고서

1) 각 정파의 반응

리베(Rivet)법률안에 대해서 모든 국민의회 의원들은 체제의 문제가 제기되었음을 느꼈다. 왕당파들은 이 법률안이 공화국이라는 정부형태를 새로이 공인함으로써, 그들의 희망인 왕정복고를 불가능하게 한다고 생각하여 반대의 입장을 취했으며, 공화파들은 띠에르가 급진적 공화국이 아닌 온건하고 보수적인 공화국을 지지했기에 역시 반대의 입장을 취함과 동시에 리베법률안에 대한 표결은 국민의회가 헌법제정권을 보유하고 있음을 전제로 하는데 공화파들의 경우 이러한 전제를 부정하기 때문에 논의 자체를 인정하지 않으려는 경향을 나타내었다.[25)]

2) 위원회의 구성과 보고서

이와 같은 상황에도 불구하고 리베법률안을 검토하기 위한 위원회는 8월 17일 구성되었다. 하지만 15명의 위원 중 9명의 위원이 리베(Rivet)법률안에 대해 적대적이었으며, 단지 3개의 새로운 조문 - "제1조 집행권의 수반은 프랑스공화국 대통령의 직함을 가지며, 국민의회의 권위하에 국민의회가 그 자신의 직무를 마치지 않는 동안 1871년 2월 17일의 데크레에 의해 프랑스공화국 대통령에게 위임된 직무를 계속한다. 제2조 공화국 대통령은 그의 판단에 따라 필요할 때마다 그의 의도를 국민의회 의장에게 알린 다음에 국

---

25) Maurice Deslandres, *op.cit.*, p.140.

민의회에서 발언한다. 제3조 공화국 대통령은 국민의회에 대해 책임을 진다."26) - 만을 제정했고, 보고서는 비테(Vitet)에 의해 제출되었다.

제출된 보고서는 우선 리베(Rivet)법률안이 제안하는 3년이라는 기간은 여러 미묘한 문제들을 초래하며, 임시정부체제로부터 비롯되는 불안을 증폭시킨다는 점을 지적했다. 즉 리베(Rivet)법률안이 제안한 3년이라는 임기조항은 그 기간 동안의 신분보장(inamovible)을 전제로 하는데, 특정한 기간 동안 신분이 보장되는 수장(chef inamovible)을 제도화하는 것은 바로 양도 불가능한 주권을 위임받은 국민의회의 사임을 의미하기 때문에 이와 같은 조항은 위원회로서는 받아들일 수 없다는 입장을 취했다.

3) 리베법률안과 위원회의 법률안에 대한 평가

리베의 법률안과 위원회의 법률안은 규범적인 차원에서 큰 차이가 없는 것으로 평가된다. 우선 공화국 대통령의 임기조항을 살펴보면, 위원회의 법률안이 국민의회의 의정활동이 지속되는 동안으로, 리베법률안은 3년으로 정했지만 리베법률안의 단서조항은 두 법률안의 실질적인 효과를 동일하게 만든다.

그리고 공화국 대통령의 권한에 대해서 살펴보면, 위원회의 법률안은 공화국 대통령의 권한을 1871년 2월 17일의 결의 내용에 의존하도록 하는 태도를 취하는 반면 리베법률안은 구체적으로 공화국 대통령의 권한을 규정하는 태도를 취한다. 하지만 이 두 법

---

26) *ibid.*, pp.140 - 141.

률안에서 상정하고 있는 공화국 대통령의 권한은 큰 차이가 없다. 왜냐하면, 위원회의 법률안이 공화국 대통령의 권한을 명시적으로 규정하고 있지 않은 태도가 전통적으로 공화국 대통령에게 부여된 권한을 부정하는 것으로 해석되지 않기 때문이다. 예를 들면 비록 위원회의 법률안이 공화국 대통령이 국무회의를 주재한다는 규정을 두고 있지 않지만, 공화국 대통령에 의한 국무회의 주재는 법률안이 작성될 무렵 헌정관행상 확립된 것으로 이해되기 때문이다.

그러나 위원회의 법률안과 리베법률안의 이와 같은 유사성에도 불구하고 공화국 대통령이 국민의회에서 발언할 때 사전에 그 의도를 알릴 것을 규정하는 위원회의 법률안 제2조는 향후 진행될 헌정현실과 관련하여 볼 때, 공화국 대통령인 띠에르의 국민의회에 대한 간섭을 제한하고자 하는 시도였음에는 틀림없다.

(3) 1871년 8월 30일 회의

1) 라베른의 공화국 대통령직의 창설지지

위원회에서 소수파를 대표하는 라베른(Lavergne)은 국민의회 내에서의 분열을 피하기 위해서는 리베(Rivet)법률안의 취지에 따라 띠에르에게 공화국적인 정부형태의 유지를 의미하는 "공화국 대통령의 칭호(titre de président de la République)"를 부여하며, 국민의회의 헌법제정 권력을 명시적으로 인정해야 한다고 주장했다.

그런데 그는 공화국 대통령이라는 칭호를 인정하는 대신 다음과 같은 두 가지 조건이 부가되어야 한다고 했다. 첫째로, 국민의회는 공화국 대통령이 국민의회와의 관계가 원활하지 않을 때 파면할 권한을 가져야 하며, 둘째로, 공화국 대통령은 교서(message)를 통해서 국민의회와 연락하며, 책임 있는 각료들을 통해서 공화국 대통령의 정치적 입장을 나타내야 한다고 함으로써 내각책임의 필요성을 언급했다.[27]

그리고 그는 위원회의 법률안 제3조가 규정하는 공화국 대통령의 국민의회에 대한 책임조항은 명백히 공화국 대통령의 파면가능성을 전제로 하는데, 이는 공화국 대통령에게 일정한 임기를 보장하는 제1조와 모순되기 때문에 다음과 같은 수정안이 타당하다고 했다.

즉 그는 "국민의회가 그 자신의 직무를 마치지 않는 동안(tant qu'elle n'aura pas terminé ses travaux,)"이라는 문구는 삭제되어야 하고, 제2조의 "공화국 대통령은 그가 생각하기에 필요할 때마다 그의 의도를 국민의회 의장에게 알린 다음에 국민의회에서 발언한다." 대신에 "공화국 대통령은 교서를 통해 국민의회에서 발언을 요구할 때마다 국민의회에서 발언할 수 있다. 이에 대해서는 의사일정에 기재된다."로 변경되어야 한다고 주장했다.

그렇지만 공화국 대통령의 직을 인정하지만 위원회의 법률안과 리베(Rivet)법률안 둘 다에 비판적인 견해를 표명한 라베른의 수정안은 표결조차 부쳐지지 않았다.

2) 첫 번째 전문에 대한 토의

헌법 전문(considérant)의 첫 번째 문단에 대한 토의의 대부분은 국민의회가 헌법제정 권력을 가지는가에 대한 논쟁으로 수렴된다.

---

27) Séance du 30 aout 1871, *Annales de l'Assemblée Nationale*, p.231.

우선 파스칼 뒤프라(Pascal Duprat)는 국민의회의 헌법제정권을 부정하면서 위원회의 법률안에 그 전문으로 "완수해야 할 급박하고 긴급한 임무가 아직 프랑스를 최종적인 체제로 구성할 사명을 국민의회에게 양보하지 않았음을 고려하여"라는 문구를 추가할 것을 주장했다.

반면 뒤크로장군(général Ducrot)은 3월 18일 다음날 국민의회가 자유로운 선거를 통해서 완전한 위임을 받았다는 점을 만장일치로 선언한 사실을 환기했다. 또한 파제 뒤포르(Pagès‒Duport)는 분명히 국민방위정부가 1870년 9월 8일에 헌법제정 국민의회를 소집하기 위한 데크레를 공포했으며, 그 당시 파리의 20개구와 파리에 피난 온 여러 도의 대표들에게 보낸 내부무장관의 훈령(circulaire)은 "새로이 만들어지는 국민의회는 그들의 임무가 어디까지인지 예상할 수 없기 때문에 아마도 정치제도의 근본을 결정할 것이다." 라고 규정했음을 환기하면서, 현재의 국민의회는 헌법을 만들 수도, 해체할 수도 있다고 주장했다.

이와 같은 국민의회의 헌법제정권에 대한 치열하고 감정적인 싸움 후에 국민의회 의장인 쥘 그레비는 위원회가 제출한 전문‒"국민의회는 국민의회가 부여받은 주권의 본질적인 성격인 헌법제정권을 사용할 권한이 있으며, 우선적으로 국민의회가 자신에게 부과한, 그리고 아직까지 결코 해결되지 않은 그 긴급한 의무 때문에 지금까지 이와 같은 권한(헌법제정권)을 행사할 수 없었음에 따라"‒을 낭독함으로써 토의를 진행했다.

하지만 이에 대해 강베타는 3가지 이유를 제시하며 위원회가 제시한 전문을 거부한다고 주장했다. 즉 우선 이와 같은 전문은 무익하며, 둘째로 이와 같은 전문은 국민들에게 충분한 이유를 설명하지 않고 국민의회가 애국심을 가지고 있다면 해서는 안 되는 일종의 침해를 내포하며, 마지막으로 법률안에 이와 같은 문구를 삽입하는 것은 확실히 국민들 속에 불화의 사과(pomme de discorde)[28]를 던지기 때문이라고 했다.

하지만 우파는 강베타의 9월 4일 국민방위정부는 정당성이 없으며, "무엇을 한 정부냐"고 공격을 하였고, 이에 대해 강베타는 "9월 4일 우리는 제정체제를 무너뜨리고, 치욕, 공포, 무정부상태로부터 당신들을 구했으며, 프랑스와 공화국에 우리가 마땅히 해야할 봉사를 했다"고 응수함으로써 국민의회의 법률안에 대한 토의는 또 다시 감정적인 싸움으로 전화되었다.

결국 토의가 끝난 후 위원회가 제출한 전문은 표결에 부쳐져 채택되었으며, 이와 같은 표결결과는 국민의회에서 왕당파가 여전히 다수파임을 보여 주었다.

(4) 1871년 8월 31일 회의

1) 두 번째 전문에 대한 토의

위원회는 집행권에 어느 정도의 안정성을 부여하는 것이 필요하다는 취지에서 두 번째 전문 — "국가의 최종적인 제도의 설립시까지 노동의 필요, 상업의 이익, 산업의 발전을 위해서 우리들의 세월로 인한 안정성은 아니라 할지라도, 모든 사람들이 보기에 적어

---

28) 그리스신화에서 파리스가 금 사과를 아프로디테에게 주어 여신들 사이에 불화를 일으킨 일에서 연유함.

도 의사의 일치와 당파들의 안정이 가져올 안정성을 가지는 것이 중요하다는 점을 고려하여"[29] – 을 제출했다.

이에 대해 르페브르 퐁달리스(Lefèvre – Pontalis)는 임시적인 체제를 최종적으로 확정된 체제로 만드는 것은 바람직하지 않으며, 국민의회와 집행권 간의 의견대립이 있는 가운데 집행권 스스로 구속되는 것을 제안하는 것은 적절하지 않다는 이유로 반대의견을 제시했다.

반면, 피가르(Ernest Picard)는 법률과 국민을 동시에 대표하는 사람에게 적어도 이전의 정부가 부여했던 만큼의 존경을 나타내야 하며 집행권의 수반에 권력이 집중됨으로 인해 발생하는 독재의 위험은 현재의 시점에서는 염려할 것이 못되기 때문에 전문의 규정에 찬성을 표명했다.

결국 이와 같은 찬성과 반대의 의견 표시 후에 두 번째 전문에 대한 표결이 진행되었으며, 두 번째 전문은 채택되었다.

2) 세 번째, 네 번째, 다섯 번째 전문과 법조문에 대한 토의

기본적 내용을 근본적으로 바꾸지 않는 가운데 집행권 수장에게 새로운 직위를 부여하는 내용의 세 번째 전문, 국민의회가 활동하는 한 집행권 수장의 권력연장을 규정하는 네 번째 전문에 대해서는 별다른 토의 없이 채택되었으며, 법무부장관인 뒤포르(Dufaure)가 제안한 6개월 전부터 띠에르가 국가에게 수행한 훌륭한 봉사를 규정하는 다섯 번째 전문 역시 토의 없이 채택되었다.

---

29) Séance du 31 aout 1871, *Annales de l'Assemblée Nationale*, p. 257.

그리고 공화국 대통령의 직위에 관한 제1조에 대해서는 라모 (Rameau), 벨카스텔(de Belcastel), 토크빌(de Tocqueville)의 간단한 토의 후에 533표의 찬성에 68표의 반대로 가결되었다. 또한 공화국 대통령의 권한에 관한 규정인 제2조와 공화국 대통령의 국민의회에 대한 책임을 정하는 제3조 역시 중요한 토의 없이 표결에 부쳐졌으며 채택되었다.

마지막으로 전체 법안은 491표의 찬성에 94표의 반대로 가결되었으며, 최종적으로 채택된 리베(Rivet)법률의 내용은 다음과 같다.

> "국민의회는 국민의회가 부여받은 주권의 본질적인 속성인 헌법제정권을 행사할 권한이 있으며, 국민의회가 우선적으로 자신에게 부과한, 그리고 아직까지 결코 해결되지 않은 그 긴급한 의무 때문에 지금까지 이와 같은 권한(헌법제정권)을 행사할 수 없었음에 따라,
>
> 국가의 최종적인 제도의 설립시까지 노동의 필요, 상업의 이익, 산업의 발전을 위해서 우리들의 임시적인 제도들이 세월로 인한 안정성은 아니라 할지라도, 모든 사람들이 보기에 적어도 의지의 일치와 당파들의 안정을 보장해 줄 수 있는 안정성을 가지는 것이 중요하다는 점을 고려하여, 기본적 내용을 변경하지 않는 새로운 직위, 보다 정확한 칭호는 보르도에서 시작된 정당한 시도를 분명하게 계속하려는 국민의회의 의도를 보다 명확하게 하는 효과를 가질 수 있음에 비추어, 국민의회의 의정활동 기간으로 한정된 집행권 수반의 직무기간을 연장하는 것은-모든 경우에 있어서 최고의 결정은 국민의회에 속하며 새로운 일련의 보장들은 국민의 수호이자 명예인 의회주의적 원칙에 대한 지지를 보장하기 때문에 국민의회의 주권적인 권한에 대한 어떠한 침해도 없이-이와 같은 직무가 불안정하고 임시적으로 보이는 어려움으로부터 이와 같은 직무를 구해내기 때문에 또한 6개일 전부터 띠에르가 국가에 바친 훌륭한 봉사와 국민의회로부터 위임받은 권력의 기간에 따른 보장들을 고려해 보건대,
>
> 다음과 같이 결정한다.
>
> 제1조 집행권의 수반은 프랑스공화국 대통령이라는 칭호를 쓰며 국민의회가 그의 업무를 마치지 않는 한 국민의회의 권위하에 1871년 2월 17일의 데크레에 의해 띠에르에 위임된 직무를 계속해서 행사한다.

제2조 공화국 대통령은 국민의회 의장이 공화국 대통령에게 법률을 양도하자마자 그 법률을 공포한다.

공화국 대통령은 법률의 집행을 보장하고 감독한다.

공화국 대통령은 국민의회가 소재하는 곳에 거주한다.

공화국 대통령은 그가 필요하다고 생각되면 언제든지 국민의회 의장에게 그의 의도를 알린 후에 국민의회에서 연설할 수 있다.

공화국 대통령은 각료들을 임면한다. 국무회의와 각료들은 국민의회에 대해 책임을 진다.[30]

공화국 대통령의 모든 행위는 각료에 의해서 부서되어야 한다.

제3조 공화국 대통령은 국민의회 앞에 책임을 진다."[31]

2. Rivet법률과 헌정현실

국민의회는 리베법률로써 띠에르의 직위를 "집행권의 수반"에서 "공화국 대통령(Président de la République française)"으로 변경했으며, 이로써 제3공화국에 처음으로 "공화국 대통령(Président de la République française)"직이 창설되게 된다.

그런데 리베법률은 공화국 대통령의 권한을 구체적으로 규정함으로써 외면적으로는 띠에르의 권한을 강화하는 것처럼 보이지만, 자세히 살펴보면 공화국 대통령의 권한은 조금도 강화되지 않았다.

---

30) 제2조의 각료회의와 각료의 국민의회에 대한 책임조항에 따라 공화국 대통령의 부재나, 장애의 경우 각료회의를 소집하고 주재할 책임을 지는 각료회의 부의장이라는 직위가 만들어지게 되며, Dufaure가 임명된다. DÉDRET qui, 1° institue un Vice-Président chargé de convoquer et de présider le Conseil des Ministres, en cas d'absence ou d'empêchement du Président de la République: 2° nomme M. Dufaure Vice-Président du Conseil des Ministres du 2 Septembre 1871, *Bulletin des Lois de la République Française,* XIIe Série. N°62, pp. 116-117.

31) Loi portant que le Chef du Pouvoir exécutif prendra le titre de Président de la République française du 31 Août 1871, *Bulletin des Lois de la République Française,* XIIe Série. N°48, p. 71: 제2조의 대통령의 권한에 관한 조항은 나중에 1875년의 헌법적 법률의 대통령의 권한에 대한 규정으로 계승된다.

왜냐하면, 공화국 대통령은 국민의회 앞에 책임을 지게 되었으며, 심지어 제2조에서 규정하는 것처럼 국민의회가 소재하는 곳에 있어야 하는 장소적 제약도 있었기 때문이다. 또한 국민의회의 다수파들은 비록 띠에르가 국민의회 의원으로서의 자격을 가지고 있지만, 연설을 하기 위해서는 그의 의도를 미리 알려야 함을 규정함으로써 다른 대표들과 다른 조건으로 국민의회의 토론에 참가하도록 했다. 따라서 띠에르는 더 이상 자유롭게 국민의회에 간섭할 수 없게 되었다. 그리고 각료들의 국민의회에 대한 책임을 규정함으로써 이제 각료들은 더 이상 띠에르의 신임에만 의존하는 띠에르의 정책집행자의 신분으로만 평가할 수 없게 되었으며, 그 결과 내각이 존속하기 위해서는 공화국 대통령인 띠에르뿐만 아니라 그 당시 입법권을 대표하는 국민의회에게도 신임을 받아야 하는 처지에 놓이게 되었다.

요컨대 이와 같이 입법권과 집행권의 분리, 그리고 공화국 대통령과 국민의회로부터 이 중의 신임이 필요한 내각을 규정한 리베 법률은 오를레앙니스트적(이원적) 의원내각제를 향한 헌법 규범적 차원의 전개로 평가될 수 있으며, 특히 각료회의에 대한 명시적 언급은 이와 같은 평가를 뒷받침해 주는 것이기도 하다.

하지만 헌정실제는 이와 같은 규범의 제정 의도와는 다르게 작동하였으며, 각료들의 책임은 공화국 대통령의 책임하에서 명확하게 드러날 수 없음을 보여 주었다.

즉 띠에르는 중요하고 미묘한 문제의 경우 자신의 입장을 관철하기 위해서 국민의회에 대해서 몸소 간섭을 했으며, 이를 통해 의회주의적 책임원칙에서 일반적으로 구분되는 국가원수와 내각의

두 가지 기능을 통합했다. 또한 띠에르는 이와 같은 두 가지 기능
을 국민의회 의원으로서의 직위를 유지하면서 행사했으며 그 결과
띠에르는 입법권과 집행권을 통합한 권위주의적 지배자로 자리매
김하게 되었다.

 따라서 헌정실제상 리베(Rivet)법률의 제정 의도는 무시되었고,
띠에르에 의한 권위주의적 권력운용은 국민의회 내에서 다수파의
결정의 자유를 제약했다. 그리고 다수파들은 그럴 때마다 공화국
대통령인 띠에르의 권력운용방식에 대해서 반감을 느끼지 않을 수
없었으며, 이와 같이 규범이 예상치 않은 헌정 상황은 국민의회의
다수파로 하여금 다시 임시헌법으로서의 성격을 가지는 리베(Rivet)
법률을 손질할 수밖에 없는 상황으로 내몰았다.

Ⅱ 브로이(Broglie)법률[32]

 브로이(Broglie)법률은 무엇보다도 그 당시 공화파와 왕당파, 그
리고 정부 간의 대립을 규범으로 해결하고자 한 또 다른 시도였다.
 이 당시 공화파는 국민의회 내부가 아닌 원외에서 계속적으로
선전활동을 함으로써 다수파인 왕당파를 자극하였다. 특히 공화파
의 수장인 강베타(Gambetta)는 그르노블(Grenoble)연설[33]을 통하여

---

32) Loi qui règle les attributions des Pouvoirs publics et les conditions de la
   Responsabilité ministérielle du 13 mars 1873.
33) Gambetta가 행한 전체연설문은 Joseph Reinach, *Discours et Plaidoyers Choisis de
   Léon Gambetta*, Paris: G. Charpenter, 1889 참조.

파리코뮌에서 보여 주었던 파괴와 무질서의 공화파가 아닌 질서를 존중하는 공화파의 모습을 보여 주었으며, 정치무대에 이전의 귀족이 아닌 새로운 사회계층이 서서히 자리를 차지하는 현실을 지적하면서 새로운 사회가 도래했음을 알렸다.[34)]

하지만 이와 같은 공화파들의 선전활동은 왕당파들로서는 국민들을 선동하는 행위로 여겼으며, 특히 새로운 사회의 도래를 알리는 공화파들의 선전은 전통사회의 질서를 존중하고 있는 왕당파로서는 참을 수 없는 것이었다. 이에 왕당파들은 정부로 하여금 공화파들에게 단호한 조치를 취할 것을 기대했으나, 정부의 수장인 띠에르는 그의 연설과 교서(message)[35)]를 통하여 복잡한 그 당시의

---

34) "제정체제의 몰락 후에 새롭고, 정열적인 ― 그렇지만 억눌린 ―, 지적이고, 공무에 적합하고, 정의를 사랑하고, 일반적인 권리를 염려하는 새로운 세대를 보지 못했습니까? 이들이 지방의회에 진입하고, 점차로 국가의 다른 선출직에 오르고, 선거전에서 점점 더 중요한 자리를 요구하고, 그 자리를 획득하는 것을 보지 못했습니까? 전국적으로 ― 나는 무한히 이 민주주의의 새로운 세대를 끊임없이 강조하고 싶습니다. 새로운 정치인 즉 보통선거를 통한 새로운 인물이 나타나는 것을 보지 못했습니까? 장래에 속할 도시와 농촌의 노동자들이 정계에 입문하는 것을 보지 못했습니까? 국민들이 수많은 정부형태를 시험한 후에 마침내 공화주의체제를 시험하기 위해서 다른 사회계층에 호소하고자 한다는 특징적인 예고이지 않습니까? 예! 저는 예감합니다. 그리고 저는 느낍니다. 그래서 저는 정계에서 18달 전부터 공무를 담당하고 있으며, 확실히 이전의 정치인들보다 못하지 않는 새로운 사회적 계층의 도래와 존재를 알립니다." Pierre Barral, *Les Fondateurs de la Trosième République*, Paris: Armand Colin, 1968, pp. 228 ― 229.

35) "공화국체제와 군주주의체제하에서 집행권의 수반은 의회와 단지 message라는 수단을 통해서 연락한다. 일반적으로 "message"와 정부의 "communication"을 혼동하지만, 이 두 가지는 엄청난 차이점이 있다. 즉 정부의 "communication"은 단지 각료회의의 서명만 있지만, "message"는 집행권의 수반(Chef du Pouvoir exécutif)의 서명이 있어야 한다. 즉 "communication"는 단지 내각(Cabinet)만이 발하는 것이고, "message"는 집행권의 수반이 발언을 하는 하나의 양식이다. 집행권의 수반은 의회에 직접적으로 호소를 하며, 비록 헌법적으로 그 자신이 책임을 지지 않는다 하더라도, 적어도 의회와 역사 앞에는 그 자신의 말에 대해서는 책임을 진다. 이와 같은 이유로 의회는 "communication"에 대해서는 법적으로 확인을 하지 않지만, "message"에 대해서는 법적으로 확인을 한다. 그리고 특히나 주목할 점은 제3공화국 체제에서 공화국 대통령의 "message"에 대해서는 조사(examen)나 비난(censure)을 할 수 없으며, 단지 국민의회에 의해 토의된 답변(réponse)만 할 수 있다." Eugène Pierre, *op.cit.*, pp. 761 ― 766.

상황에 있어서 유일한 해법으로 보수적인 공화국을 계속 천명함으로써 중도좌파로부터는 환영을 받았지만, 왕당파들과 결별하게 되는 결과를 초래한다.

한편 국민의회는 이와 같은 띠에르의 교서에 대한 답변을 준비하는 케르드렐(Kerdrel)위원회의 보고서를 통하여 전투적인 정부(gouvernement de combat)를 위한 무기인 제2원(상원, seconde Chambre)이 필요하며, 공화국 대통령인 띠에르가 각료의 책임을 흡수한 현실을 시정하기 위해서는 내각책임(responsabilité ministérielle)을 규정하는 법률이 필요함을 지적했다. 그리고 이에 따라 12월 5일에 공권력의 권한과 내각책임에 관한 법률을 준비할 30인 위원회가 임명되었다.

1. 브로이(Broglie)법률의 제정 과정

1873년 2월 21일 금요일 회의에서 위원회의 보고자인 브로이(Broglie)는 30인 위원회의 활동결과물인 보고서36)와 법률안을 낭독했다. 그리고 브로이에 의해 낭독된 법률안은 후에 1873년 3월 13일 법률이 되는데, 이 법률은 일반적으로 "브로이헌법"이라 부른다. 왜냐하면, 1873년 3월 13일의 브로이법률은 제3공화국의 헌법에 해당하는 1875년의 세 개의 헌법적 법률이 제정되기 전까지 국

---

36) 보고서의 정확한 이름은 "공권력의 권한과 내각책임의 조건을 규정하기 위한 법률안을 국민의회에 제출하는 임무를 부여받은 위원회의 이름으로 만들어진 보고서(Rapport fait au nom de la commission chargée de présenter à l'Assemblée nationale un projet de loi pour régler les attributions des pouvoirs publics et les conditions de la responsabilité ministérielle)"이다. Séance du 21 Février 1873, *Annales de l'Assemblée Nationale*, annexe n°1626, p.68.

민의회에 의하여 제한되는 공화국 대통령의 권한과 공화국 대통령과 국민의회 간의 관계를 규정함으로써 국가의 조직과 구성에 관한 기본적인 법으로서의 역할을 했기 때문이다.

그리고 이와 관련하여 위원회의 보고서는 그 당시의 국민의회와 공화국 대통령 간의 역학관계를 보여 주며, 법률안을 위한 공화국 대통령과 국민의회의 다수파 간 타협을 반영하기 때문에 큰 의미가 있다. 따라서 아래에서는 위원회의 보고서의 내용과 국민의회에서의 토의내용을 구체적으로 살펴보고자 한다.

(1) 브로이의 보고서

1) 공권력의 관계 – 내각책임

우선 보고서는 전체적으로 공화국 대통령과 국민의회의 계속되는 충돌상황과 공화국 대통령의 국민의회에 대한 지나친 간섭에 대한 우려를 나타냈다. 즉 보고서는 공화국 대통령의 국민의회에 대한 지나친 간섭은 국민의회로 하여금 공화국 대통령에 대한 신임을 철회하거나, 국민의회가 공화국 대통령의 뜻에 굴복하는 것과 같은 극단적인 선택을 강요하도록 한다고 했다. 그리고 보고서는 이와 같은 극단적인 상황은 국민의회로서는 피하고 싶은 상황이며, 이와 같은 난국을 타개하고자 1871년 8월 31일의 리베법률을 제정했지만 효과가 없었음을 지적하고 있다.

"이와 같은 악(vice)은 당신들도 알다시피 바로 불행한 사실로부터 나타납니다. 즉 이는 바로 주권적 국민의회와 이 국민의회가 집행권을 부여한 탁월한 국가원수(Chef) 간에 고조되고 있는 잦은 충돌의 반복입니다. 2년 전부터 이와 같은 충돌은 중요한 조직 법률이든, 일반정책의 문제에 관해서건 계속 반복되었으며, 이와 같은 충돌이 폭발했을 때 국민의회는 가장 가혹한 선택의 기로에 처하게 되었습니다. 국민의회는 프랑스로부터 위임을 부여받았으며, 이와 같은 위임은 저버릴 수 없습니다. 국민의회가 두 가지 입장 중의 하나를 자주 선택해야 하는 것은 괴로운 일입니다. 하나는 국민의회가 그 자리를 주었고 그 자리를 계속 유지하기를 원하는 자를 권좌에서 내려오게 하는 것이며, 다른 하나는 국가원수의 개인적 견해 앞에서 아주 확고한 신념이 굴복되는 것입니다."

계속해서 보고서는 국민의회로부터 신임을 받는 내각의 구성은 국민의회의 다수파와 그 뜻을 같이하기 때문에 국민의회와 충돌할 가능성이 적으며, 내각의 사퇴에 따른 위기는 국가적 차원의 위기로 확대되지 않기 때문에 의원내각제에 있어서 내각책임의 원리는 불가결한 메커니즘이라고 보았다. 그러나 보고서는 현재의 체제는 공화국 대통령이 내각의 책임을 계속적으로 흡수함으로써 내각책임을 인정하지 않기 때문에 어려움이 많음을 지적하고 있다.

그런데 여기서 주목할 점은 내각책임을 중요한 헌법 원리로 평가하고 있는 이러한 보고서의 태도는 국민의회의 다수파가 염두에 두고 있는 체제가 오를레앙적(이원적) 의원내각제임을 보여 주는 증거라는 점이다.

"대부분의 자유로운 국가에서는 사정이 아주 다릅니다. 정치적 영향력을 유지하고, 정치적 토론의 결과를 감수하는 것은 국가원수(le chef de l'État) 그 자신이 아니라, 단지 국가원수의 각료들(ministres)입니다. 그리고 국민의회를 통해서 구성된 이와 같은 내각은 국민의회의 다수파와 견해를 같이함으로써 국민의회와 거의 충돌하지 않으며, 각료의 사퇴에 따른 곤경은 국가전체의 전복을 초래하지 않습니다. 이는 바로 의회주의체제(régime parlementaire)에서 받아들여지는 표현에 따르면 바로 "내각책임(responsabilité ministérielle)"이며, 공화국 대통령 그 자신이 이전의 정부에서 어떤 한 나라에서 반드시 필요한 자유로 주장한 것이기도 합니다. 하지만 불행하게도 일련의 사실들에 의해서 현재 프랑스의 공화주의체제는 충분히 이와 같은 의회주의체제의 단순한 보장인 내각책임을 인정하고 있지 않습니다. 입헌군주제(monarchie constitutionnelle)에 있어서 국가원수는 불가침이며, 정부의 책임은 국가원수에까지 거슬러 올라가지 않습니다. 각 당파들 간의 토론과 초연한 이와 같은 상황은 국가원수가 그의 내각에 정책의 방향을 설정하도록 하는 것을 가능하게 하며, 의회에는 간접적인 수단으로 각료의 지명권을 부여할 것을 요청합니다."

이어서 보고서는 공화국 대통령이 국민의회에 대한 간섭을 가능한 한 적게 하기 위해서 공화국 대통령은 원칙적으로 교서를 통해서 국민의회와 연락해야 함을 주장한다. 그리고 공화국 대통령과 국민의회 간의 토론이 함께 이루어지지 않도록 하기 위해서 공화국 대통령의 연설이 있는 경우에는 하루 전에 공식적인 연락을 통해 미리 국민의회에 알려야 하며, 국민의회의 토의는 공화국 대통령의 연설이 있은 다음의 회의로 연기되어야 함을 주장하고 있다.

"우리가 당신들에게 채택할 것을 요구한 시스템에서 공화국 대통령과 국민의회와의 대화(communications)는 원칙적으로 서면교서(Message écrit)라는 수단을 통해서만 가능합니다. 따라서 공화국 대통령이 연단에 올라서 연설을 하는 것은 단지 예외적인 경우입니다.

이와 같은 예외들은 공화국 대통령이 법률에 대한 토론, 각료에게 행해진 대정부 질문으로부터 비롯된 일반정책에 대한 토론, 또는 국민의회에 보고된 청원에 대한 토론에 참여하는 것을 고려하여 우리가 곧 검토하게 될 여러 가지 규칙에 의해 규율될 것입니다. 그러나 모든 경우에 공화국 대통령은 국민의회에 하루 전에 공식적인 연락을 통해서 미리 알리는 경우에만 국민의회에서 연설할 수 있습니다. 공화국 대통령의 연설이 있은 후에, 공화국 대통령은 퇴장하며, 토의는 공화국 대통령이 출석해 있는 상태에서는 이루어지지 않으며, 공화국 대통령의 연설이 있었던 차후의 회기로 연기됩니다. 따라서 국민의회의 어떠한 토론도 공화국 대통령이 출석한 상태에서 이루어지지 않게 됩니다.

　이와 같은 규정들의 목적은 명백합니다. 즉 국민의회의 토론에 대한 공화국 대통령의 간섭을 여러 가지 상이한 성격의 어려움과 지체로 대처함으로써 우리는 정중히 공화국 대통령이 국민의회에 대한 간섭을 가능한 한 적게 행사하기를 원합니다. 즉 공화국 대통령의 간섭은 예외적으로 중대한 경우, 즉 국가적 이익이나 공화국 대통령의 명예가 관계되는 곳에만 이루어지며, 그 외의 통상적인 업무의 경우 각료들이 그들의 책임하에 행동하고, 발언하기를 원합니다.

　이와 같은 수단을 통해서 우리는 국민의회의 열정적인 토론에서 비롯된 예기치 않은 진행으로부터 혹시나 나타날 수 있는 모든 충돌을 예방하려고 합니다. 우리는 우리의 의견대립에서 웅변술로 인한 싸움이 추가시킬 모든 것을 제거하기를 원합니다. 우리는 아주 갑작스러운 일로부터 우리 자신을 보호하며, 모순적인 토론에서부터 벗어나 평정으로부터 타협수단을 찾는 것이 가능하다는 희망을 가지기 때문에 시간을 두고, 성찰을 하기를 원합니다."

　그리고 보고서는 공화국 대통령이 국민의회에서 연설하는 것을 제한하는 것에 대한 보상으로 공화국 대통령에게 법률안이 세 번째 독회에 회부되지 않은 경우에 새로운 토의를 요구할 수 있는 권한을 부여할 것이며, 이와 같은 권한부여를 통해서 공화국 대통령의 권위는 전혀 변화가 없을 것이라고 주장했다.

　"우리가 국가원수(chef de l'État)의 지위를 낮추기를 원했다는 주장에 대해서는 우리는 분명히 반대합니다. 우리가 제안한 법률안의 조문은 우리의 생각을 더욱더 잘 나타내고 있습니다. 공화국 대통령의 현재의 권한 중에 하나를 제한하는 우리의 법률안은 그 제한에 대한 하나의 보답으로써 공화국 대통령에게 그가 가지지 않았던, 그리고 엄격한 원칙의 측면에서 보면 국민의회가 그의 대표에게 부여하는 것이 이상하게 보이는 다른 권한을 공화국 대통령에게 부여합니다. 우리는 법률의 가결 순간까지 공화국 대통령이 법률안의 토의진행과정을 지켜보는 권한을 박탈하는 것에 대한 보상으로, 공화국 대통령에게 일시적으로 법률의 효력을 정지할 수 있는 권한을 수여하고자 합니다. 공화국 대통령은 3번의 토의가 이루어져야 하는 법률의 경우 이미 제3독회에 회부되지 않은 법률에 대해 새로운 토의를 요구함으로써 이와 같은 권한을 행사할 수 있습니다. 즉 공화국 대통령은 제2독회와 제3독회의 사이에 두 달이라는 기간을 연장시킬 수 있습니다. 1848년 헌법의 경우처럼 한 달로 정해진 이와 같은 기간은 공화국 대통령의 요구에 따라 두 달로 연장되었습니다. 공화파 국가원수는 주권적 국민의회가 내린 결의의 효력을 정지시킬 수 있는 권한을 부여받는다면 그의 위신이 떨어졌다고 불평하지 않을 것이라는 점은 당연합니다."

계속해서 보고서는 입법에 있어서 공화국 대통령은 교서를 통해 국민의회의 토론에 간섭할 수 있음을 확인했다.

"입법의 영역에 있어서 공화국 대통령은 그가 원할 때마다 하루 전에 교서(message)를 통해 국민의회에 미리 알린 다음 국민의회의 토론에 대해 참여할 수 있습니다. 그리고 공화국 대통령은 심지어 국민의회의 토론이 자신이 행한 처음의 연설을 문제 삼는 논쟁이거나 왜곡된 사실을 바로 잡기 위해 필요할 경우 여러 번 다시 국민의회에 출석할 수 있습니다. 이와 같은 문제에 대해 위원회 내부에서는 물론 거의 대부분의 위원들은 공화국 대통령이 이와 같은 권능을 가능한 한 적게 사용할 것을 희망했지만, 공화국 대통령에 대한 이와 같은 권한의 인정에는 어떠한 어려움도 없었습니다."

이어서 보고서는 공화국 대통령은 외교문제를 목적으로 하는 대정부 질문이나 청원의 경우 그 자신이 원할 때 국민의회에서 발언할 수 있지만, 정부의 일반정책과 관련한 내정문제의 경우에는 공화국 대통령이 직접 개입해서는 안 되며, 내각책임의 원칙에 따라 운용되어야 함을 역설했다.

"대정부 질문과 정치적 청원에 대해서는 보다 자세한 토론이 있었습니다. 이는 당연한 일인데, 일반적으로 정부의 정책기조를 논의하는 의회의 토의는 바로 이와 같은 문제들에 대한 것이기 때문입니다. 따라서 대정부 질문과 청원의 문제에 대해 국민의회는 그 자신에게 적합한 정치적 방향을 결정할 수 있기 위해서 가능한 한 많은 부분을 내각책임의 영역에 두고자 할 것입니다. 반면에, 그 자신의 개인적 책임이 관계된다는 것을 알 수 있는 공화국 대통령은 그와 같은 권한을 자신이 행사하고자 할 것입니다. 우리가 당신들에게 제출한 법률안은 공화국 대통령과 위원들 다수 간의 타협의 결과입니다. 따라서 이와 같은 법률안은 비록 소수위원들의 반대가 없는 것은 아니지만, 공화국 대통령에게 항상 합의된 형식을 따라 단지 외교문제를 목적으로 하는 대정부 질문이나 청원의 경우 공화국 대통령이 원할 때 국민의회에서 발언할 수 있도록 규정합니다. 공화국 대통령에게 이와 같은 자유를 부여하는 주요한 이유는 우리가 생각하기에 항상 프랑스에 자유를 회복하고, 당면한 불행에서 벗어나게 할 임무를 가진 협상가는 바로 공화국 대통령이기 때문입니다. 내정문제의 경우 동일한 논거가 작용하지 않습니다. 각료가 그의 행정적인 일에 대해, 그리고 전체 내각회의가 정부의 활동에 대해 대정부 질문을 받을 때마다 공화국 대통령이 국민의회에 와서 이들을 옹호하기 위해서 그의 권위를 개입한다면, 내각책임은 사라질 것이 분명하기 때문입니다. 공화국 대통령은 이와 같은 구별을 이해하였으며, 인정했습니다. 그리고 공화국 대통령은 그 스스로 그의 간섭은 정부의 일반정책(politique générale)이나 그의 개인적 책임(sa responsabilité personnelle)에 관하여 제기된 토론의 경우로 한정해야 한다는 것을 받아들였습니다."

2) 제2원과 권력조직 및 권력이양

보고서는 또한 왕당파들의 요구사항 중에 가장 대표적인 사항인 상원의 설치에 대한 문제를 다루고 있다. 위원회가 양원제를 위해 상원을 설치하고자 한 의도는 1848년 프랑스에 보통선거가 도입된 이후 지속적으로 전개되고 있는 민주주의에 대한 두려움 또는 경멸을 표현하고자 한 것이었다. 왜냐하면 왕당파들은 보통선거를 단순히 수의 폭력으로 보았으며 따라서 이와 같은 수의 폭력을 억제하기 위한 "저항의 의회"(Chambre de résistance)인 상원은 사회질서의 유지를 위해서 반드시 필요한 기구로 여겼기 때문이다.

"장래에 국민의회는 법적으로 평등한 양원으로 구성될 것이나, 구성원의 숫자가 상이하며, 그 구성의 방식 또한 다를 것입니다. 따라서 여러분들은 수적인 절대적이고 순수한 주권이라는 야만적이고, 민중선동적인 원칙에 대해서 강력히 항의할 것입니다. 그리고 이와 같은 제2원의 창설원칙에 따라 새로운 하나의 권력은 지식, 교육, 사회적 이익을 대표하는 시민들에게 유보될 것이며, 이를 통해서 여러분들은 우리의 법률들에 의해 인정된 정치적·시민적 평등은 기존의 모든 정당한 우월성을 다투고 폐지하는 균등화와 구별될 것이라고 증언할 것입니다. 또한 모든 나라에서 보수적인 이익을 보장하는 역할을 하고 있는 제2원을 창설함으로써 여러분들은 경솔한 개혁의 물결로 인하여 위협받는 사회에 대한 방어막을 만들 수 있을 것입니다. 따라서 이와 같은 제2원은 "저항의 의회(Chambre de résistance)"라고 부를만할 것입니다. 이는 사회에 대한 적들의 대담한 공격이 있는 현재와 같은 시기에 언급될 수 있는 적절한 말입니다. 그리고 제2원에 대한 조항이 채택되었을 경우, 반드시 다른 조항을 개정할 것이 요구됩니다. 바로 선거제도에 대한 개정입니다."

이어서 보고서는 상원이 설치될 경우에 대비하여 선거제도의 개혁이 필요하며, 이를 위해서 1849년의 선거법은 개정되어야 함을 밝히고 있다.

"장래에 국민대표가 두 부분으로 분리되어야 한다면, 일원적인 주권적 의회를 목적으로 만들어진, 그리고 현재에 유효한 유일한 선거법인 1849년의 선거법은 당연히 더 이상 지속될 수 없습니다. 게다가 이 1849년 선거법을 개정할 필요성은 오래전부터 인정되어 왔으며, 심지어 이 순간에 여러 위원회 중 하나의 위원회는 이와 같은 선거법의 개정작업을 열정적으로 진행하고 있습니다. 따라서 우리는 중요한 사항을 정부와 협의했으며, 정부의 의견과 우리의 의견이 상당부분 일치한다는 것을 알게 되었습니다. 우리와 같이 우리 제도들의 기초인 보통선거(suffrage universel) 원칙을 준수하고자 하는 정부는 우리에게 시민의 신분, 행위능력, 도덕성을 확인하기 위한 최선의 보장책을 모색함으로써 보통선거의 진정성을 보장할 필요성이 있다고 했습니다. 이와 같은 보장은 일 년 이상의 기간 동안 고정되고, 공인된 주소를 요구했으며, 우리는 이와 같은 공화국 대통령의 요구를 받아들였습니다."

마지막으로 보고서는 국민주권의 위임을 받은 국민의회가 새로운 상원과 하원이 구성될 때까지 그 권한을 계속 보유하고 행사할 것이며, 공화국 대통령 역시 1871년 8월 31일 법률에 따라 그 권한을 계속해서 행사할 것임을 밝혔다. 그리고 보고서는 국민의회가 이후의 정부에 대한 권력이양의 조직과 방법, 제2원의 창설과 선거 법률을 개정하지 않고는 해산되지 않음을 정함으로써 그 당시 공화파들에 의해 계속적으로 주장된 국민의회 해산이라는 압박에 대응하고자 했다.

"위원회의 회의 막바지에 국새상서를 통해서 정부는 우리가 제안하려는 법률안에 제2원의 창설과 선거 법률에 대한 개정 외에 현재의 국민의회가 해산되고 새로운 양원이 구성되는 기간 동안의 집행권의 조직에 관한 법률안을 포함할 것을 요구했습니다. 위원회가 생각하기에, 이와 같은 정부의 요구는 전체 우리의 작업을 서둘러서 결정할 것을 재촉하는 것 같았습니다. 우리는 이와 같은 정부의 요구는 임의적으로 본 국민의회의 권한과 의무를 제한하는 것으로 판단되어 거절했습니다. 본 국민의회는 주권적이며, 주권은 공백 속에서 소멸되거나, 자리할 수 없습니다. 우리는 선거에서 새로운 의회의 구성까지 권력을 보유할 것이며, 국민의회가 존속하는 한 1871년 8월 31일 법률에 따라서 공화국 대통령도 존속합니다. 결과적으로, 정부의 생각은 이와 같은 주권의 직접적인 이양기간 동안 정말로 상당한 어떤 기간을 이해하지 못했으며, 새로운 국민대표가 그 활동을 하고, 합법적으로 구성되었을 때, 즉 그 권력을 행사할 때 사이의 상당히 짧은 며칠의 기간이 흐르게 되는데, 이와 같은 짧은 기간에 집행권의 조직에 관한 법률이라는 거대한 명칭을 부여할 만한 가치가 있겠습니까? 따라서 정부는 우리와 여러 번의 협의를 교환한 후에 법률안 제4조에 해당하는 다음과 같은 법률안을 그 스스로 제출했습니다. 즉 "국민의회는 1° 입법권과 집행권의 권력이양의 조직과 방법, 2° 제2원의 창설, 3° 선거 법률을 정하지 않고는 그 스스로 해산하지 않는다.""

3) 법률안

위원회의 보고자인 브로이(Broglie)는 위에서 살펴본 보고서의 내용에 따라 다음과 같은 법률안을 국민의회에 제출했다.

"완전한 형태로 국민의회에 속하는 헌법제정권을 부여받은, 그러나 공권력의 권한을 개선하고자 하는 국민의회는 결정한다.

제1조 1871년 8월 31일 법률 제1조는 다음과 같이 개정된다. 공화국 대통령은 회기가 개시되는 경우를 제외하고 국민의회와 각료에 의해 연단에서 낭독되는 교서를 통해서 연락한다. 그러나 공화국 대통령은 국민의회가 법률안에 대한 토의가 있는 경우 그의 판단에 따라 필요하다고 인정되는 때 그의 의도를 교서를 통해 알린 다음 발언한다. 공화국 대통령이 발언을 하고자 하는 경우, 토론은 교서의 수리 후에 중지된다. 그리고 공화국 대통령은 특별한 투표로써 동일한 날에 공화국 대통령이 발언하도록 결정하지 않는 한, 다음날 발언한다. 공화국 대통령이 발언한 후에 폐회가 선언되며, 토의는 차후의 회기에 재개된다. 토의는 공화국 대통령이 참석하지 않은 상태에서 이루어진다.

제2조 공화국 대통령은 국민의회의 표결이 있은 후 긴급한 것으로 선언된 법률의 경우 3일 내에, 긴급하지 않은 법률의 경우 그 달 안에 공포한다. 3일의 기간 동안, 제3독회에 회부되지 않은 법률의 경우 공화국 대통령은 이유 있는 교서를 통해 새로운 토의를 요구할 권한을 가진다. 제3독회의 형식으로 제출된 법률의 경우, 공화국 대통령은 제2독회 후에 제3차 토의를 위한 의사일정을 2개월 후에 정하도록 요구할 권한이 있다.

제3조 대정부 질문은 공화국 대통령이 아닌 각료들에게만 행해질 수 있다. 각료들에게 행해진 대정부 질문 또는 국민의회에 보내진 청원이 외교정책에 관계되는 경우 공회국 대통령은 발언할 권한이 있다. 이와 같은 대정부 질문권이나 청원이 내부정책에 관계되는 경우 각료들은 그의 직무에 관련해서만 대답한다. 그러나 특별한 토의를 거쳐 국무회의의 부의장을 통해 토론이 개시되기 전에 국민의회에 연락된다면 각료들은 제기된 문제가 정부의 일반정책과 관련되기 때문에 공화국 대통령이 책임을 지며, 공화국 대통령이 제1조에서 정해진 형식에 따라 발언할 권한을 가

진다는 점을 선언한다. 국무회의 부의장의 의견을 듣고 난 후에 국민의회
는 토의의 날을 정한다.

　　제4조 국민의회는 다음과 같은 사항에 대해 결정하기 전에는 해산되지
않는다. 1° 입법권과 집행권의 이양의 조직과 방법. 2° 현재의 국민의회의
해산 후에만 그 활동을 시작해야 하는 제2원의 창설과 권한. 3° 선거 법률.

　　정부는 국민의회에 위에서 열거한 사항에 대한 법률안을 제출한다."

(2) 제1차 토의

1) 1873년 2월 27일 회의 - 브로이의 긴급선언요구와 채택

1873년 2월 27일 "공권력의 권한과 내각책임의 조건을 규정하는
법률안(le projet de loi tendant à régler les attributions des pouvoirs
publics et les conditions de la responsabilité ministérielle)"에 대한
제1차 토의(délibération)가 시작되자마자, 위원회의 보고자인 브로
이 공작은 법률안의 긴급선언(urgence)을 요구했다.[37]

　그렇지만 프레스노(Fresneau)는 이 법률안은 띠에르가 국민의회
를 출입할 때의 "의식(cérémonial)"만 규정하기 때문에 이는 "내부
규칙(règlement intérieur)"에 불과하다고 주장했다. 반면 국새상서
인 뒤포르는 정부는 법률안에 동의하며 국민의회와 사전에 합의가
되었다고 함으로써 정부 측의 입장을 나타냈다.

　한편 마르세르(de Marcère)는 법률안을 지지했지만, 임시적인 체
제가 아니라 공화국을 최종적인 체제로 수립해야 한다고 주장했으
며, 카스텔란 후작(marquis de Castellane)은 제출된 법률안은 최종
적인 헌법이 아니라 단지 임시적인 체제를 구성할 뿐이며, 최종적

---

37) Séance du 27 Février 1873, *Annales de l'Assemblée Nationale*, p. 203.

인 체제로서 입헌군주정을 수립해야 한다고 주장했다.

요컨대 2월 27일의 토의는 법률안의 구체적인 내용에 대한 토의보다는 각 당파의 입장이 추상적으로 전개되었을 뿐이다.

2) 1873년 2월 28일 회의 – 강베타에 의한 국민의회의 헌법제정권 부인과 상원설치 거부

1873년 2월 28일 회의에서 강베타는 법률안에 대해 격렬한 반대를 표시했다. 강베타는 우선 제1조에서 공화국 대통령에게 국민의회에서 발언시 일정한 절차를 밟도록 요구하는 것은 효과적이지 않다고 주장했다. 그리고 그는 일부의 무리들은 민주주의를 파괴하기 위해서, 다른 일부의 무리들은 간접적인 수단을 통해서 공화국을 쟁취하기 위해 이 법률안을 통과시키려고 하지만 이는 "부정확(incorrect)"하고, "퇴폐적인(malsain)" 것이라고 하면서, 국민들이 원하는 것은 "명확성(clarté)"이라고 주장했다.[38]

그리고 강베타는 리베법률의 제정 과정에서 국민의회가 헌법제정권을 갖는가의 문제에 대해 취했던 입장과 같이 국민의회의 헌법제정권을 부인한다는 입장을 나타내면서 국민의회의 즉각적인 해산을 주장했으며, 보통선거에 대한 무시를 의미하는 상원에 대한 반감을 표현함으로써 아직 공화파들은 상원이라는 반공화주의적

---

38) "여러분, 내 생각에 이와 같은 문제에 대한 모순적인 이 중적인 견해는 국민들에게 부정직하고, 불성실하며, 심지어 퇴폐적인 것으로 간주됩니다. 국민들이 무엇보다 원하는 것은 명확성입니다. 상당히 오랜 기간 동안 즉 임시적인체제에서나, 모호한 체제에서나 이와 같은 명확성을 주장했습니다. 국민들이 원하는 것은 바로 국민 앞에 명확한 것을 보는 것입니다. 특히 신속히 내일에 대한 확신을 가지고 일을 쉬거나, 정신적·물질적 부흥에 매진할 수 있는 안식처로 도달할 수 있는 것을 보는 것입니다." Séance du 28 Février 1873, *Annales de l'Assemblée Nationale*, p. 225.

헌법기구를 인정할 준비가 되어 있지 않음을 피력하였다.

3) 1873년 3월 1일 회의 – 뒤포르의 법률안에 대한 지지

1873년 3월 1일 회의에서 국새상서인 뒤포르는 정부 측의 입장을 나타냈다. 뒤포르는 1871년 2월 12일 이래로 진행된 상황에 대해서 설명했으며 최종적인 체제의 선택문제는 아직도 시기상조이지만 장래를 대비하기 위하여 필수불가결한 법률의 제정 작업이 요구된다고 주장했다.[39]

그리고 뒤포르는 보통선거를 도입한 1849년의 선거 법률(loi électorale)은 오류가 있기 때문에 개정이 필요하며, 제2원으로서의 상원을 설치하는 문제에 대해서는 우선 제2원은 군주주의하에서도 공화주의하에서도 존재할 수 있으며, 상원의 창설은 단원제의 병폐인 충동을 방어할 수 있는 장점이 있다고 주장했다.

이와 같은 정부 측의 입장을 나타내는 뒤포르의 연설외에도 리카르(Ricard), 드프레이(Depreye) 등의 연설이 있었지만, 큰 의미를 가지지 않았으며, 법률안에 대한 일반토론에서 조문별 토론으로 넘어가고자 하는 국민의회 의장의 제안은 472대 199로 가결되었다.

(3) 제2차 토의

1) 법률전문에 대한 토의 – 1873년 3월 3일과 3월 4일 회의

법률안의 전문에 대한 반대의 입장은 주로 전문의 규정이 아무

---

39) Séance du 1er Mars 1873, *Annales de l'Assemblée Nationale*, pp. 244–247.

런 쓸모가 없다는 주장에서 비롯되었다. 즉 국민의회는 이미 1871
년 8월 31일 법률에서 국민의회의 헌법제정 권력을 선언했기 때문
에 다시 전문 속에 이와 같은 내용을 규정할 필요가 없다는 입장
이다.[40)]

이에 반해 법률안의 전문을 옹호하는 주장은 끊임없이 신문이나
결사, 그리고 의회 내에서 국민의회의 헌법제정권을 부인하는 주장
이 제기되기 때문에 법률안의 전문은 유용하다는 입장으로써 전문
에 대한 반대와 찬성의 의견은 팽팽하게 대립되었다.

그렇지만 이와 같은 혼란스러운 상황 속에서 진행된 1873년 3월
4일 회의에서 공화국 대통령인 띠에르는 법률안의 가결에 큰 영향
을 주는 연설을 하였다.

즉 띠에르는 현재의 법률안이 가결되기를 원하며, 이 법률안에
대한 수정은 혼란에 빠지게 할 것이라고 함으로써 현재의 법률안
이 통과되기를 바란다는 입장을 표명했다. 부연하여 띠에르는 제1
조는 공화국 대통령인 본인에게는 받아들이기 힘든 조항이지만 여
전히 국민과 국민의회에 대한 그의 의무를 다할 수 있을 것이며,
다른 유용한 특권들이 그에게 부여되었다고 했다. 또한 그는 국민
의회의 대표자(Délégué)로서 다수파의 협력이 있어야만 나라를 다
스릴 수 있기 때문에 현재와 같이 군주주의자들과 공화주의자들이
내부적인 분열을 겪고 있는 상태에서 정부는 안정적인 위치를 차
지할 수 없으며, 군주제나 공화국을 최종적으로 이룩하기 어렵기
때문에 단지 공화국을 사실적인 체제로서 유지할 뿐이라고 했다.[41)]

---

40) Loi annotées ou Lois, décrets, ordonnances, avis du Conseil d'État(7ᵉ SÉRIE), op.cit.,
   p. 398: Séance du 3 Mars 1873, Annales de l'Assemblée Nationale, p. 261.

이와 같은 띠에르의 법률안에 대한 지지요청 후에 법률안의 전문은 470표의 찬성에 197표의 반대로 가결되었다.

2) 제1조에 대한 토의 – 1873년 3월 5일 회의

1873년 3월 5일 회의에서 방타봉(de Ventavon)은 공화국 대통령에 대한 제한은 그 대가로 받은 특권에 비해서 너무 과도하다는 이유로 법률안 제1조, 제2조, 그리고 제3조의 폐지를 주장했으나 87표의 찬성과 448표의 반대로 거부되었다.[42]

그리고 장 브뤼네(Jean Brunet)는 법률안 제1조 앞에 "집행권의 수반은 신 앞에, 그리고 연단에서 프랑스의 주권적이며, 헌법제정 권자인 국민의회의 권리, 권한, 그리고 데크레를 준수하겠다고 약속한다."는 조항을 추가할 것을 제안했지만, 이 역시 채택되지 않았다.[43]

마지막으로 라울 뒤발(Raoul Duval), 존스통(Johnston), 그리고 쇼도르디(de Chaudordy)는 "제1조 8월 31일 법률 제1조는 다음과 같이 수정된다. 공화국 대통령은 각료 중 한 사람에 의해 연단에서 읽혀지는 교서를 통해서 국민의회와 연락한다. 위원회의 법률안의 두 번째, 세 번째 문단은 폐지한다. 제3조 대정부 질문은 공화국 대통령이 아닌 각료들에 대해서만 행해질 수 있다. 위원회의 법률안의 두 번째, 세 번째, 네 번째 문단은 폐지한다."라는 수정안을

---

41) Séance du 3 Mars 1873, *Annales de l'Assemblée Nationale*, pp. 277 – 288.

42) Séance du 5 Mars 1873, *Annales de l'Assemblée Nationale*, p. 296.

43) Annales de l'Assemblée Nationale에서는 Jean Brunet의 수정안이 표결에 부쳐졌으며, 채택되지 않았다고만 기록할 뿐 구체적인 표결상황에 대해서는 언급이 없다. Séance du 5 Mars 1873, *Annales de l'Assemblée Nationale*, p. 298.

제출했지만 채택되지 않았으며, 법률안 제1조는 388표의 찬성에 227표의 반대로 가결되었다.

3) 제2조에 대한 토의 – 1873년 3월 5일과 6일 회의

3월 5일 회의에서는 법률안 제1조를 가결시킨 후, 거부권과 유사한 권한(pseudo – droit de veto)에 관한 법률안 제2조에 대한 토의로 넘어갔다.

상사스(Sansas)는 위원회의 법률안 제2조에 대해서 "공화국 대통령은 국민의회의 표결 후에 긴급한 것으로 선언된 법률은 3일 내에, 긴급하지 않은 법률은 그 달 내에 공포한다. 공포를 위해 주어진 기간 동안 공화국 대통령은 이유 있는 교서를 통해서 새로운 토의를 요구할 권한을 가진다. 이 경우 법률안은 새로이 토의되며, 관계조항들은 국민의회 구성원의 2/3의 협력과 2/3의 표결에 의해서만 채택된다. 이와 같은 형식을 충족한 후에 채택된 모든 법률은 24시간 내에 공포된다."라는 수정안으로 대체할 것을 제안했지만 채택되지 않았으며, 법률안 제2조의 첫 번째와 두 번째 문단은 투표에 회부되어 채택되었다.

다음 날인 3월 6일 회기에서 라바스티에르(de Labassetière)는 법률안 제2조에서 규정된 공화국 대통령의 권한을 제한하기 위해서 제2조의 두 번째 문단에 "공화국 대통령이 국민의회의 토론에서 연설하지 않는 한"이라는 문구를 추가할 것을 제안했지만 채택되지 않았다. 따라서 국민의회의 토의는 법률안 제2조의 세 번째 문단으로 넘어갔으며, 여기에서도 라바스티에르는 공화국 대통령의 권한을 약화하기 위해 법률안 제2조 세 번째 문단의 "두 달 후에 (après le délai de deux mois)"라는 문구를 "한 달 후에(après le délai d'un mois)"라는 문구로 변경할 것을 제안했지만 채택되지 않았다. 이어서 법률안 제2조는 478표의 찬성에 139표의 반대로 채택되었다.

법률안 제2조 전체에 대한 투표 후에 벨카스텔(de Belcastel)은 헌법제정권은 국민의회의 최고의 권한이기 때문에 공화국 대통령의 권한행사에 좌우되지 않게 하기 위해서 "어떠한 경우에도, 정지적 거부권은 헌법적 법률에 적용될 수 없다."라는 조항을 제2조의 마지막 문단에 추가할 것을 제안했으며, 이와 같은 벨카스텔의 제안은 위원회로 회부되었다.

4) 제3조에 대한 토의 - 1873년 3월 6일과 7일 회의

이어서 상사스(Sansas)는 법률안 제3조를 "대정부 질문은 공화국 대통령이 아닌 각료들에게만 행해질 수 있다. 내각의 문제나 장관직의 문제는 '어떤 각료나 내각이 국민의회의 신임을 가진다 또는 가지지 않는다.'라는 표현으로써 분명히 제기된다. 내각의 문제나 장관직의 문제는 어떤 특별한 사실에 대한 비난 또는 칭찬을 통해서 암묵적으로 결정되지 않는다. 공권력의 권한과 구성에 관한 내각책임과 정부책임은 적어도 국민의회 구성원의 2/3의 투표와 2/3의 의결일치에 의해서만 결정될 수 있다."라는 수정안으로 대체할 것을 제안했지만 채택되지 않았다.

다음날인 3월 7일 회의에서 위원회의 보고자인 브로이 공작은 3월 6일 회의에서 위원회로 이송된 제2조에 대한 벨카스텔의 수정안을 분명하고 명확한 조문인 "전항의 규정은 국민의회가 이 법률의 전문에 유보된 헌법제정권을 행사하는 경우에는 적용되지 않는다."라는 규정으로 국민의회에 다시 제출했으며, 이 규정은 407표의 찬성에 259표의 반대로 채택되어 최종적인 법률 제3조가 되었다.

5) 제4조에 대한 토의 – 1873년 3월 7일과 8일 회의

이어서 원래 법률안은 제3조였지만, 벨카스텔의 수정안 때문에 제4조가 된 조문에 대한 토의가 계속되었다. 여기서 루시앙 브룅(Lucien Brun)은 제4조에 대해 "대정부 질문은 공화국 대통령이 아닌 각료들에게만 행해질 수 있다. 그러나 대정부 질문을 받은 각료가 공화국 대통령의 특별한 책임이 관계된다고 선언할 경우, 그는 국민의회에 대해서 공화국 대통령의 답변을 들을 것을 요구할 수 있다. 국민의회는 이에 대해서 판단한다. 그리하여 국민의회가 공화국 대통령의 책임이 관계된다고 결정할 경우, 공화국 대통령은 연설하며, 국민의회의 토의에 참가할 수 있다."라는 수정안을 제출함으로써 국민의회가 공화국 대통령의 영향력에서 벗어나 정부로부터 완전한 자유를 획득하고자 했다.

그러나 제4조에 대한 루시앙 브룅의 수정안은 다음날인 3월 8일 회의에서 160표의 찬성에 487표의 반대로 채택되지 않았으며, 법률안 제4조는 찬성 461표에, 반대 135표로 가결되게 되었다.[44]

---

44) Séance du 8 Mars 1873, *Annales de l'Assemblée Nationale*, p. 365.

6) 제5조에 대한 토의 - 1873년 3월 8일, 10일, 11일, 12일 회의

이어서 법률안 제5조에 대한 토의에서 세지(Hervé de Saisy)는 "제1조 국민의회에 의해 정해진 날에 국민의회는 프랑스 인민에게 그들이 살기 원하는 정부형태를 표명할 것을 요구한다. 국민에게 제기된 질문은 군주제냐, 공화국이냐이다. 제2조 국민의회는 투표 결과를 공표하고, 국민적 의사의 최종적인 표명에 일치하게 프랑스의 정치적 구성작업에 즉각적으로 착수한다."라는 수정안으로 대체하자고 주장했지만 채택되지 않았으며, 브뤼네 역시 "주권을 확고히 행사하는 국민의회는 즉시 긴급하게 국가의 헌법적 안정을 보장하기 위해서 국민의회가 결정해야 하는 중요한 조직 법률에 관한 계획을 세울 30인 위원회를 지명한다."라는 수정안으로 제5조를 대체하자고 주장했지만 채택되지 않았다.

3월 10일 회의에서 재개된 토의에서 벨카스텔 등은 "국민의회는 1° 영토를 해방하기 전에, 2° 최종적인 제도를 통해서 프랑스의 이익을 마련해 주기 전에 해산되지 않는다."라는 수정안을, 아메데 르페브르 퐁탈리스(Amédée Lefèvre - Pontalis)는 "국민의회는 프랑스의 제도를 결정하기 전에 해산되지 않는다."라는 수정안을 각각 제출했으며, 두 개의 수정안이 상당한 관련성이 있다는 이유로 표결에 관한 절차를 생략하고 같이 토의되었다. 하지만 벨카스텔 등의 수정안은 159표의 찬성에 478표의 반대로 채택되지 않았으며, 아메데 르페브르 퐁탈리스는 그 자신의 수정안을 철회하였다.

그리고 엠마누엘 아라고(Emmanuel Arago) 등은 "공화국 대통령의 권력은 다음 국민대표에 의해서 집행권이 조직될 때까지 연장

된다."라는 수정안을 제출했다가 철회했으며, 슈아세(de Choiseul)도 "공화국 대통령인 띠에르는 1871년 2월 17일의 데크레와 현재의 데크레에 의해서 그에게 부여된 권력을 3월 1일부터 3년 동안 행사한다."라는 수정안을 제출했다가 철회했으며 마지막으로 앙델라르(Andelarre)는 법률안 제5조의 처음 두 개의 문단을 "국민의회는 입법권과 집행권의 조직과 권력이양의 방법, 내각책임, 국가원수의 책임성과 무책임성에 대해 규정하기 전에는 해산되지 않는다."로 수정할 것을 제안했다가 철회했다.

3월 11일에 계속된 회의에서 귀로(de Guiraud)는 제5항이 나머지 4개 조항과 전혀 관계가 없이 따로 떨어진 조항이라는 이유로 제5항의 폐지를 수정안으로 제안했다. 이와 같은 귀로의 주장은 루이 블랑에 의해 지지되었으나, 반대파들과의 격렬한 논쟁 끝에 제5조에 대한 투표는 다음날로 미루어지게 되었다.

이와 같은 혼란 끝에 국민의회는 3월 12일에 제5조에 대한 표결 작업에 들어가게 되었으며, 그 표결은 각 문단(paragraphe)별로 진행되었다. 우선 제5조의 첫 번째 문단은 434표의 찬성, 186표의 반대로, 두 번째 문단은 378표의 찬성, 207표의 반대로, 그리고 선거 법률에 관한 조항인 세 번째 문단은 457표의 찬성, 159표의 반대로 채택되었다. 이어서 제5조 전체에 대한 표결이 진행되었으며 380표의 찬성에 226표의 반대로 가결되었다.

계속해서 케르드렐(de Kerdrel)은 "그렇지만, 정부는 전체 프랑스의 국토가 해방되고 난 다음에야 입법권과 집행권의 조직과 권력이양방법에 관한 법률을 제출할 수 있다."라는 추가적 조항(un article additionnel)을 제안했지만, 이 역시 185표의 찬성에 431표의 반대로 채택되지 못했으며, 이어서 회의가 끝나갈 무렵에 나케(Naquet), 루이 블랑, 미로(Millaud), 그리고 파르시(Farcy)는 "선거 법률과 제2원의 창설에 관한 현재 법률 조항들은 단지 현재의 국민의회를 계승하는 국민의회가 비준한 다음에야 집행력이 있다."라는 수정안을 제출했으며, 이에 대한 토의는 다음날인 3월 13일 회의로 미루어졌다.

7) 제5조에 대한 토의종결과 법률안 전체의 채택 - 1873년 3월 13일 회의

3월 13일 회의에서는 전날 나케 등에 의해 제기된 수정안에 대한 표결이 진행되었으며, 표결 결과 나케 등에 의해 제기된 수정안은 채택되지 못했다. 그리고 이어서 존스통, 프라디에(Pradié), 쇼도르디 백작(comte de Chaudordy), 카스텔란 후작(marquis de Castellane), 그리고 라울 뒤발에 의해 "제6조 집행권이 공석이 되었을 경우(궐위되었을 경우), 국무회의 부의장은 임시적으로 현재 공화국 대통령에게 부여된 모든 권력을 가진다. 제7조 15명의 위원회가 공개회의에서 즉각적으로 구성되며, 위원회는 조속한 시일 내에 집행권을 구성하기 위해 국민의회에 법률안을 제안할 임무를 부여받는다. 제8조 국무회의 부의장은 15인 위원회가 내린 결론에 대해 국민의회가 결정을 내릴 때까지 집행권을 보유한다."라는 수정안이 제출했다가 철회했으며, "제6조 이와 같은 법률의 제정 작업이 국민의회의 해산 전에 이루어지지 않는다면, 공화국 대통령의 권한은 국민의회의 구성원의 권한과 양립하지 않는다. 제7조 공화국 대통령은 임기가 만료된 후 3년이 지나야만 국민의회의 구성원으로 선출될 수 있다."라는 로르게리(de Lorgeril)의 수정안도 나중에 다른 법률의 형태로 제출하기 위해서 철회되었다.

결국 최종적으로 국민의회 의장의 사회에 따라 법률안 전체에 대한 표결이 진행되었으며, 407표의 찬성에 225표의 반대로 법률안 전체는 가결되었으며, 최종적으로 채택된 전체 법률은 다음과 같다[45].

"그 완전한 형태로 국민의회에 속하는 헌법제정권을 미리 부여받은 그러나 공권력의 권한을 개선하고자 하는 국민의회는 결정한다.

제1조 1871년 8월 31일 법률은 다음과 같이 개정된다. 공화국 대통령은 회의가 개시되는 경우를 제외하고 국민의회와 각료에 의해 연단에서 낭독되는 교서를 통해 연락한다. 그러나 공화국 대통령은 국민의회의 법률안에 대한 토의가 있을 경우에 그의 판단상 필요하다고 인정될 때 그의 의도를 교서를 통해 알린 다음 발언한다. 공화국 대통령이 발언을 하고자 하는 경우에 토의는 교서의 수리 후에 중지된다. 그리고 공화국 대통령은 별개의 투표를 통하여 공화국 대통령의 발언이 토의와 같은 날에 있을 것임을 결정되지 않는 한 다음날 발언한다. 공화국 대통령의 발언이 있은 후에 폐회가 선언되며, 토의는 차후의 회의에만 재개된다. 토의는 공화국 대통령이 참석하지 않은 상태에서 이루어진다.

제2조 공화국 대통령은 긴급한 것으로 선언된 법률은 3일 내에, 긴급하지 않은 법률의 경우 국민의회의 표결이 있은 후 그 달 안에 공포한다. 3일의 기간 동안, 제3독회에 회부되지 않은 법률의 경우 공화국 대통령은 이유 있는 교서를 통해 새로운 토의를 요구할 권한을 가진다. 제3독회의 형식에 제출된 법률의 경우, 공화국 대통령은 제2녹회 후에 세3차 토의를 위한 의사일정을 두 달 뒤에 정하도록 요구할 권한이 있다.

---

45) 1873년 3월 13일에 가결된 "공권력의 권한과 내각책임의 조건을 정하는 법률(Loi qui règle les attributions des Pouvoirs publics et les conditions de la Responsabilité ministérielle)"은 공화국 관보(Journal officiel)상에는 1873년 3월 19일에 공포되었다.

제3조 전항의 규정은 국민의회가 이 법률의 전문에 유보된 헌법제정권을 행사하는 경우에는 적용되지 않는다.

제4조 대정부 질문은 공화국 대통령이 아닌 각료들에게만 행해질 수 있다. 각료들에 대한 대정부 질문 또는 국민의회에 제출된 청원이 외교정책에 관계되는 경우 공화국 대통령은 발언할 권한이 있다. 이와 같은 대정부 질문권이나 청원이 내부정책에 관계되는 경우 각료는 그의 직무와 관계되는 것에 대해서만 대답한다. 그러나 특별한 토의를 통해서 국무회의의 부의장에 의해 토론의 개시 전에 국민의회에 연락된다면 각료들은 제기된 문제가 정부의 일반정책과 관련되며 따라서 공화국 대통령이 책임을 지는 것으로 공화국 대통령이 제1조에서 정해진 형식에 따라 발언할 권한을 가진다는 점을 선언한다. 국무회의 부의장의 의견을 듣고 난 후에 국민의회는 토의의 날을 정한다.

제5조 국민의회는 다음과 같은 사항에 대해서 결정을 내리기 전에 해산되지 않는다. 1° 입법권과 집행권의 이양의 조직과 방법. 2° 단지 현재의 국민의회의 해산 후에 기능을 개시해야 하는 제2원의 창설과 권한. 3° 선거 법률.
정부는 국민의회에 위에서 열거한 사항을 위한 법률안을 제출한다."

1871년 8월 31일의 리베법률과 같은 취지로 진정한 내각책임의 구현을 통해서 오를레앙체제를 지향한 브로이헌법은 우선 공화파들에 의해 부인되고 있는 국민의회의 헌법제정권을 다시 한 번 확인했으며, 띠에르의 국민의회에 대한 영향력을 줄일 목적으로 공화국 대통령의 국민의회에 대한 개인적인 간섭을 아주 엄격한 규율하에 두고자 했다.

그런데 이러한 목적을 위해서 가장 단순하고 완전한 해결책은 공화국 대통령에게서 국민의회의 대표로서의 자격을 빼앗아 그가 국민의회에서 발언하는 것을 금지하는 것이었다. 그러나 이에 대해 공화국 대통령인 띠에르는 이에 대한 확실한 반대를 표명했으며,

국민에 의해 국민의회 의원으로 선출된 띠에르의 국민의회 의원신
분을 국민의회가 박탈한다는 것은 국민주권원리상 모순되기 때문
에 브로이헌법은 제1조의 규정을 통하여 공화국 대통령의 연설을
국민의회의 토의와 분리시키는 방법을 택하게 되었다.[46]

그리고 브로이헌법은 공화국 대통령의 책임에 대해서 완전한 무
책임도, 완전한 책임도 아닌 중간적인 형태를 취함으로써 공화국
대통령의 책임을 기본적으로 유지하는 동시에 각료들의 책임을 끌
어내는 방법으로 내각책임의 원칙을 규정하려고 시도했다. 따라서
브로이헌법은 전통적으로 프랑스에서의 정치적 책임을 끌어내는
주요한 수단이었던 대정부 질문에 대한 조항인 제4조를 규정함으
로 공화국 대통령의 책임과 내각의 책임을 분리하려고 노력했다.
그리고 이와 같이 공화국 대통령의 국민의회에 대한 간섭을 제한
하는 것과 대정부 질문에 관한 규정에 대한 보상으로 공화국 대통령
에게 제2조에서 일종의 완화된 형태의 법률안거부권이 부여되었다.[47]

결국 브로이헌법은 규범적으로는 비정상적인 절차를 통하여 공
화국 대통령의 권한을 제한하고 내각책임을 규정하려고 시도했지
만, 오를레앙적(이원적) 의원내각제로 향한 중요한 하나의 단계임
에는 틀림없다.

---

46) 겉으로 보기에 제1조에서 요구되는 특별한 의식은 M. Thiers에 대한 존경과 권위에 대한
    인정을 표시하기 위한 초청이었지만, 이에 대해 Thiers는 "기이한(chinois)"제도로 평가를
    했으며, 결국 공화국 대통령의 국민의회에서의 역할은 단순히 독백차원으로 감소되었다.
    Marcel Morabito, *op.cit.*, pp. 293-294: Jeseph Barthélemy et Paul Duez, *op.cit.*,
    pp. 16-17.

47) A. Esmein, *op.cit.*, p. 617.

2. 브로이(Broglie)법률과 헌정실제 – 띠에르 정부의 붕괴

일반적으로 헌정실제에서 브로이법률의 제정 의도는 실패한 것으로 평가된다. 왜냐하면, 브로이법률을 통해 체제를 오를레앙적(이원적) 의원내각제의 메커니즘으로 작동하려는 국민의회 다수파들의 의사에도 불구하고, 프로이센과의 평화협상을 대표하고, 파리 코뮌 사태를 직접 지휘함으로써 진정한 국가원수의 권위가 확보된 객관적 사정과 명예가 아닌 권력을 더욱 좋아하는 띠에르의 개인적 성향은 브로이헌법의 제정 의도를 벗어나게 했기 때문이다.

즉 공화국 대통령인 띠에르는 규범의 제정 의도와 상반되게 국민의회에 그의 영향력을 계속해서 행사했으며, 이와 같은 공화국 대통령의 권위주의적 정부운용은 오를레앙적(이원적) 의원내각제의 중요한 원리인 내각책임을 사라지게 했다.

결국 이와 같은 띠에르의 권력운영방식은 국민의회의 다수파가 강력한 카리스마가 있는 공화국 대통령이 아닌 오를레앙적(이원적) 의원내각제에 적합한 국가원수로 교체하지 않을 수 없게 하였고, 이후의 헌정 상황은 국민의회의 다수파의 치밀한 계획에 따라 진행되었다.

(1) 띠에르 정부의 교체에 이르는 상황

국민의회의 다수파를 이루는 왕당파는 리베법률과 브로이헌법을 통하여 띠에르를 국민의회의 토의로부터 배제하려고 노력했지만, 띠에르의 개인적인 성향과 상황적인 요청으로 뜻을 이루지 못했다.

따라서 국민의회의 다수파인 왕당파는 띠에르와 결별하기 위한 수순을 밟게 된다.

우선 이 무렵 3개의 우파인 보나파르티스트, 오를레앙니스트, 정통주의자들은 결집하여 띠에르 정부를 공격했다. 실례로 보나파르티스트들은 10월 12일 왕자 나폴레옹(prince Napoléon)의 체포에 대해서 정부에 항의했으며[48], 왕당파의 경우 리용(Lyon)의 가톨릭세력을 돕기 위해 리용을 파리와 유사한 체제로 만드는 법률안을 통과시켰다.

그리고 국민의회 내부에서는 띠에르에게 우호적이었던 국민의회 의장인 그레비가 국민의회 내에서의 정쟁에 휘말리게 되어 사임하게 되며, 그 자리에 띠에르 정부에 비우호적인 중도우파의 뷔페(Buffet)가 선출되는 사건이 발생했다.

마지막으로 띠에르 정부에 대한 가장 직접적인 타격은 파리에서 있었던 보궐선거에서 띠에르가 추천한 레뮈사(de Rémusat) 대신 공화파들이 추천한 바로데(Barodet)가 선출된 사건이었다. 이 사건에서 공화파들은 파리코뮌의 도시인 파리에서 정부군을 상징하는 띠에르가 지지하는 후보를 누름으로써 공화국과 민주주의를 위한 대의를 지켰지만, 띠에르 정부는 우파와 좌파 양쪽으로부터 지지기반을 잃게 되었고, 그 당시 상황에서 가장 정확한 해법인 보수적 공화국은 당분간 유보되지 않을 수 없게 되었다.

(2) 띠에르 정부의 붕괴

띠에르 정부의 붕괴는 의원내각제하에서 정부정책에 대한 가장

---

48) Gabriel Hanotaux, *Histoire de la fondation de la troisième république - Le gouvernement de M. Thiers, 1870~1873 tome II*, Paris: Plon, 1925, p.255.

전형적인 통제수단의 하나인 대정부 질문[49)으로부터 시작되며, 이와 같은 절차의 진행은 우파를 대변하는 브로이 공작의 치밀한 준비에 의해 이루어졌다.

1) 5월 19일 회의

5월 19일 전체 국민의회 의원들이 모인 가운데 국민의회가 개회되었다. 이 날 뷔페는 수많은 국민의회 의원들이 최근의 각료교체와 국내정치에 대한 대정부 질문을 요구하였음을 알렸으며, 대정부 질문을 위한 날짜는 23일 금요일로 정해졌다.

이와 같은 우파의 공격에 정부는 국민의회가 헌법제정의무를 가지고 있음을 환기하면서 1873년 3월 13일 법률 제5조[50)에 따라 공권력의 조직과 제2원의 창설에 관한 법률안을 제출했다. 하지만 국민의회는 정부의 이와 같은 법률안에 대한 토의를 거부했다.

2) 5월 23일 회의 – 본격적인 대정부 질문의 시작

대정부 질문은 5월 23일 회의에서 시작되었다. 우선 국무회의 부의장(vice – président du conseil)이자, 국새상서(garde des sceaux)인 뒤포르는 공화국 대통령이 1873년 3월 13일 법률 제4조에 따라

---

49) 대정부 질문(Interpellation)은 의회가 정부에게 정부의 결정된 행동이나 일반정책에 대해서 설명을 하도록 독촉하는 절차이다. 정부의 일반정책에 대해서 독촉하는 경우 대정부 질문은 필연적으로 각료회의 의장에게 문의를 하며, 정부가 피해갈 수 없는 절차로서의 특성을 가지며, 연혁적으로 프랑스에서 대정부 질문은 Louis – Philippe시절에 정부에 대한 신임을 공식적으로 표현해 달라고 간청한 각료들에 의해 도입되었다. Joseph Barthélemy et Paul Duez, *op.cit.*, pp. 700 – 701.

50) Gabriel Hanotaux는 그의 책 275페이지에서 1873년 3월 15일이라고 적고 있지만, 이는 분명한 오기다.

국민의회의 토론에 참여할 것임을 알렸다.[51]

이에 대해 브로이(Broglie)는 띠에르 정부가 실시한 새로운 내각 구성은 국가적 안정성을 무시한 것이며, 보궐선거에서 계속 승리한 공화파들이 계속해서 현재의 질서를 부정하는 태도를 취하는 데 대해 정부는 어떠한 단호한 조치를 취하지 않는다고 비판하였다.

그러나 뒤포르는 현재의 위기에 대처하기 위해서는 안정성이 있는 정부가 필요하며, 이를 위해서 헌법적 법률을 위한 법률안을 제출했다는 점을 알렸다. 그리고 그는 여기서 무엇보다도 공화국적 정부형태를 인정할 것을 요구했다.

이와 같은 뒤포르의 연설에 대해서 좌파는 만족을 표시했으며, 우파는 초조함을 표시하며 폐회를 요구했다. 이어서 공화국 대통령인 띠에르는 국민의회에서 발언하기를 요청했지만, 1873년 3월 13일 법률 제1조에 따라 공화국 대통령의 연설은 다음날 오전 9시로 연기되게 되었다.

3) 5월 24일 회의

5월 24일 회의에서 띠에르는 자신을 목적으로 하고 있는 국민의회 다수파의 의도를 간파하고, "국민의회와 국민 앞에 죄인이 있다면 그 사람은 바로 본인입니다", "당신들의 판결대상은 충성스러운 각료들이 아니라 바로 나 자신이어야 힙니다."라는 말로 연설을 시작하면서 다수파에 정면으로 맞서는 방식을 취했다.

이어서 체제의 문제에 대해 띠에르는 현재의 상황으로서는 우파

---

51) Séance du 23 Mai 1873, *Annales de l'Assemblée Nationale*, p. 31.

가 3개의 왕조로 분열되어 있기 때문에 왕정복고는 불가능하며, 공화국 역시 무질서와 폭력의 이미지가 아닌 안정성을 담보할 수 있는 체제이어야 함을 강조했.다. 그리고 현재의 상황 속에서는 무질서 앞에 준엄하며, 질서를 회복할 수 있으며, 나아가 국민들에게 평화를 가져다줄 수 있는 정부가 필요하다고 역설했다.

그리고 보통선거(suffrage universel)의 문제에 대해서는 보통선거가 문제점이 없지는 않지만 오늘날 하나의 자명한 원칙으로서 존재한다는 점에 대해서는 의문을 제기할 수 없다고 전제했다. 그러나 국민의회는 주권적 위임을 받은 입법자이기 때문에 보통선거에 관한 세부적 사항을 수정할 수 있으며, 국민대표는 정화된(épurée) 기반에 의해서 확립되어야 하기 때문에 국민대표를 두 개의 원(assemblées)으로 구분하는 것이 바람직하다고 주장했다. 마지막으로 띠에르는 현실적으로 보수적인 공화국(République consevatrice) 외에 다른 방법이 없다고 주장했다.

이와 같은 보수적인 공화국이 유일한 해법임을 다시 한 번 확인한 띠에르의 연설이 끝난 다음에 1873년 3월 13일 법률에 따라 국민의회의 대정부 질문은 바로 진행되지 못했으며, 회의는 일단 11시 40분에 폐회되었다.

같은 날 오후 2시에 열린 두 번째 회의[52]에서 내무부장관인 카시미르 페리에르(Casimir Périer)는 계속해서 공화국 대통령인 띠에르의 입장에 대한 찬성, 그리고 공화국 대통령과 내각의 연대성을 표시했다. 그러나 에르눌(Ernoul)은 띠에르 정부에 대한 공격을 위해서 이유가 부가된 의사일정(l'ordre du jour motivé)[53]을 제출했으

---

52) Séance du 24 Mai 1873, *Annales de l'Assemblée Nationale*, p. 55.

며, 따르제(Target)는 정부에 의해서 제출된 헌법적 법률전체가 나타내는 공화국이라는 해결책은 수용하지만, 공화국 대통령은 지금부터 아주 분명하고 확실하게 보수적인 정책을 실시할 것이라는 점을 행동으로 명백히 해야 한다고 선언했다.

이에 띠에르 정부를 구하고자 무조건적인 의사일정(l'ordre du jour pur et simple)이 제기되었고, 뒤포르는 무조건적인 의사일정을 수용하겠다고 했지만 348표의 찬성에 362표의 반대로 무조건적인 의사일정은 채택되지 않게 되었으며, 그리고 이와 같은 표결의 결과는 띠에르 정부를 전복하고자 하는 국민의회의 다수파가 확고히 정비되었다는 점을 보여 준 것이기도 하다.

계속해서 브렐(Broët)과 안토넹 르페브르 퐁탈리스(Antonin Lefèvre

---

53) 대정부 질문에 대한 토의에 대해서 의견을 표명하는 의회의 결정(résolution)은 "ordre du jour"라 불린다. 이와 같은 "ordre du jour"라는 표현은 이 말을 구성하는 낱말 전체의 뜻과 다른 의미를 가진다. 즉 "ordre du jour"라는 말은 일반적으로 의회가 회기 중에 검토할 것으로 제안된 여러 가지 토의 논제를 나타낸다. 그런데 대정부 질문을 종결하는 결정(résolution)에 있어서 의회는 자신의 의견을 나타내거나, 아니면 나타내지 않은 다음, 의회는 대정부 질문은 끝이 났으며, 의회는 그날의 회기에 다룰 의사진행에 따라 등록된 문제로 넘어간다. – 즉 "의회는 의사일정으로 넘어간다." – 고 선언한다. 실제로는 의사일정으로 넘어가는 이와 같은 결정이 "ordre du jour"라고 불리는 것은 바로 거의 엄숙한 이와 같은 작성 때문이다. 대정부 질문이 사실상 종결되기 위해서는 어떤 한 명의 의원이 의사일정을 제출해야 한다. "ordre du jour"의 발의(motion)의 여러 가지 양상을 살펴보면 다음과 같다. 우선 "l'ordre du jour pur et simple"의 경우 의회는 단지 "ordre du jour"로 넘어갔다라고 하며, 어떠한 견해도 표명하지 않으며, 이는 일반적으로 어떠한 것도 말하지 않는다. 그러나 이는 경우에 따라서는 하나의 견해를 표명하는 것일 수도 있다. 즉 사람들이 정부를 비난하는 경우 "l'ordre du jour pur et simple"은 이번에는 비난을 하지 않지만, 궁극적으로 더 이상 지지하지 않음을 말하는 것일 수 있다. 또한 대부분의 정부는 "l'ordre du jour pur et simple"을 수용하지 않는 데 상당한 자부심을 가진다. 또한 "l'ordres du jour motivés"라는 것이 있는 네, 여기에는 의회는 원진히 공화주의적인 정책을 보장하는 데 정부를 신뢰한다고 하는 것과 같은 "l'ordres du jour de confiance"와 순전히 공화주의적이고 정교분리적인 정책을 보장하는데, 정부를 신뢰하지 않는 의회는 "ordre du jour"로 넘어간다는 "l'ordres du jour de méfiance"가 있다. 따라서 "ordre du jour"의 발의는 분명히 정부가 의회의 신임을 가지는지 아니면 가지지 않는 지를 말해 주는 수단이다. 만약, 의회가 정부가 수용하는 "ordre du jour"를 거부하거나, 정부가 거부하는 "ordre du jour"를 받아들인다면, 정부는 사임해야 한다. Joseph Barthélemy et Paul Duez, *op.cit.*, pp. 700 – 703.

- Pontalis)는 띠에르를 구하고자 "정부의 선언을 신뢰하고, 정부에 대해서 확실히 보수적인 정치를 기대하는 국민의회는 의사일정에 회부한다."라는 의사일정을 제출했지만, 에르눌이 제출한 의사일정에 우선권이 주어졌으며, 결국 에르눌의 의사일정은 360표의 찬성에 344표의 반대로 가결되었다.

바라공(Baragon)의 요구에 따라 같은 날 8시 45분에 개시된 세 번째 회의[54]에서 국무회의 부의장이자 국새상서인 뒤포르는 내각이 공화국 대통령에게 사임서를 제출했으며, 공화국 대통령도 자신에게 공화국 대통령 자신의 사임서를 국민의회 의장에게 전달하도록 요구했다는 점을 알렸다.

이에 국민의회 의장인 뷔페는 "프랑스공화국 대통령인 띠에르의 사임에 따라 아래에 서명한 사람들은 국민의회가 즉각적으로 후임자 지명 투표를 진행할 것을 제한한다."라는 제의를 낭독했다. 그렇지만 여러 국민의회 의원들은 공화국 대통령의 사임을 국민의회가 받아들일 것인지에 대한 결정부터 해야 한다고 맞섰으며, "아래에 서명한 사람들은 국민의회가 띠에르의 사임을 받아들이지 말 것을 제안한다."라는 제안이 제출되었다. 하지만 이 제안은 331표의 찬성에 362표의 반대로 채택되지 않았다. 따라서 공화국 대통령인 띠에르의 사임은 국민의회에 의해 수리되고, 띠에르 정부는 붕괴되게 되었다.

곧이어 띠에르를 대신할 공화국 대통령은 띠에르와 동일한 법적인·헌법적인 조건 속에 임명될 것이라는 점이 국민의회 의장인 뷔

---

54) Annales de l'Assemblée Nationale의 내용을 통해서 본 5월 24일 회기는 그야말로 격렬한 싸움의 연속이었다. 국민의회 의장의 Buffet의 말은 계속적으로 좌파들의 고함소리와 함성에 묻혀버렸으며, 모든 토의는 감정적으로 치달았음을 알 수 있다.

페에 의해 환기되었으며, 맥마옹이 390표를 얻어 새로운 공화국 대통령으로 선출되었다.[55]

5월 24일의 회의의 결과 약 27개월간의 존속했던 띠에르 정부는 종말을 고하게 되었다. 하지만 이 사건은 단지 한 사람의 실각이 아닌 "Monsieur Thiers"체제라는 한 체제의 종말로서의 성격을 가진다.[56]

보르도협약에 따라 프랑스의 체제를 결정하는 문제를 장래의 국민의회에 남겨둘 것을 약속한 띠에르는 여러 번의 연설을 통하여 현재의 여건상 군주제는 불가능하며, 최종적인 체제로 보수적인 공화국에 대한 지지를 표명했다. 그러나 띠에르는 "공화주의자가 없는" 보수적인 공화국을 지지했기 때문에 좌파인 공화파와 우파인 왕당파의 계속적인 지지를 받을 수 없어 결국 사임하지 않을 수 없게 되었다.

그렇지만 보수적인 공화국을 지지한 띠에르의 선택은 비록 그 자신의 이념적 출발은 오를레앙니스트이지만, 우파들 간의 뿌리 깊은 분열로 인한 왕정복고의 현실적인 어려움과 '질서와 안정'이라는 가치를 무시하고 순수한 공화주의 이념에만 치중한 급진적인 공화파의 주장 모두 프랑스를 위한 근본적인 해결책을 제시할 수 없다는 통찰에서 비롯된 것으로 평가되며, 이후의 1875년의 헌법

---

55) 이날 투표는 밤 11시에 끝났으며, 회기에 참석한 721명의 의원 중 단지 391명만이 투표에 참가했다. 그리고 Grévy를 선출한 Laurier를 제외한 좌파 전원은 기권했다. *ibid.*, p. 68: Gabriel Hanotaux, *op.cit.*, p. 296: Thiers의 실각에서 maréchal de Mac-Mahon의 선출까지의 일련의 사건들은 국민의회 내부에서의 우연적인 진행에 따른 결과가 아니라, duc de Broglie의 치밀한 계획하에 주도되었다. Gabriel Hanotaux, *op.cit.*, pp. 251-296.

56) Maurice Deslandres, *op.cit.*, pp. 211-212.

적 법률의 제정 작업은 결국 띠에르가 제시한 해법이 올바른 방향이라는 것을 보여 준다.[57]

그리고 띠에르 정부하에서 오를레앙니스트적(이원적) 의원내각제를 지향하기 위해 제정된 리베법률과 브로이법률들은 비록 헌정실제에서 띠에르의 인격화된 권력운용과 상황적 요청으로 규범의 제정 의도와 다르게 작동되었지만 입법권과 집행권의 분리와 내각책임을 구현하기 위한 중요하고 의미 있는 시도라 할 수 있다.

(3) 맥마옹 공화국 대통령의 취임

1) 오를레앙적(이원적) 의원내각제의 천명과 권력운용

띠에르를 대신하여 공화국 대통령이 된[58] 맥마옹은 인물 면에서 띠에르와 달랐으며, 시대적 상황 역시 달랐다. 왜냐하면 띠에르는 보불전쟁의 패전에 따라 홀로 비스마르크와의 협상을 수행하면서 점령된 영토를 회복하고, 전쟁배상금을 지불하는 업무를 수행해야 하는 등 국내적으로 전쟁으로 피폐된 프랑스의 경제・사회・정치적인 안정과 질서를 회복하여야 하는 막중한 임무를 가진 "꼭 필요한 인물(l'homme inévitable)"로서 최고의 권위를 가진 인물이었으나, 맥마옹은 단지 65세의 "충성스러운 군인(loyal soldat)"일 뿐

---

57) Gabriel Hanotaux는 "보수파는 Thiers를 전복함으로써 그들이 보수주의자들의 중에 최후의 사람을 무너뜨렸다는 점을 알지 못했으며, 공화파들은 그들이 그렇게 맹렬히 공격한 이 국민의회가 오랫동안 프랑스에 공화주의체제를 만들 것이라는 점을 알지 못했다"라고 하면서 이 모든 사태를 맹목적인 정치적 열정이라고 평가했다. Gabriel Hanotaux, op.cit., p. 299.

58) Nomination de M. le Maréchal de Mac-Mahon, Duc de Magenta, à la Présidence de la République française Extrait du procès-verbal de la séance de l'Assemblée nationale du 24 mai 1873, Bulletin des Lois de la République Française, XII⁰ Série. N°129. p. 449.

이었기 때문이다.

그리고 항상 유창한 연설로 국민의회를 주도해 나갔던 띠에르와는 달리 맥마옹은 그렇게 탁월한 연설가는 아니었으며, 그를 선출해 준 국민의회의 소망에 따라 교서(message)를 통한 정치를 행했다.

이와 관련하여, 공화국 대통령으로서 맥마옹의 헌법 규범상 권력을 살펴보자면, 맥마옹은 5월 24일의 국민의회의 의결에 따라 띠에르와 동일한 자격과 권한을 가진 공화국 대통령으로 임명되었기 때문에 1871년 8월 31일과 1873년 3월 13일 법률 규정을 적용받는다. 따라서 맥마옹은 국민의회 앞에 책임을 지며, 국민의회가 해산할 때까지 그 자신의 위임을 가질 수 있게 되었으며, "공화국 대통령(Président de la République)"이란 칭호를 띠에르 정부하에서와 같이 사용하게 되었다. 요컨대 헌법 규범 면에서는 공화국 대통령의 교체 외에는 어떠한 변화도 없었다.

한편 3월 24일 띠에르를 실각시킨 다수파의 수장인 브로이 공작은 공화국 대통령 자신이 직접 각료를 임명한 띠에르의 방식과 달리 오를레앙적(이원적) 의회주의체제의 관습적인 방식으로 복귀했다. 따라서 브로이 공작은 국무회의 부의장(vice-président du Conseil)으로서 내각구성의 방향을 정하고, 새로운 내각의 구성원을 지명했다.

2) 정신적 질서정책의 실시

새로이 공화국 대통령이 된 맥마옹과 국무회의 부의장인 브로이 공작은 그들의 보수적인 정치이념[59]에 부합하는 정신적 질서(l'ordre moral)정책60)을 실시했으며, 이와 같은 정책은 "Sacré – Cœur성당에 관한 1873년 7월 24일 법률"의 가결로 절정에 이르렀다.61) 이 법률에 따르면 파리코뮌의 출발점인 몽마르트르 언덕에 신에 대한 감사(인정, reconnaissance)와 속죄(expiation)의 표시로서 예수회(la compagnie de Jésus)62)와 깊은 관련이 있으며 교황권지상주의의 상

---

59) Mac – Mahon의 보수적인 정책은 Thiers체제와는 다른 뉘앙스를 가진다. 즉 둘 다 보수적인 정치를 표방했지만, Thiers는 가톨릭에 대해서는 조심스러운 태도를 취했음에 반해, Mac – Mahon은 가톨릭에 대해서 우호적인 태도를 표명함으로써 Thiers는 반성직자적인 자유주의적인 태도를, Mac – Mahon는 귀족주의적이고, 가톨릭적인 자유주의적인 태도를 취한다. Jean – Marie Mayeur, *La vie politique sous la Troisième République(1870~1940)*, Paris: Seuil, 1984, p. 48.

60) "정신적 질서(l'ordre moral)정치"라는 말은 1873년 5월 23일의 duc de Broglie의 대정부 질문과 Mac – Mahon대통령의 교서에서 "신의 도움, 계속적으로 법률의 노예로 존재할 우리 군대의 헌신, 정직한 사람들의 헌신과 함께 우리는 영토의 자유화 업무와 우리조국의 정신적 질서의 복구업무를 지속할 것입니다."라는 문구로 처음 등장하는 말로써(Dominique Lejeune, *La France des débuts de la Ⅲe République 1870 – 1896*, Paris: Armand Colin, 1994, pp. 31 – 32.), 기본적으로 인간세계에 있어서의 부도덕성의 원인을 근본적으로는 인간의 원죄에서 찾으며, 인간은 신으로부터 멀어졌기 때문에 사악하게 되었다는 생각에서 출발한다. 그리고 노동자들의 사용자에 대한 파업, 남편의 부인에 대한 부정, 아이들의 부모에 대한 불손함 나아가 전쟁과 혁명과 같은 사악한 행위는 아담과 이브의 타락 이래로 타락한 인간의 마음속에 자리 잡고 있었던 탐욕, 욕망, 야망의 명백한 표현이며, 사회주의자들이나 급진공화파들에 의해 강력하게 표명된 이상과 자유주의적인 선전은 인간본성에 대한 잘못된 이해라고 보았다. 따라서 이와 같은 잘못된 현실을 타개하기 위해서 창조주의 지도가 있어야 하며, 이와 같은 신에 의한 지도가 없으면 인간은 길을 잃은 존재가 될 것이라고 보았다. 또한 "정신적 질서(l'ordre moral)"는 사회가 어떤 힘에 의해서 유지된다면 이는 전혀 사회라고 할 수 없다고 보았다. 왜냐하면, 사회적 단체는 어느 정도의 물리적인 방식으로 관련된 개인적 집합 이상의 것으로서의 정신적인 실체이며, 이와 같은 정신적인 실체에 생명을 불어넣는 것은 바로 종교이며, 따라서 이와 같은 종교가 없는 경우 사회는 분해되어 무질서의 상태가 될 것으로 보았다. Robert R. Locke, *French Legitimistes and the Politics of Moral Order in the Early Third Republic*, Princeton University Press, 1974, pp. 141 – 142.

61) 이와 같은 Sacré – Cœur성당의 건립은 대내적으로는 duc de Broglie정부가 지속적으로 전개한 정신적 질서(l'ordre moral)정치의 연속으로 평가되지만, 보다 시각을 넓혀서 교황청과의 관계하에 살펴본다면 이는 교황권의 회복을 위한 하나의 시도로 평가된다. 즉 교황청의 입장에서 볼 때 보불전쟁에서 프랑스의 패배는 가톨릭의 위기와 동시에 발생했으며, 새로이 프랑스에 수립된 Thiers정부는 보수적인 공화국을 지지했기 때문에 Thiers정부의 전복은 교황청의 입장에서는 공화국적 정부를 통한 가톨릭에 대한 공격의 실패로 받아들여졌다.

62) 예수회(compagnie de Jésus)는 교황에 대한 절대적인 복종을 하는 수도회로서 후에 공화파들의 "반성직자(anticléricale)"정책의 일부로 허가받지 않은 수도회의 구성원 즉 사제

징인 "성심"(Sacré - Cœur)숭배를 위한 대성당을 정부의 기부금으로 짓도록 하는 것이었다.

하지만 이와 같은 정부의 정신적 질서 정치는 국민의회 내부에 예민한 싸움만 초래하였으며, 정부의 안정성과 권위를 약화하는 결과만 초래했다.

3. 왕정복고의 실패

보수적인 공화국을 지지한 띠에르 정부를 붕괴한 왕당파들은 그들의 희망대로 왕정복고를 위한 절차에 착수하였다. 하지만, 우파 내부의 근본적인 정치적 입장 차이는 왕정복고에 크나큰 장애로 작용하였다. 즉 정통주의자들은 부르봉가를 추종하는 무리로서 프랑스 대혁명과 혁명의 유산에 대해서 적대적인 입장을 취한다. 따라서 삼색기를 프랑스의 국기가 아닌 반란의 상징으로 보며, 대혁명 이후 진행된 의회주의를 혐오한다. 이에 반하여, 오를레앙니스트들은 1830년 7월 혁명을 통하여 왕위에 오른 오를레앙가를 추종하는 무리들로서 삼색기를 국기로 사용하고, 프랑스 대혁명의 가치를 인정하는 입장을 취한다. 그리고 입헌군주정을 이상적인 정부형태로 생각한다.

에 의한 공교육과 사교육의 전면적인 배제를 규정한 고등교육에 관한 법률 제7조의 토의에서 Jules Ferry는 "예수회.(예, 우리는 바로 예수회로부터 프랑스 젊은이들의 영혼을 깨어나게 하기를 원합니다.)"라고 주장함으로써 그가 목표로 하는 것이 예수회였음을 주저하지 않고 드러냈지만, 이 조항은 상원에 의해 거부되었다. 하지만 공화파정부는 1880년 3월 29일의 두 개의 데크레를 통해서 예수회의 해산과 3달 내에 해체를 할 것을 명령했다. Guy Antonetti, *op.cit.,* pp. 332 - 333: 1880년 3월 29일의 두 개의 데크레에 대해서는 *Journal Officiel de la République Française,* 29 mars 1880 pp. 3672 - 3673 참조.

이와 같은 두 개의 융합할 수 없는 세력인 정통주의자와 오를레 앙니스트와의 대립은 1873년경에는 정통주의를 대표하는 샹보르 백작과 오를레앙니스트를 대표하는 파리 백작 간의 대립으로 나타 나며, 공화국 대통령인 맥마옹과 내각수장인 브로이 공작으로 구성 되는 정부는 기본적으로 오를레앙니스트에 동조하는 태도를 취한다.

따라서 아래에서 서술되는 일련의 왕정복고 회담의 진행과 실패 는 정통주의자, 오를레앙니스트, 정부라는 세 축간의 정치적 게임 의 결과이자, 필연적 결과로 평가될 수 있다.

(1) 1873년 이전의 왕정복고 시도

헌법을 제정하는 문제가 차후로 연기됨에 따라 다수파인 왕당파 는 왕정복고를 위한 절차에 착수했다. 하지만 왕정복고를 위해서 부르봉가와 오를레앙가를 대표하는 샹보르 백작(comte de Chambord) 과 파리 백작(comte de Paris) 간의 왕위후보단일화라는 타협을 이 루어야 했다. 따라서 타협적인 해결책으로 파리 백작이 샹보르 백 작을 먼저 적법한 왕위계승자로 인정하고, 왕위를 이를 후사가 없 는 샹보르 백작의 뒤를 이어서 왕위계승자가 되는 것이 제시되었 으며, 이에 대한 합의가 있었다.[63]

하지만 이와 같은 "화합(fusion)"을 위한 시도는 순탄하지만은 않 았다. 왜냐하면 두 왕위계승자가 대표하는 오를레앙니즘과 정통주 의는 서로 융화될 수 없을 정도로 상반된 이념이었으며, 번번이

---

63) 물론 보나파르티스트들도 하나의 왕가로 일반적으로 인정하지만, 왕정복고를 위한 모든 시 도에서 보나파르티스트들은 제외하고 일반적으로 기술한다. 왜냐하면, 오를레앙가와 부르봉 가는 그들 내부에서는 화합할 수 없는 이념적 대립이 있지만, 둘 다 보나파르티스트들을 적 으로 생각하기 때문이다.

샹보르 백작의 완고함에 부딪혀서 좌절했기 때문이다.

예를 들면 처음에 복종의 뜻을 나타내는 파리 백작의 샹보르 백작에 대한 방문의사에 대하여 샹보르 백작은 1871년 7월 5일의 선언[64]을 통해 완전한 정통주의적 원칙과 이를 상징하는 흰색깃발을 철저하게 고수하겠다는 입장을 표명했으며, 이는 오를레앙니스트들의 타협의지를 무시하는 행동으로 해석되었다.

그리고 1872년 1월 25일에 샹보르 백작은 그의 이념과 그의 깃발에 대한 변함없는 고집을 나타내는 편지를 썼으며, 1873년 초엽 오를레앙의 주교가 샹보르 백작에게 타협을 요구하는 간청에 대해서도 샹보르 백작은 "삼색기(drapeau tricolore)"에서는 "혁명의 상징(symbole de la révolution)"외에 어떠한 것도 볼 수 없다고 답했다.

(2) 1873년의 왕정복고를 위한 일련의 회담진행

1873년에 있었던 왕정복고를 위한 일련의 절차는 8월 2일 파리 백작의 샹보르 백작 방문과 정부 측의 샹보르 백작 방문으로 시작되었지만, 실질적인 출발은 9월 25일에 오를레앙니스트인 오디프레 파스키에 공작(duc d'Audiffret - Pasquier, 1823~1905)의 주재하에 있었던 왕당파 국민의회 의원들 간의 모임이며, 이 모임에서는 60명의 왕당파 국민의회 의원들이 참석했다.

여기서 왕당파 국민의회 의원들은 샹보르 백작이 삼색기를 인정해야만 왕정복고는 가능하다고 천명했으며, 이 무렵 정부를 대표하여 공화국 대통령인 맥마옹 또한 삼색기에 대한 지지 없이는 내부

---

64) "나는 나의 헌신, 나의 원칙, 나의 깃발과 함께 프랑스로 갈 것입니다. 내가 여러분들에게 할 수 없는 유일한 희생은 바로 내 명예입니다." *l'Union*, 7 Juillet 1871, p. 1.

적 질서와 평화의 버팀목인 군대를 분열시킬 우려가 있다는 견해를 표명했다. 그리고 중도우파 역시 샹보르 백작의 세습적 왕권은 인정하지만, 입헌군주정과 삼색기에 대한 지지는 양보할 수 없음을 주장했다.

이와 같은 상황 속에서 정통주의자들은 그들의 수장인 샹보르 백작의 백색기에 대한 강한 애착을 알고 있었지만, 왕정복고를 위해 극우파, 온건우파, 중도우파, 샹가르니에(Changarnier)그룹으로 구성된 우파들의 위원회를 구성하는 데 동의하지 않을 수 없었다.[65]

따라서 위원회는 구성되었고 오를레앙파의 수장인 오디프레 파스키에 공작은 위원회에서 한 번 더 삼색기에 대한 보장이 없이는 왕정복고는 불가능하다는 견해를 피력했다. 그리고 깃발의 앞면은 백색기를, 다른 면은 삼색기를 그려 넣자는 안과 삼색기에 백합꽃으로 장식한 방패꼴무늬[66]를 그려 넣자는 제안이 있었으며 이에 대해 오디프레 파시키에 공작은 이 두 가지의 타협안을 모두 받아들이겠다는 입장을 취했다.

그 결과 국기문제에 대해서 "삼색기는 유지된다. 그러나 삼색기는 왕과 국민대표의 합의에 의해서 변경될 수 있다."는 위원회의 입장이 확정되었으며, 쉐스네롱(Chesnelong)으로 하여금 9인 위원회의 입장을 샹보르 백작에게 설득하는 임무가 부여되었다.

이에 따라 쉐스네롱은 샹보르 백작을 만나 다음과 같은 위원회의 세 가지 조건에 대해 설명했다. 첫째, "샹보르 백작은 그가 권

---

65) 우파 내부의 각각의 스펙트럼에 대해서 Maurice Deslandres는 위와 같이 분류를 하지만, 어떠한 기준에 의해서 이렇게 분류된 것인지에 대해서 명확하지 않은 것은 사실이다.

66) 번역에 어려움이 있어서 "un drapeau tricolore avec un écusson fleurdelysé"라는 원어를 병기한다. Maurice Deslandres, op.cit., p. 231.

력을 잡기 전까지 국기에 대해서 어떠한 변경도 주장하지 않는다."
둘째, "샹보르 백작은 그의 명예와 양립할 수 있는 해결책을 국민
에게 제시하는 것을 보류하고, 국민들의 대표자에 의해서 국민들로
부터 얻을 수 있다고 장담한다." 셋째, "샹보르 백작은 국기문제가
왕에 의해 제기된 후 왕과 국민의회의 합의에 의해서 해결된다는
점을 수락한다."

그러나 쉐스네롱이 제시한 세 개의 조건에 대해서 샹보르 백작
은 첫째와 둘째에 대해서는 명확한 동의를 표시했지만, 세 번째
조건에 대해서는 서로 간의 결정적인 오해가 있었다.

왜냐하면 쉐스네롱은 "나는 해결책을 국민의회에 제시하기를 원
하며, 우리는 합의할 수 있을 것이고 생각한다."는 샹보르 백작의
말을 합의에 도달하기 위한 하나의 맹세(약속, engagement)로 이해
했으나, 샹보르 백작은 자신은 처음의 두 개의 조건에 대해서는
동의를 했으나, 세 번째 조건에 대해서는 "왕과 국민의회의 합의만
이 관련된 문제를 해결할 유일한 방법이며, 나는 이에는 반대하지
않는다. 그러나 나는 이와 같은 사항이 먼저 나의 이름으로 공표
되는 것을 원치 않는다. 말하자면, 나 자신은 국민의회의 재량에
맡겨져 있으며, 세 번째 조건에 대해서는 동의하고 싶지 않다."는
뜻을 그의 측근에게 이야기했기 때문이다.

따라서 이와 같은 사실을 알게 된 쉐스네롱는 망연자실했다. 쉐
스네롱은 출발하기 바로 직전의 회담에서 샹보르 백작을 설득했으
나, 샹보르 백작은 세 번째 조건은 자신의 자유를 충분히 배려하
지 않으며, 처음의 두 번째 조건만 수락하겠다는 주장을 고집했다.
따라서 쉐스네롱은 "삼색기는 유지된다. 삼색기는 단지 왕과 국민

의회의 합의에 의해서만 변경된다."는 조항에 대해서 정통주의자들의 표결의 자유를 요구했는데, 이에 대해서 샹보르 백작은 긍정적인 대답을 했으며, 쉐스네롱은 이를 승낙으로 받아들였다.

이로써 쉐스네롱의 중대한 오해는 그 결과만을 기다리게 되었다. 쉐스네롱은 회담 동안 줄곧 반복된 "나는 결코 삼색기를 수용하지 않을 것이다."라는 샹보르 백작의 말과 세 번째 조건에 대한 샹보르 백작의 태도에 대해서 위원회에 보고하지 않았기 때문이다.

(3) 쉐스네롱의 결과 보고와 위원회의 결의안 작성

파리로 돌아온 쉐스네롱은 샹보르 백작과의 회담내용을 위원회에 보고했다. 쉐스네롱은 우선 헌법적 문제에 대해서는 샹보르 백작이 어떠한 유보조항도 표명하지 않고 완전하게 동의했다고 전했다. 그리고 가장 중요한 국기문제에 대해서는 샹보르 백작이 호의를 보이지 않았다는 점은 숨기지 않았지만, 회담이 진행되는 동안 샹보르 백작이 국기 문제에 대해서 보여 준 태도와 "나는 결코 삼색기를 수용하지 않을 것이다."라는 결정적인 발언은 전달하지 않았다.

이와 같은 잘못된 보고에 만족을 한 위원회와 그 대표자인 오디프레 파시키에 공작은 왕정복고를 착수할 준비에 들어갔으며, 국민의회에 제출될 다음과 같은 결의안(projet de résolution)을 작성했다. 결의안의 내용에 따르면,

> "자신에게 속하고, 그 스스로 간직하고 있는 헌법제정권을 행사하는 국민의회는 선언한다.
> 제1조 국민적, 세습적, 입헌적 군주제는 프랑스의 정부이다. 결과적으

로, 프랑스 왕가의 수장인 Henri‐Charles‐Marie‐Dieudonné는 왕위에 오르도록 요청된다. 프랑스 왕가의 왕자들은 남자 장자상속에 따라 왕위를 계승한다.

제2조 모든 시민의 법 앞의 평등과 모든 민사적·군사적 직위에 대한 취업가능성, 시민적·종교적 자유들, 오늘날 여러 가지 상이한 신앙들이 향유하고 있는 평등한 보호, 매년 국민대표에 의한 세금에 대한 투표, 그리고 일반적으로 현재의 프랑스인들의 공적인 권리들을 구성하는 모든 형태의 보장은 여전히 유지된다.

왕의 정부는 왕과 양원에 의한 입법권의 집단적 행사, 왕의 집행권, 왕의 인격에 대한 불가침성, 그리고 이와 같은 불가침성과 분리될 수 없는 내각책임, 일반적으로 공권력의 구성에 불가결한 모든 법률들을 규정하고, 보장하기 위한 헌법적 법률들을 국민의회에 제출한다.

제3조 삼색기는 유지된다. 그리고 삼색기는 왕과 국민대표의 합의에 의해서만 변경될 수 있다."

왕정복고를 위한 우파들의 공통된 조건으로서의 성격을 가지는 위의 결의안에서 쟁점이 된 조문을 살펴보자면, 우선 가장 중요한 내각책임과 입헌군주정을 채택하는 조문은 샹보르 백작이 쉐스네롱과의 회담에서 의회주의에 관해 계속해서 호의적이지 않은 태도를 보여 준 것을 고려해볼 때 충분한 합의가 있었던 조문은 아니었다.

그리고 "시민적·종교적 자유(libertés civiles et religieuses)"에 대한 조항의 경우 지루하고, 세밀한 토의가 있었다. 왜냐하면 군주제를 지지하는 무리들 중에는 종교적 소수파가 있었으며, 이들은 샹보르 백작의 복귀로 인하여 생길 수 있는 "국교(religion d'État)"의 부활에 대해서 두려움을 가졌기 때문에 이 조항을 왕정복고를 위한 필수적인 조건으로 내걸었기 때문이다.

결국 작성된 결의안은 각 당파들 간의 토의에 부쳐졌으나 세 가지 점에 대한 수정이 가해졌다. 첫째로, "공적인 질서를 위한 긴요한 보장으로서 언론의 자유"가 제2조의 첫 번째 문단에 규정되었다. 둘째로, "보통선거의 조직"이 제2조의 두 번째 문단에 규정되었다. 마지막으로 "내각책임"에 관한 조항이 제2조의 2번째 문단에서 첫 번째 문단으로 이동되었다.

(4) 왕정복고의 최종적 실패

10월 22일 모든 우파들은 소집되었으며, 국민의회에 제출될 결의안은 만장일치로 통과되었다.

그러나 샹보르 백작은 이와 같은 사건의 진행을 일종의 술책으로 생각하였다. 그리고 그는 삼색기를 긍정하는 왕정복고에 대한 반대의견을 1873년 10월 27일의 편지를 통해서 피력하였으며, 이는 샹보르 백작의 비타협적인 완고한 성격을 한 번 더 보여 주는 사건으로 평가된다. 문제가 되는 편지의 내용은 다음과 같다.

> "나 개인은 아무것도 아니지만, 나의 원칙은 전부이다. 프랑스는 내가 배를 항구로 인도할 수 있는 유일한 사람, 즉 절대로 필요한 안내인 (pilote)이라는 점 ― 왜냐하면, 나는 이를 위한 임무와 권위를 가졌기 때문이다 ― 을 이해할 때 그 고난의 끝을 보게 될 것이다."

특유의 권위적인 문체와 내용으로 기술된 이 편지에서 샹보르 백작은 우파들의 계획에 대한 거부의 뜻을 분명히 했으며, 무엇보다도 자신이 파리 백작을 위한 단순한 가교의 역할을 하는 것에 대한 반감을 분명히 나타냈다.

따라서 그 동안에 진행된 우파의 왕정복고 계획은 결국 실패하게 된다.[67] 이 사건의 결과 오를레앙니스트와 정통주의자들로 구

성되는 왕당파들 간에는 심각한 분열이 생기게 된다. 즉 오를레앙
니스트는 왕정복고를 위한 일련의 과정에서 정통주의자에게 깊은
배신감을 느끼게 되어 정통주의자들을 버리고 온건공화파로 접근
하게 되며 정통주의자 역시 국민의회 내의 활동에서 오를레앙니스
트들을 적대시하는 태도를 취하게 된다. 그리고 이와 같은 일련의
사건은 국민의회 내에서 제3공화국의 헌법적 법률의 가결을 위해
필요한 중도적 다수파가 형성되도록 하는 역할을 한다.

Ⅲ 7년 임기제 법률[68)]

1. 7년 임기제 법률의 제정 과정

국기문제에 대한 샹보르 백작의 완고함과 회담내용에 대한 결정

---

67) 그러나 comte de Chambord는 10월 27일 편지를 통해서 완전히 왕정복고를 위한 계획
을 포기한 것은 아니었다. 그는 단지 국민의회에 의한 왕정복고 계획이 당파들의 술책이라
고 생각했을 뿐이다. 따라서 그는 그 자신의 방법으로 개인적으로 왕정복고를 시도하고자
했다. 즉 그는 그 자신이 직접 국민의회에 나타나서 국민의회로부터 환호를 받는 방식으로
왕정복고를 이루려고 했다. 이와 같은 계획을 위해서 그는 11월 3일 Frohsdorf를 떠나,
11월 9일 11시에 Versailles에 도착했다. 그리고 de Blacas에게 maréchal de Mac-
Mahon과의 회담을 준비하도록 했지만, de Blacas의 회담요청에 대해서 maréchal de
Mac-Mahon은 거부의 뜻을 분명히 했다. 즉 maréchal de Mac-Mahon는 그 자신의
권력연장을 위한 교서(message)가 이미 국민의회에 제출되었고, 이에 관한 법률이 기초되
고 있는 와중에 그 자신이 comte de Chambord를 만나는 것은 그 자신의 위엄에 걸맞지
않은 나쁜 인상을 주기 때문에 comte de Chambord와의 회담제의를 거부했던 것이다.
결국 의회주의적 절차가 아닌 1814년의 상황을 염두에 둔 comte de Chambord의 왕정
복고 계획은 실패하게 되며, 정국은 "7년 임기제체(Septennat)"로 진행하게 된다. Gabriel
Hanotaux, *op.cit.*, pp. 259-269: Maurice Deslandres, *op.cit.*, pp.251-253.

68) Loi qui confie le Pouvoir exécutif pour sept ans au maréchal de Mac-Mahon,
duc de Magenta du 20 novembre 1873.

적 오해로 왕정복고를 위한 계획이 실패함에 따라 정부 측은 파리 백작의 섭정(régence)[69]이나 공화국 대통령인 맥마옹에 의한 국왕 대리관제도(lieutenance générale)[70]를 고려했다. 그러나 양쪽 모두 이와 같은 계획을 거부했기 때문에 다른 방법을 찾아야만 했다.

따라서 정부는 새로운 체제를 위한 헌법을 제정하는 대신 현재의 권력구조를 연장함으로써 권위와 안정성을 찾는 방법을 추구했으며, 1873년 11월 20일의 법률은 이와 같은 목적을 실천하기 위한 하나의 수단적 성격을 가진다.

(1) 1873년 11월 5일 회의 - 공화국 대통령의 교서와 두 개의 법률안 제출

공화국 대통령인 맥마옹의 7년 임기를 보장하는 1873년 11월 20일 법률의 제정은 11월 5일 회의에서 새로운 국가의 조직과 구성에 관한 법률이 필요함을 나타내는 공화국 대통령의 교서로부터 시작되었다.[71] 그리고 이와 같은 공화국 대통령의 교서에 이어 국민의회 의장은 "현재의 법률이 공포된 이후부터 집행권은 10년 동안 맥마옹에게 부여된다. 집행권은 헌법적 법률에 의한 개정시까지

---

69) 군주제에서 군주의 권력을 일시적으로 양도하는 것은 섭정(les régences)과 국왕대리관(le lieutenant général du royaume)제도가 있다. 이 가운데 섭정은 왕이 미성년이거나, 군사적 원정 등으로 왕의 자리가 비게 되는 경우에 실시한다. 프랑스 역사상 섭정에 대한 자세한 예는 Bernard Barbiche, *Les institutions de la monarchie française à l'époque moderne X VIe - X VIIIe siècle*, Paris: PUF, 2001, pp. 33 - 36.

70) 군주제의 위기나 약화의 시기와 같은 예외적인 경우 왕은 그 자신의 권력의 일부를 "국왕대리관(lieutenant général)"에게 위임하며, 이와 같은 위임을 받은 사람은 전 왕국에서 주권자를 대표하는 일종의 부군주(vice - roi)로서의 역할을 한다. 이와 같은 위임은 특히나, 총사령관의 관습적인 권한인 왕의 군대를 명령하는 권한을 포함한다. *ibid.*, 36 - 37.

71) Séance du 5 Novembre 1873, *Annales de l'Assemblée Nationale*, pp. 1 - 2: *Annales de l'Assemblée Nationale*, annexe n° 1984, pp. 13 - 14.

현재의 조건으로 행사된다. 헌법적 법률의 검토를 위한 30인 위원회는 공개회의에서 명부투표에 의해 지체 없이 선출된다."라는 샹가르니에의 법률안과 15개 조항[72])으로 구성된 보나파르티스트인 에사세리오 남작(baron Eschasseriaux)의 법률안이 제출되었음을 선언했다.[73]) 그리고 이 두 개의 법률안 중에 샹가르니에의 법률안에 대해서만 긴급요청이 받아들여져서 특별위원회로 이송되었다.

(2) 위원회의 구성과 라불레이 보고서

공화국 대통령의 임기를 7년으로 정하는 법률을 위한 위원회에서는 중도좌파의 성향을 가지는 라불레이(Laboulaye, 1811~1883)가 보고자로서 위원회를 주도했으며, 좌파가 위원회 내에서 다수파를 차지하였다.

따라서 위원회는 그 내용이 모호한 샹가르니에 법률안으로부터 공화국적인 요소를 끌어내려고 노력했으며, 그 결과 공화국 대통령인 맥마옹의 권력을 5년 동안 연장하는 것에는 동의하지만 전체헌법이 가결되어야만 이와 같은 권력연장이 헌법적 성격을 가질 수 있다고 주장했다. 하지만 중도우파인 브로이 공작은 이와 같은 위원회의 태도에 항의했으며, 샹가르니에의 법률안을 수정 없이 채택

---

72) Séance du 5 Novembre 1873, *Annales de l'Assemblée Nationale*, p. 4

73) 제출된 법률안의 주요골자를 살펴보자면, 우선 유권자들이 왕정, 공화정, 제정에 대해서 투표를 하며(Art.2.), 그 결과 왕정복고가 결정되면, 권좌는 Henri V 라는 이름으로 comte de Chambord에게 돌아가며, 1814년의 헌장의 규정에 따라 왕권은 세습되며, 만약 공화국을 유권자들이 선호하면, 국민의회는 보통선거를 통해서 공화국 대통령을 선출하기 위해 가장 가까운 날짜를 정해야 하며, 마지막으로 국민들이 제정체제를 결정하면 나폴레옹 3세의 황태자가 Napoléon Ⅳ 라는 이름으로 황제가 되며, 제정체제는 sénatus - consultes에 따라 규정된다(Art. 12.). *ibid.*

할 것을 주장했다.

이와 같은 상황 속에 작성된 라불레이 보고서는 향후 헌정질서에 대한 좌파와 우파의 근본적인 입장이 드러나 있으며, 전체적으로 위원회 다수파의 샹가르니에의 법률안에 대한 비판적인 입장이 기록되었다.

라불레이의 보고서는 우선 위원회가 전체적인 헌정체제를 먼저 규정해야 하는 것을 주장하는 다수파와 공화국 대통령인 맥마옹의 권력만 연장하기를 원하는 소수파로 분열되어 합의에 도달하기 어려웠음을 지적한다.

> "공권력이 규정되지 아니하고, 조직되지 아니한 나라에서 집행권을 10년 동안 연장하는 것은 전례가 없었던 입법적인 활동입니다. 우리의 작업에 있어서 또 다른 어려움은 바로 집행부에 의해서 임명된 위원회가 8표의 다수파와 7표의 소수파로 거의 분열되어 있다는 점입니다. 그렇지만 우리들은 국민의회에서 국가적 이익에 해로운 분열이 일어나지 않게 하기 위해서 합의에 도달하기 위한 상당한 노력을 들였습니다. 또한 현재에 헌법적 법률이 존재하지 않기 때문에 다수파와 소수파는 근본적인 차이로 인하여 분열되어 있습니다. 즉 소수파들은 지체 없이 권위를 세우려는 열망에 따라 장래에 국가원수의 권력을 규정하고 조직하도록 미룸으로써 지금부터 국가원수의 권력을 연장할 수 있다고 생각함에 반하여, 다수파들은 그 범위를 정하지 않고 조건 없이 국가원수의 권한을 연장하는 것이 가능하지 않다고 생각합니다. 그리고 다수파는 헌법적 보장이외의 권위는 단지 가면을 쓴 독재라고 생각합니다."[74]

그렇지만 위원회는 이와 같은 어려움에도 불구하고 다수파와 소수파 모두 공화국 대통령인 맥마옹을 신뢰하고 있기 때문에 공화

---

74) *Annales de l'Assemblée Nationale*, annexe n° 2011, p. 162.

국 대통령이라는 공식적인 직함을 법률안에 추가했으며, 공화국 대통령의 권력연장이 이루어질 경우에 지체 없이 헌법적 법률을 검토할 위원회가 구성되어야 한다는 점에 대해서 내부적인 합의가 있었음을 보여 주었다.

> "우선 집행부에서나 위원회 내부에서나 공화국 대통령 개인에 대해서는 논외로 하였습니다. 맥마옹이라는 이름은 우리 역사의 영광스러운 한 부분이며, 그에게는 단지 존경심만을 가지고 있습니다. 우리는 그의 인격과 그의 애국심에 강한 신뢰를 가지고 있습니다. 우리는 회의의 처음부터 끝까지 단지 헌법적인 문제만을 다루었습니다. 반면에, 우리는 법률안이 맥마옹에게 1871년 8월 31일 법률에 의해 집행권의 수반에게 부여된 공화국 대통령의 칭호를 사용하지 않은 것에 놀랐지만, 위원회의 소수파는 서둘러서 우리의 의구심을 해소했습니다. 따라서 위원회의 소수파는 공화국 대통령이라는 공식적인 직함을 법률안에 추가했습니다. 그리고 마지막으로 우리 모두는 공화국 대통령의 권력연장이 이루어진다면, 지체 없이 헌법적 법률을 검토할 임무를 지닌 위원회가 구성되어야 한다고 생각했습니다."

계속해서 보고서는 국민의회가 그 자신보다 오래 지속될 집행권의 수반을 임명하는 권한은 인정되지만, 이와 같은 위임이 헌법적 성격을 가지는 것인지 일반적 법률의 성격을 가지는 것인지에 대한 견해의 대립이 있었으며, 무엇보다도 특정한 한 사람을 위한 법률제정은 헌정질서를 위태롭게 할 수 있다는 다수파의 입장을 보여 주었다.

> "현재의 조직에서 공화국 대통령은 단지 국민의회의 대표자입니다. 따라서 그 위임자가 더 이상 존재하지 않는데 수임자가 위임받은 권한을 보유할 수 있는지에 대해서 의문이 듭니다. 국민의회가 이 문제에 대해서 검토하게 된 것은 이번이 첫 번째는 아닙니다. 국민의회는 오늘 우리에게

제시된 제안에 대해서 서로 상반된 의미로 해결했습니다. 즉 1871년 8월 31일 법률에 관한 비테(Vitet)의 보고서는 공식적으로 국민의회가 그 자신에게 속하지 않는 미래를 구속할 수 있음을 부인했습니다. 수많은 우파와 중도우파 국민의회 의원들로부터 지지된 이와 같은 견해는 국민의회에서 승리를 거두었습니다. 8월 31일 법률은 띠에르의 권력을 국민의회가 의정활동을 종료하는 때까지 연장했습니다. 따라서 어떻게 우리가 1871년에 위헌적이라고 본 것을 1873년에 만들 것을 제안할 수 있겠습니까? 어떤 이는 민사적 위임과 정치권력의 위임을 같은 것으로 취급할 수 없다고 주장합니다. 그리고 1871년의 선례는 국민의회를 구속할 수 없으며, 우리 역사를 더욱더 거슬러 올라가면, 이와 상반되는 여러 선례를 발견할 수 있을 것이라고 주장합니다. 어떻게 국민의회가 그 다음의 국민의회의 개시를 규정하거나 미래를 위해 대비를 하는 것을 금지할 수 있겠습니까? 이 문제에 대해서 위원회는 조금도 주저하지 않고 13대 2의 다수로 이 문제에 대한 국민의회의 권한을 인정하였습니다. 그러나 이와 같은 결정은 어려움을 미루었을 뿐, 이와 같은 어려움을 해결하지 않았다는 점을 인정해야 합니다. 본질적인 문제점은 국민의회가 합법적으로 그 자신보다 오래 지속할 집행권의 수반을 임명할 수 있느냐 하는 문제가 아니라, 이와 같은 위임의 성격(caractère)과 가치(valeur)의 문제입니다. 반대법률에 의해서 폐지될 수 있는 단순한 법률(simple loi)이 존재합니까? 현재의 국민의회 다음에 존재할 국민의회를 구속하는 헌법적 규정이 존재합니까? 여기에 위에서 살펴본 어려움의 핵심이 있습니다. 반면에, 공화국 대통령의 권력연장을 헌법제정행위로 간주할 수 있습니까? 위원회의 소수파는 국민의회가 무조건적으로 공화국 대통령의 권력을 연장할 수 있다고 생각합니다. 이에 반해, 다수파는 견해를 달리합니다. 이와 같은 조항이 헌법적인 성격을 가지느냐, 아니냐에 대한 이론적인 토의를 하지 않은 다수파는 단지 특정한 한 사람을 위해서 만들어진 법률, 즉 어떤 특권이나 예외를 창조하는 법률은 가장 심각한 반대를 위한 빌미를 제공하며, 권력을 보장하는 대신에 권력을 위태롭게 할 수 있다고 생각합니다."

따라서 보고서는 맥마옹에게 공화국 대통령직을 부여하는 것이 정부의 안정에 도움을 주지만, 어떤 위대한 한 개인에 의해 헌정체제의 안정을 보장하기보다는 전체적인 헌정체제를 수립하는 것이 더욱더 근본적으로 문제를 해결하는 방법이라는 다수파의 입장을 전개하였다.

　　"우리는 맥마옹에게 합법적으로 조직된 공화국 대통령직을 부여하는
것이 불안정한 권력을 부여하지 않는 유일한 방법이라고 생각합니다. 그
러나 어떤 식으로든 조직 법률을 미리 설치하지 않고 공화국 대통령의
권력을 연장하는 것이 가능합니까? 확실히 여기에 엄청난 어려움이 있으
며, 위원회의 다수파는 헌법적 법률과 공화국 대통령의 권한연장의 문제
를 동시에 토의하려는 현명한 제안이 거절된 점에 엄청난 유감을 표시했
습니다. 이와 같은 어려움이 우리에게 계속되었기 때문에 우리는 어떠한
대가를 치르더라도 이와 같은 상황에서 벗어나야 한다고 생각했습니다.
즉 법률안을 거부하는 것은 바로 한 번 더 프랑스를 무정부상태로 빠뜨
릴 수 있는 위험을 무릅쓰는 것입니다. 우리는 이와 같은 책임을 지기를
원하지 않습니다. 우리는 제안된 법률안에서 임시적인 체제에서 벗어날
수단을 찾고 동시에 프랑스에 튼튼하고 견고한 전체적인 제도를 부여하
는 것이 보다 현명하고, 보다 애국적이라고 생각했습니다. 우리는 맥마옹
이란 이름이 국가적 안정을 가져올 수 있다는 점을 고려해야 한다고 생
각하지만, 국가적 안전(sécurité)은 단지 한 사람의 위대한 사람에 의한 보
장이 아니라 제도들에 의한 보장이라는 한 가지 조건을 더 부가하고자
합니다. 국민들이 요구하는 것은 단지 하나의 대통령이 아니라 바로 정부
입니다. 위원회의 다수파의 생각은 바로 이와 같은 기본적 생각 위에 있
습니다. 위원회의 다수파는 질서를 위해서 자유를, 자유를 위해서 질서를
희생시키기를 원치 않습니다."

　계속해서 위원회의 다수파는 공화국적인 체제가 위원회의 다수
파가 원하는 체제라는 것을 숨기지 않았으며, 공화국 대통령인 맥
마옹의 임기를 5년 연장하는 것으로 국민들에게 충분한 안정성을
보장할 수 있다고 하였다.

　　"무기력하고 임시적인 체제와 관계를 끊고, 국가의 합법적인 정부를
세우는 것, 즉 공화국(République)이 바로 우리가 도달하려는 목표이며,
우리의 모든 정책입니다. 이와 같은 조건으로 우리는 제한된 기간 동안
권력을 연장하는 것을 수락하는 바입니다. 이 조건이 없이는 우리는 어떤

것도 하지 않을 것입니다. 우리는 무엇보다도 자유로운 정부에서 집행권이 강력하고, 활기 있기를 바라지만, 이와 같은 집행권은 합헌적이어야 하며, 집행권은 법률에 도움이 되어야 한다고 생각합니다. 그렇지 않으면, 정부는 안정성도, 권위도 가질 수 없을 것입니다. 일단 우리의 양보를 헌법적 법률의 가결과 관련하는 조건으로 대통령의 임기연장을 수용하기로 결심하면서, 당연히 우리는 이와 같은 대통령의 임기연장을 입법부의 임기동안으로 제한하기로 했습니다. 맥마옹에게 지금의 국민의회가 해산된 날로부터 5년간의 권력을 부여함으로써 우리는 국민들에게 충분한 안정성에 대한 보장을 주었다고 생각합니다. 우리는 국민의회와 국민들에게 희망이 아닌 확신을 주기 위해서는 지금부터 맥마옹의 권력이 5년 동안 연장되는 것이 좋다고 생각합니다. 헌법적 법률의 제정임무를 맡은 위원회는 용이하게 미래의 제도들과 지금 급박하게 투표해야 할 조항들 간의 타협적 수단을 발견할 것입니다."

따라서 위원회는 공화국 대통령인 맥마옹의 임기는 5년이며, 이와 같은 임기조항은 조직 법률의 형식으로 규정함으로써 헌법적 성격을 가지게 됨을 주장하였다.

"우리의 법률안 제1조는 공화국 대통령인 맥마옹의 권력은 다음의 입법부가 소집되는 날을 넘어 5년이라는 기간 동안 계속 유지될 것을 규정하고 있습니다. 그러나 동시에 우리는 이와 같은 조항은 조직 법률 속에 자리할 때에만 헌법적 성격을 가진다는 점을 규정했습니다. 달리 말하자면, 국민의회가 일반적인 법률을 통해서 공화국 대통령의 임기를 연장한다면, 이와 같은 조항은 법률로서의 효력밖에 없을 것입니다. 그러나 국민의회가 대통령의 권력연장이 견고하고 철회가 불가능한 것으로 만들기를 원한다면, 조직 법률 속에 이와 같은 규정을 두십시오. 그리고 맥마옹을 헌법적인 공화국 대통령으로 만드십시오. 만약 사람들이 헌법적 법률을 가결한다면 공화국 대통령의 권력은 견고한 기초 위에 근거할 것입니다. 그러나 정식의 제도를 규정하지 못하고, 국민의회가 해산하게 된다면, 공화국 대통령의 임기연장은 단지 하나의 말뿐일 것입니다. 따라서 다음 번 국민의회는 공화국 대통령의 임기연장에 대해서 조금도 고려하지 않을 것입니다. 즉 다음 번 국민의회는 그들이 원할 때 그들 마음대로 공화국 대통령을 보존하거나 전복할 수 있을 것입니다. 여기에는 어떤 중간적인 상태가 있을 수 없습니다. 우리가 헌법을 가지면 공화국 대통령의 권력은 견고하게 확립될 것이며, 우리가 헌법을 가지지 않으면 프랑스는 여전히 한 번 더 시민적 불화와 혁명의 위험에 노출될 것입니다."

그리고 보고서는 헌법적 법률의 검토를 위한 30인 위원회는 집행부(bureaux)에서 구성됨을 설명한다.

"원래 법률안의 마지막 조항은 헌법적 법률의 검토를 위한 30인 위원회를 공개회의에서 명부투표(scrutine de liste)로 선출할 것을 제안했습니다. 이와 같은 제안의 기본취지는 각 당파들의 숫자적인 비율에 따라 만장일치로 프랑스에 훌륭한 제도를 정립할 수 있는 가장 능력 있는 인물들을 선택하는 데 있습니다. 이와 같은 제안에 그럴 듯한 점이 없지 않다고 인정은 하지만, 다수파는 일반적인 관행에 그치는 것이 더 좋으며, 그래서 위원회(commission)를 집행부(bureaux)를 통해서 임명하는 것이 좋다고 생각합니다.

마지막으로 보고자(rapporteur)[75]인 라불레이는 왕정복고의 실패로 체제의 문제에 대해서 공황상태에 있는 오를레앙니스트들을 회유하기 위하여 오를레앙니스트들이 생각하는 정부는 공화국에서도 가능함을 설명했다. 그리고 만약에 어떠한 헌법제정 작업도 하지 않고 지금의 불안정한 상태가 지속된다면 국민의회는 해산되고 새로운 국민의회를 선출해야 하는 상황으로 가지 않을 수 없으며, 새로운 국민의회는 지금의 국민의회처럼 왕당파가 다수파의 위치

---

75) "보고자(rapporteur)는 의회의 토의에서 위원회를 주제하는 것과 동일한 특권을 향유한다. 즉 보고자는 토의된 문제에 대한 특별한 검토를 하여, 의회에 대해서 명확하게 할 수 있는 위치에 있다. 또한 종종 어떤 토의가 불확실한 순간마다 여러 구석에서 위원회의 의견(l'avis de la commission)을 요구하는 것을 들을 수 있다. 프랑스에서는 입법에 관한 토의나 예산에 관한 토의에 있어서 보고자가 존재하지 않는 것은 상상할 수 없다. 그렇지만, 영국에서는 보고자가 없다. 만약 명확한 설명이 필요한 경우, 의회가 기대하는 것은 바로 정부뿐이다." Joseph Barthélemy et Paul Duez, op.cit., p. 548.

를 차지하게 되리라는 보장이 없다고 주장했다.

따라서 현재의 상황에서 비록 국가적 안정성을 위해서 맥마옹의 권력연장에 동의는 하지만 오를레앙니스트들의 협력으로 최종적인 헌법을 만드는 것이 보다 근본적인 처방임을 주장했다.

"만약에 보수파들이 그들이 오랫동안 품었지만 최근에 사라지게 된 희망을 포기할 용기를 가지고 있고, 그들의 애국심에 호소를 한다면, 우리는 함께 나아갈 수 있으며, 국민들에게 기대하던 정부를 부여할 수 있습니다. 당신들은 국기와 국기가 상징하는 자유로운 제도를 포기하기 원치 않았습니다. 그러나 이와 같은 제도와 이와 같은 깃발은 우리에게도 역시나 소중합니다. 당신들이 왕정복고를 통해서 합헌적인 정부를 얻기 원합니다. 그러나 당신들이 원하는 정부는 우리가 생각하기에 공화국적인 형태하에서도 확실하게 얻을 수가 있습니다. 궁극적으로 프랑스에 프랑스가 필요로 하는 안식처를 주기를 원한다면, 오늘날 다른 방법이 없습니다. 그러나 보수파들이 우리와 함께 자유로운 제도들을 조직하기를 원하지 않는다면, 헌법적 법률에 의한 내용과 지속성이 결여된, 단절된 권력인 단지 10동안의 임시적인 체제만을 제공한다면, 국민들이 우리에 제공한, 그렇지만 우리가 사용할 수 없는 위임을 새로이 하는 수밖에 다른 방법이 없습니다. 이는 최악의 극단적인 방법입니다. 우리가 국민들로부터 어떠한 위임을 받은 지금의 국민의회와는 다르게 구성될, 그러나 아마도 덜 분열된 새로운 헌법제정 국민의회의 소집은 프랑스를 지난 2년 이래로 실망의 연속으로 간신히 기어갔던 고통스러운 행로로 다시 들어가게 할 것이라는 점은 걱정해야 할 사항입니다. 그리고 국민들은 이와 같은 우리 국민의회의 동요를 방임하지 않을 것입니다. 이는 그 자신의 가장 정당한 기대가 기만당한 인민이 또 다시 자유에 대해 혐오감을 느끼게 할 것입니다. 반대로, 우리가 서로 의견이 일치할 수 있다면, 맥마옹의 이름이 타협의 징표가 될 수 있다면, 당신들이 조직 법률을 가결한다면, 국민들은 우리의 위대함과 영광을 이룩한 입헌적 정부를 적지 않게 발견하게 될 것입니다. 공화국 대통령에게 당신들을 안심시키는 임기연장을 부여하기 위해서, 우리는 단지 한 가지의 것만을 요구합니다. 즉 국가에 합법적인 정부를 조직함으로써 임시적인 체제로부터 벗어나는 것입니다."[76]

---

76) *Annales de l'Assemblée Nationale*, annexe n° 2011, p. 165.

이와 같은 라불레이의 주장은 왕당파의 입장에서는 회유 더 나아가 협박으로까지 평가될 수 있다. 왜냐하면, 현재의 국민의회가 구성된 이후 공화파들은 계속 현재의 국민의회의 헌법제정권을 부정했을 뿐만 아니라, 계속된 보궐선거는 공화파들과 공화파들만큼이나 왕당파로서는 혐오대상인 보나파르티스트의 승리로 마감되었으며, 만약 이와 같은 경향이 새로이 구성될 헌법제정 국민의회에 반영되어 헌법제정으로 이어진다면 완전한 공화주의 헌법의 가능성도 배제하지 않을 수 없기 때문이다.

따라서 왕정복고 계획이 좌절된 왕당파들은 오를레앙니스트적(이원적) 의원내각제의 모습을 지닌 "보수적 공화국"이라는 해법을 받아들이지 않을 수 없는 입장에 처하게 되었으며, 이와 같은 입장은 결국 1875년 헌법적 법률의 제정으로 이어진다.

(3) 법률안

보고서에 기재된 소수파의 법률안은 다음과 같다.

> "제1조 현재의 법률이 공포된 후부터 집행권은 10년 동안 마장타 공작(duc de Magenta)인 맥마옹에게 부여된다. 집행권은 헌법적 법률에 의한 개정이 이루어질 때까지 공화국 대통령의 칭호와 함께 계속해서 행사된다. 제2조 현재의 법률이 공포되고 3일 후에 헌법적 법률의 검토를 위해서 공개회의에서 명부투표에 따라 30인 위원회가 구성된다."

반면에 위원회의 다수파이자, 이 당시 좌파의 입장을 담은 법률안은 다음과 같다.

"제1조 공화국 대통령인 맥마옹의 권력은 다음의 입법부가 소집되는 날로부터 5년이라는 기간 동안 계속 유지된다. 제2조 맥마옹의 권력은 헌법적 법률이 가결될 때까지 현재의 조건으로 행사된다. 제3조 제1조에서 규정된 조항은 조직 법률의 지위를 가지며, 이러한 조직 법률의 가결한 후에야 헌법적 성격을 가진다. 제4조 현재의 법률이 공포된 지 3일 후인 1873년 5월 19일과 20일에 국민의회에 제출된 헌법적 법률의 검토를 위해 30인 위원회가 집행부에서 선출된다."

(4) 1873년 11월 17일, 18일, 19일의 토의와 채택

라불레이가 보고서를 낭독 후에 개최된 국민의회의 회의들은 수많은 국민의회 의원들의 격렬한 주장으로 채워졌으며, 이와 같은 수많은 주장들은 공화국 또는 군주국에 관한 체제를 선택하는 문제였다.

그리고 국민의회에서의 토의에서 빠뜨릴 수 없는 점은 좌파가 점진적인 승리를 하고, 우파는 단계적인 철수를 했다는 점이며, 이는 보나파르티스트들의 복귀에 대한 두려움을 모든 자유주의적인 정신이 공유하고 있다는 점을 보여 준다. 그리고 정통주의적 입장에 따른 왕정복고가 실패함에 따라 중도우파와 중도좌파 간의 원칙 면에서의 대립은 사라졌으며, 이들 간의 차이는 단지 군주적 공화제(république monarchique)냐, 공화주의적 군주제(monarchie républicaine)냐 하는 차이밖에 없게 되었다는 점 역시 중요하다.

따라서 아래에서는 이와 같은 공화국이냐 군주국이냐에 대한 일반적인 논의는 제외하고, 위원회가 제안한 법률이 수정을 거쳐 최종적인 법률로 되는 과정에 중점을 두고 서술하여 나가고자 한다. 이는 공화국이냐 군주국이냐에 대한 일반적인 논의가 중요하지 않기 때문에서가 아니라 구체적인 공화국 대통령의 지위를 둘러싼 토의가 각 당파들이 지향하는 체제의 성격을 파악하는 데 보다 더 구체성을 가지기 때문이다.

우선 11월 17일 회의에서 맥마옹은 브로이 공작에 의해 국민의회에서 읽혀진 그의 교서를 통하여 라불레이 보고서에 대한 다음과 같은 견해를 피력했으며, 7년 임기를 지지하는 공화국 대통령의 이와 같은 견해는 최종적인 법률안의 가결에 큰 영향을 미친다.

> "공권력의 행사조건을 정하기 위해 필요한 헌법적 법률은 곧 토의되어야 하며, 확실히 국민의회는 지체 없이 이 점에 대해서 이미 그 자신이 내린 결정을 실행하기를 원할 것입니다. 그러나 토의하고 있는 법률안을 헌법적 법률의 가결에 결부하는 것은 당신들이 창조하려고 하는 권력을 불확실하게 하며, 그 권위를 감소하는 것이 아닌가요? 저의 의견을 묻는다면, 나는 나의 권력의 기간에 대해서 말하고 싶지 않았습니다. 그렇지만 나는 수많은 국민의회 의원들이 이 문제에 대한 나의 견해를 알고 싶어 하는 열망에 굴복했습니다. 제 생각에 중요한 일의 비약적인 발전을 촉진하기 위해 10년 연장을 주장하는 사람들의 입장을 충분히 이해는 하지만, 이에 대해서 오래 생각해본 결과 7년이라는 기간[77]이 일반적 이익의 요구에 충분히 부응하며, 제가 국가에 헌신할 수 있는 힘과 합치할 것이라고 생각합니다."[78]

그리고 11월 18일 회의에서는 여러 국민의회 의원들의 연설이 있었는데, 이들의 주된 주제는 맥마옹의 권력연장에 대한 조항이 헌법적 성격을 가지는지 법률적인 성격을 가지는지, 변경될 수 있는지 아니면 변경될 수 없는지에 대한 것이었다. 이에 따라, 헌법적 성격을 가진다면 이는 임시체제의 종결이며 이는 오를레앙적

---

77) 이와 같이 Mac-Mahon이 주장한 7년이라는 공화국 대통령의 임기는 2000년 헌법 개정으로 5년으로 단축(L.const., n°2000-964, 2 oct. 2000)되기 전까지 현재의 프랑스 제5 공화국하에서도 지속되었다. Thierry S. Renoux et Michel de Villiers, *Code constitutionnel*, Paris: Litec, 2004, pp. 349-351.

78) Séance du 17 Novembre 1873, *Annales de l'Assemblée Nationale*, pp. 116.

(이원적) 의원내각제를 통한 공화국의 시작을 의미하는 것이었으며, 헌법적 성격을 가지지 않는다면 이는 일종의 임시체제의 영속화이며, 왕정복고는 여전히 가능한 것이기 때문이다.

계속해서 다음날인 11월 19일 회의에서는 법률안이 채택된다. 이날 보나파르티스트들을 대표하는 루에(Rouher)는 우선 라불레이가 말한 헌법적 법률은 바로 공화국에 대한 잠재적인 투표를 의미한다고 했다. 그리고 이와 같은 투표가 가결된 바로 다음날 공화국 대통령과 공화적인 양원이 존재할 것이라고 예언하면서, 최종적인 정부를 위한 유일한 수단은 "인민에 대한 호소(l'appel au peuple)"임을 주장했다.

따라서 그는 "우리가 바라는 결과(최종적인 정부)에 이르기 위한 유일한 수단은 바로 인민에 대한 호소이며, 이는 정의이며, 진리이다."라고 주장했으며, 수정안으로 "제1조 프랑스 인민은 국가의 최종적인 정부에 대한 의견을 표명하기 위해서 헌법적 법률에 대한 투표 이전에 선거인 집회에 소집된다."라는 조항을 제출했으나, 88표의 찬성에 492표의 반대로 채택되지 않았다.

그렇지만 여기서 88표의 찬성표는 상당한 놀라운 숫자로 평가될 수 있다. 왜냐하면 이 88표의 찬성표에는 보나파르티스트들은 물론이고 상당수의 중도좌파와 좌파의 표가 가담한 것으로 분석되기 때문이다.

계속해서 진행된 전체법률안에 대한 토의에서 위원회의 다수파가 아닌 소수파에 의해 제출된 "제1조 집행권은 이 법률이 공포된 이후부터 7년 동안 마장타 공작인 맥마옹에게 부여된다. 그리고 집행권은 공화국 대통령이란 칭호를 가지고 현재의 조건으로 헌법적 법률에 의해 행해질 개정시까지 계속 행사된다."라는 반대안 (contre - projet)이 383표의 찬성에 317표의 반대로 가결되어 최종적인 법률 제1조가 되었다.[79]

이어서 중도좌파의 와딩통(Waddington)은 제2조에 대한 수정안으로 "제1조에서 규정된 조항은 조직 법률의 지위를 가지며, 조직 법률의 가결 후에만 헌법적인 성격을 가진다."라는 조항을 제출하였지만 채택되지 않았다.

그리고 최종적인 법률의 제2조에 해당하는 헌법적 법률을 검토할 30인 위원회의 선출문제에 대해서 레옹 세이(Léon Say)는 위원회 다수파의 안에 따라 집행부(bureaux)에서의 선출을, 보세르(Bocher)는 위원회 소수파가 주장한 명부투표에 의한 구성을 주장하였다. 그렇지만 위원회의 소수파의 반대안이 채택되어 최종적인 법률 제2조가 되었고, 최종적으로 전체법률안은 378표의 찬성에 310표의 반대로 가결되었다. 최종적으로 채택된 법률은 다음과 같다.

> "제1조 집행권은 이 법률이 공포된 이후부터 7년 동안 마장타 공작인 맥마옹에게 부여된다. 그리고 집행권은 공화국 대통령이란 칭호를 가지고 현재의 조건으로 헌법적 법률에 의해 행해질 개정시까지 계속 행사된다.
> 제2조 현재 법률의 공포 후 3일 내에 헌법적 법률의 검토를 위해서 공개회의를 통해 명부투표의 방식으로 30인 위원회가 임명된다."

2. 7년 임기제 법률과 헌정실제

왕정복고의 실패에 따른 정부의 불안정과 권위상실이라는 문제

---

79) Séance du 19 Novembre 1873, *Annales de l'Assemblée Nationale*, p. 185.

를 해결하고자 7년이란 기간 동안 맥마옹에게 공화국 대통령직을 부여하는 1873년 11월 20일 법률이 제정되었다. 그리고 이 법률의 규정에 따라 공화국 대통령의 권력은 1880년 11월 20일까지 연장되었으며, 최종적으로 대통령의 권력의 성격과 범위를 정하게 될 헌법적 법률의 가결시까지 공화국 대통령은 1871년 2월 18일, 4월 28일, 6월 17일, 그리고 8월 31일 법률과 1873년 3월 31일 법률의 규정에 따라 그의 권력을 행사할 수 있게 되었다. 또한 제정 과정에 관한 토의에서 일반적인 법률의 효력만 가진다는 주장이 배척되었기 때문에 1873년 11월 20일 법률은 명확하게 헌법적 성격을 가지게 되었다.

하지만 헌정실제에 있어서 단지 공화국 대통령의 임기를 7년 연장한다는 규정만으로는 본 법률의 제정목적인 정부의 안정성과 권위를 줄 수 없었다. 우파 내부의 두 축인 정통주의자들과 오를레앙니스트들은 왕정복고 실패로부터 시작된 감정대립은 7년 임기제 법률을 제정하는 과정에서 그 골이 점점 더 깊어져서, 심지어 정통주의자들이 정부를 공격하는 데 여러 번 공화파들에게 가담하는 경우까지 있었다. 그리고 국민의회의 의사일정에서 공화국 대통령의 임기를 7년으로 규정하는 법률에 의해 만들어진 체제는 공화국 대통령의 지위를 확고하게 함으로써 국가원수차원의 안정성을 담보했지만, 내각에 대한 국민의회의 지속적인 정치적 통제에 따라 정부의 안정성은 상당히 훼손되었다.

따라서 이와 같은 불안정에 대한 규범적 처방으로 정부와 국민의회의 중도파들은 다른 해결책을 찾기 위해 노력하지 않을 수 없었으며, 제3공화국의 헌정체제는 이와 같은 노력의 결과로 수립되었다.

제**2**장

제3공화국 헌법체제의 성립

제1절 헌법적 법률의 제정 과정

제3공화국의 헌정체제는 세 개의 법률로 규정되었다. 이는 1875년 이전 프랑스 헌정사에 등장한 헌법(Constitution), 헌장(Charte) 등과 같은 단일한 하나의 존재형태와는 구별되는 형식임에는 틀림없다.

그러나 이와 같은 법률들은 비록 그 형식은 법률(loi)이지만, 그 성격은 헌법임에 틀림없다. 왜냐하면 이와 같은 법률들을 제정했던 국민의회 의원들 자신들은 항상 헌법을 제정한다고 생각했으며, 국민의회의 토의는 헌법(Constitution)이라는 말과 헌법적 성격을 가지는 법률을 의미적으로 구분하지 않고 사용했기 때문이다.

따라서 "1875년 2월 24일의 상원의 조직에 관한 법률", "1875년 2월 25일의 공권력의 조직에 관한 법률", "1875년 7월 16일의 공권력의 관계에 관한 법률"은 제3공화국의 헌법이며, 이들 세 개의 헌법적 법률은 각각 별개의 법률로 존재하고 있지만 제각각 특징과 의의를 가진다.

우선 공권력의 조직에 관한 법률은 공화국의 간접적인 선언과 더불어 공화국 대통령과 내각, 그리고 상원과 하원의 설치에 관한 근거를 제시함으로써 오를레앙적(이원적) 의원내각제의 틀을 제시한 법률이며, 상원의 조직에 관한 법률은 우파의 타협조건인 상원을 설치한 법률로서의 성격을 가진다. 그리고 시기적으로 뒤에 제정된 공권력의 관계에 관한 법률은 공화국 대통령과 의회의 권한에 관한 규정을 보다 구체적으로 제정한 법률이기 때문이다.

그리고 각각의 헌법적 법률의 제정 과정상 특성을 살펴보자면, 공권력의 조직에 관한 법률과 상원의 조직에 관한 법률은 당파들 간의 치열한 의견대립과 극적인 타협과정이 있었지만, 공권력의 관계에 관한 법률은 이와 같은 의견대립과 급박한 타협은 없다. 이는 이미 권력구조의 큰 줄기는 앞의 두 개의 법률을 통해서 규정되었다는 점과 공권력의 관계에 관한 법률을 제정할 당시에는 이미 정치세력관계가 좌파와 우파의 균형적인 상황에서 좌파인 공화파로 확실히 기울어졌기 때문이다.

따라서 아래에서는 이와 같은 제정 과정상의 특성을 염두에 두고 각 법률들의 제정 과정에 관한 고찰을 하고자 한다. 다만, 공권력의 조직에 관한 법률과 상원의 조직에 관한 법률은 처음부터 의사일정이 같이 진행되었기 때문에 이를 고려하여 제정 과정을 살펴보고자 한다.

제1항 공권력의 조직에 관한 법률

Ⅰ 법률의 제정 준비

1. 제정준비단계의 정치적 상황

공화국 대통령인 맥마옹의 7년 임기를 보장하는 1873년 11월 20

일 법률을 통해서 정부는 권위와 안정성을 확보하고자 했지만 이와 같은 정부의 태도는 좌파인 공화파와 우파인 왕당파 모두에게 만족스럽지 못했다. 왜냐하면 공화파는 계속되는 보궐선거에서의 승리로 이제는 자신들의 힘으로 공화주의적 헌법을 만들거나, 현재의 국민의회를 해산하여 새로운 국민의회를 구성하고자 하는 입장을 취했으며, 우파인 왕당파들은 왕정복고의 실패로 임시적으로 공화국 대통령인 맥마옹의 임기를 7년 연장하는 데는 합의했지만, 이 체제의 공고화는 왕정복고의 포기를 의미하였기 때문이다.

이와 같은 상황 속에 1874년 5월 15일 국무회의 부의장인 브로이 공작은 군주제와 공화제를 모두 배제하고 현재의 상황을 확고히 하려는 법률안을 제출하였다. 그러나 이와 같은 계획은 극우파인 정통주의자의 배신으로 말미암아 실패하고, 오히려 브로이정부는 국민의회로부터 신임을 상실하여 전복되게 된다.[80] 그러나 이 사건은 헌법적 법률의 제정을 위한 중도좌파와 중도우파의 결속의 계기가 된다.

2. 법률안의 작성

(1) 공권력의 조직에 관한 법률의 근원

제3공화국의 헌법적 법률의 중요한 한 축을 구성했던 공권력의

---

80) "Gambetta는 duc de Broglie의 헌법적 법률제안 이유서에 대해서 그의 친구 중의 하나에게 말하길 "만약 우파가 이 법률안을 받아들일 만큼 양식을 가진다면, 민주주의는 50년 뒤쳐질 것이다." 왕당파들은 대범하게도 그들에 제시된 마지막 구원의 손길을 거부했다. 이는 바로 마지막 다리였다. 하지만 그 스스로 붕괴되었다." Gabriel Hanotaux, *Histoire de la Fondation de la Trosième République - L'Échec de la Monarchie et la Fondation de la République(Ⅳ)*, Paris: Plon, pp. 164-165.

조직에 관한 법률은 사실 1870년 9월 4일 보르도에 소집된 국민의회의 근본적인 목적이자, 이전의 여러 법률들에 의해서 제정이 약속된 법률이다.

우선 1873년 3월 13일 법률 제5조는 "국민의회는 다음과 같은 사항에 대해서 결정을 내리기 전에 해산되지 않는다. 1° 입법권과 집행권의 이양의 조직과 방법, 2° 현재의 국민의회의 해산 후에만 기능을 개시해야 하는 제2원의 창설과 권한, 3° 선거 법률. 정부는 국민의회에 위에서 열거한 목적에 대한 법률안을 제출한다."라고 규정했으며, 이에 따라 공화국 대통령인 띠에르와 국새상서인 뒤포르는 1873년 5월 19일에 공권력에 관한 법률안을 제출했다.

그리고 1873년 11월 20일 법률은 제2조에서 "현재 법률의 공포 후 3일 내에 30인 위원회가 헌법적 법률의 검토를 위해서 공개회의에서 명부투표를 통해 임명된다."라고 규정함으로써 향후 공권력의 대강을 정하는 법률을 제정할 것을 약속했다.

(2) 30인 위원회의 구성과 활동

1873년 11월 20일 법률 제2조는 현재 법률의 공포 후 3일 내에 30인 위원회가 구성될 것을 규정했지만, 30인 위원회는 12월 4일에 가서야 8번의 회의와 10차례 이상의 투표 끝에 바트비(Batbie)를 위원장으로 선출하며 극우파는 1명만, 그리고 나머지는 온건우파와 중도우파로 채워지게 되었다.[81]

구성된 30인 위원회는 헌법제정 작업에 큰 열정을 가지고 임하

---

81) Maurice Deslandres, *Histoire constitutionnelle de la France(Ⅲ)*, Paris: Armand Colin, 1937, pp. 268－270: Gabriel Hanotaux, *op.cit.*, , p. 10.

지 않았으며, 이들이 헌법을 기초하기 전에 우선 한 일은 헌법을 배우는 것이었다. 따라서 30인 위원회는 라불레이에게 미국헌법에 대한 보고서를 제출할 임무를, 와딩통(Waddington, 1838~1913)에게는 다른 여러 나라의 헌법에 대한 보고를 할 임무를 부여했으며, 여러 국민의회 의원들의 법률안을 제출받았다.[82]

그리고 이 가운데 두 개의 특징적인 법률안이 제출되었으며, 이 중 브로이 공작의 법률안은 현재의 체제를 지속하려는 정부 측의 입장을 대변하였고, 카시미르 페리에르의 법률안은 우파의 요구인 상원의 설치를 인정하면서 공화국을 규정하는 중도좌파의 입장을 대변하였다.

우선 브로이 공작의 법률안을 살펴보자면, 브로이 공작의 법률안은 군주제나 공화제 둘 다를 배제하는 법률안으로서 단지 맥마옹의 정부를 조직하고 확고히 하는 것을 목적으로 했다. 따라서 집행권의 면에서는 공화국 대통령인 맥마옹의 7년 임기를 다시 주장했으며, 입법권의 면에서는 보통선거라는 수의 폭력에 대항하는 상원을 설치함으로써 임시적인 방법으로 오를레앙적(이원적) 의원 내각제를 조직하고자 했다.

반면 카시미르 페리에르의 법률안은 "국민적 불안의 종지부를 찍고자 국민의회는 다음과 같은 결의를 한다. 헌법적 법률위원회는 공권력의 조직과 양도에 대해서 그들의 업무의 기초로서 책임을 진다. 1° 1873년 5월 19일에 제출된 법률안 제1조는 프랑스공화국의 정부는 양원과 집행권의 수장으로 구성됨을 규정한다. 2° 1873년 11월 20일 법률을 통해서 공화국 대통령직은 1880년 11월 20

---

82) *Lois annotées ou Lois, décrets, ordonnances, avis du Conseil d'État*, op.cit., p. 8.

일까지 맥마옹에게 부여된다. 3° 헌법적 법률이 정하는 시기와 형식에 따라 헌법에 대한 부분적 또는 전면적 개정이 인정된다."[83] 라고 규정함으로써 공화파들을 위해서는 공화국이라는 낱말을 의회와 대통령을 포함하는 정부전체에 사용하였고, 왕당파들을 위해서는 양원제, 1880년 11월 20일까지 공화국 대통령인 맥마옹의 7년 임기의 불가침, 장래에 왕정복고를 위한 헌법 개정의 가능성을 인정한 중도좌파의 법률안을 제시했다.

(3) 30인 위원회의 보고서 제출과 국민의회의 휴회

1874년 7월 15일 30인 위원회는 여러 법률안에 대한 검토보고서와 위원회의 법률안을 제출함으로써[84] 헌법적 법률에 대한 위원회의 입장을 표명했다. 여기서 위원회는 카시미르 페리에의 중도좌파 법률안을 거부하고, 브로이 공작이 제안한 현재의 정부를 존속하기 위한 법률안을 제출하지만 국민의회는 곧바로 거의 4달 동안 (1874년 8월 5일~1874년 11월 30일) 휴회에 들어가게 되며, 따라서 헌법제정 작업은 연기되지 않을 수 없게 된다.

그렇지만 위원회에 의해 제출된 보고서는 국민의회가 새로 개회될 때 헌법적 법률의 제정 작업을 위한 기본이 되는 법률안을 포함하고 있기 때문에 공권력의 조직에 관한 법률의 제정 과정을 살

---

83) Séance du 15 Juin 1874, *Annales de l'Assemblée Nationale*, annexe n° 2476, p. 244.

84) RAPPORT fait au nom de la commission des lois constitutionnelles sur la proposition de M. Casimir Perir et sur les projets de lois relatifs à l'organisation des pouvoirs publics (urgence déclarée), présenté par M. de Ventavon, membre de l'Assemblée nationale. Séance du 15 Juillet 1874, *Annales de l'Assemblée Nationale*, annexe n° 2549, pp. 32 - 35.

펴보기 위해서는 위원회에 의해 제출된 보고서를 반드시 살펴보아
야 한다.

1) 보고서의 주요내용과 법률안

위원회는 위원회로 이송된 법률안에 대한 검토에 들어가기 전에
우선 공화국 대통령인 맥마옹의 권력을 7년 연장하는 1873년 11
월 20일 법률은 입법자가 취소할 수 없는 헌법적 성격을 가지는
법률임을 지적했다.

> "다수파와 소수파는 11월 20일 법률이 헌법적 성격을 가진다는 점에
> 대해서는 의견이 일치했습니다. 그러나 단지 시간의 문제에 대해서는 의
> 견이 일치하지 않았습니다. 맥마옹은 그의 교서를 통해서 7년이라는 기
> 간은 일반적 이익의 요구에 충분히 부응할 것이며, 국민들에게 바칠 그의
> 힘과 상응한다고 했습니다. 따라서 위원회는 집행권이 7년 동안 맥마옹
> 에게 최종적으로 부여된 것으로 간주했습니다. 따라서 이 기간 동안 각각
> 의 당파들은 프랑스의 최종적인 정부형태에 대한 그들의 견해를 자유로
> 이 발표할 수 있지만, 어떤 누구도 11월 20일 법률의 취소 불가능성
> (irrévocabilité)에 대해서 의심할 수 없습니다."

그리고 위원회는 카시미르 페리에르의 법률안은 1873년 5월 19
일에 뒤포르에 의해 제안된 법률안 제1조의 반복으로서 공화국을
최종적인 형태로 선포하는 것을 목표로 한다고 지적하면서, 공화국
대통령인 맥마옹의 권한을 7년 연장하는 11월 20일 법률은 국가적
안정을 가져다줄 수 있는 장점이 있다고 주장했다.

> "보드도협약(pacte de Bordeaux)은 하나의 휴전협정입니다. 그러나 11
> 월 20일 법률은 하나의 휴전 이상의 것이며, 이는 바로 7년이란 기간 동

안 지속될 평화입니다. 왜 11월 20일 법률이 불필요하게 국가에 어떠한 위로와 자유도 가져다주지 않을 심지어 정부의 외부적인 형태도 바꾸지 않을 이론적인 선언에 의해서 혼란을 받아야 합니까? 카시미르 페리에르에 의해 요구된 공화주의적 선언은 하나의 치료책이 아닙니다. 따라서 7년 동안 프랑스에 내부적인 평화와 합법적인 정부의 기능을 보장하는 것이 더욱 바람직합니다."

따라서 위원회는 우선 첫째로, 긴급히 선언된 카시미르 페리에르의 법률안을 채택하지 말고 다음과 같은 헌법적 법률안을 채택할 것을 제안했다.

"제1조 공화국 대통령인 맥마옹은 공화국 대통령이라는 직위를 가지고 계속해서 1873년 11월 20일 법률에 의해 부여된 집행권을 행사한다.

제2조 공화국 대통령인 맥마옹은 국가반역죄의 경우에만 책임을 진다. 각료들은 양원에 대해 일반정책에 대해서는 연대적으로 책임을 지며, 개인적인 행동에 대해서는 개인적으로 책임을 진다.

제3조 입법권은 상원과 하원 즉 양원에 의해 행사된다. 하원은 선거법률에 의해 정해진 조건에 따라 보통선거를 통해 임명된다. 상원은 특별법률에 의해 정해질 조건과 비율에 따라 선출되거나 임명되는 의원들로 구성된다.

제4조 공화국 대통령인 맥마옹은 하원을 해산할 권한이 있다. 하원해산의 경우 새로운 하원 선거는 6개월 내에 실시된다.

제5조 1873년 11월 20일 법률에 의해 정해진 기간이 만료되거나 대통령직이 궐위된 경우 국무회의는 즉시 양원을 소집하며, 이 양원합동회의로 소집된 양원은 취해질 결의에 대한 결정을 내린다. 공화국 대통령인 맥마옹에게 권력을 부여한 기간 동안 헌법적 법률에 대한 개정은 단지 공화국 대통령인 맥마옹의 제안에 의해서만 가능하다."

2) 위원회의 법률안에 대한 평가

우파가 다수를 차지하는 위원회의 법률안은 정부 측의 법률안인 브로이 공작의 법률안을 지지하는 것으로 평가된다. 왜냐하면 위원회의 법률안은 제1조에서 공화국 대통령인 맥마옹의 7년 임기를 보장하는 입장에서 출발하고, 의회의 구성에 있어서 상원을 설치함으로써 양원제를 주장하며, 상원과 하원의 관계에 있어서도 하원은 공화국 대통령에 의해 해산될 수 있다고 규정함으로써 상원우월적인 양원제를 지향하고 있기 때문이다.

그렇지만 위원회의 법률안이 오를레앙적(이원적) 의원내각제를 지향하고 있다는 점을 간과해서는 안 된다. 왜냐하면 위원회의 법률안 제5조는 명백히 국무회의에 대한 언급을 함으로써 국무회의를 이미 전제하고 있는데, 국무회의의 존재는 오를레앙적(이원적) 의원내각제의 중요한 구성요소 중의 하나인 집행권의 이원화를 전제하는 개념이기 때문이다.

따라서 제3공화국의 근본조직과 작용에 관한 중요한 한 축인 "공권력의 조직에 관한 법률"의 제정 작업은 오를레앙적(이원적) 의원내각제를 지향한 법률안으로부터 시작되었다고 보아야 한다.

3) 카시미르 페리에르의 법률안의 거부와 국민의회의 휴회

따라서 카시미르 페리에르의 법률안은 1874년 7월 23일 회의에서 333표의 찬성에 374표의 반대로 거부되며, 이 법률안에 대한 발롱(Wallon, 1812~1904)의 수정안[85]도 31표의 찬성에 633표의

---

85) "헌법적 법률위원회는 그 업무의 기초로서 공권력의 조직과 이양에 관한 책임을 진다. 즉 1° 입법권은 상원과 하원의 양원에 의해 공유된다. 2° 집행권은 국민의회로 소집된 양원에 의해 7년 동안 지명된 공화국 대통령에게 부여된다. 3° 1873년 11월 20일 법률은 7년 동안 집행권을 공화국 대통령의 칭호와 함께 maréchal de Mac-Mahon에게 부여한다. 4° 공화국 대통령은 하원을 법적인 임기가 만료되기 전에 상원의 동의를 얻어서 해산할 수 있다. 5° 헌법적 법률에 대한 개정은 공화국 대통령이나 양원 중의 하나의 원에 의해서 제안된다. 하지만 maréchal de Mac-Mahon에게 부여된 권력기간 동안은 단지 공화국 대

반대로 거부된다.

하지만 비록 이 회의에서 **뫌롱**의 수정안은 거부되었지만, 그가 그의 수정안에 대한 지지를 끌어내기 위해서 펼친 연설전략은 주목할 필요가 있다. 왜냐하면, **뫌롱**의 연설전략은 나중에 그를 "공화국의 아버지(Père de la République)"로 만들 정도로 헌법적 법률의 제정 과정에서 중요한 역할을 하기 때문이다.[86]

그리고 카시미르 페리에르의 법률안이 거부된 다음날인 1874년 7월 24일에 국민의회는 거의 4달 동안(1874년 8월 5일~1874년 11월 30일) 휴회에 들어갔다. 그러나 이와 같은 휴회는 국민의회로서는 국민의회 내부의 혼란스러운 상황을 정리하기 위한 것이었는지 모르지만, 이 기간 동안 치러진 보궐선거와 지방의회 선거의 결과는 국민들이 1871년 2월 8일에 구성된 국민의회를 계속적으로 불신하고 있음을 보여 주며, 이와 같은 현상은 앞으로의 정국과 헌법제정 작업에 중요한 변수가 된다.

통령에 의해서만 헌법 개정이 제의될 수 있다." Séance du 23 Juillet 1874, *Annales de l'Assemblée Nationale*, pp. 322 - 323.

86) Annales de l'Assemblée Nationale상에 나타난 Wallon의 연설전략을 옮겨 적으면 다음과 같다. "Casimir Périer의 법률안은 공화국을 선언하는 것으로 추정된다. 하지만 그의 법률안은 공화국을 선언하지 않았다. 우리가 어떤 것을 선언할 때 우리는 소리 높여 말을 한다. 그리고 우리가 깃발을 건물에 세울 때 우리는 깃발을 건물을 외부에 두는 것이 아니라, 바람에 날리도록 한다. 따라서 우리가 공화국을 선언하기를 원할 때, 제1조 프랑스는 공화국이다. 제2조 공화국 정부는 양원과 집행권의 수반으로 구성된다. 등등으로 이야기 되어야 한다. 나의 제안은 공화국을 선언하는 것이 아니다. 그러나 본질적으로는 공화국을 선언하는 것이라고 말할 수 있다. 나의 제안은 공화국을 선언하지 않았다. 왜냐하면, 나의 제안은 열의를 가지고 한 것이 아니기 때문이다. 나의 제안은 사람들이 꿈꿀 수 있는 가장 좋은 정부형태를 세우려는 의도를 가진 것이 아니다. 따라서 나는 나의 제안은 공화국을 선언하는 것이 아니지만, 사람들은 나의 제안이 공화국을 선언하는 것이라고 말할 수 있다. 그런데 왜 나의 제안은 공화국을 선언하는가? 이는 내 생각에 다른 선택할 체제가 없기 때문이다. 나의 견해로는 왕정, 공화정, 제정과 같은 세 가지 정부형태가 있다. 7년 임기제는 집행권의 하나의 형태이지, 정부형태가 아니다. 왕정의 경우 당신들은 왕정을 확립할 수 없다. 제정의 경우, 당신들은 원하지를 않는다. 따라서 공화정밖에 남아 있지 않다." Maurice Deslandres, *op.cit.*, p. 302.

공권력의 조직에 관한 법률안의 본격적 토의

1. 법률안의 의사일정 확정

공권력의 조직에 관한 법률의 본격적인 토의는 1875년 1월 6일 공화국 대통령의 교서로써 시작되었다.

공화국 대통령인 맥마옹은 "헌법적 법률에 대한 중요한 토론을 착수할 시기가 왔습니다. 국민들은 지금의 새로운 헌법적 법률의 제정 작업의 지연을 이해하지 못할 것입니다."라는 말로 시작된 교서로써 상원에 관한 법률안의 의사일정을 공권력의 조직에 관한 법률안의 의사일정보다 먼저 정할 것을 요구했으며, 정부형태의 문제에 대한 결정은 1880년으로 미룰 것을 제안했다.[87]

이와 같이 상원에 관한 법률안의 의사일정을 공권력의 조직에 관한 법률안의 의사일정보다 우위에 두고자 하는 계획은 극우파에 대한 배신감을 느낀 일부분의 중도우파가 공권력의 조직에 관한 법률의 제정시에 공화국을 인정하는 사태를 방지하기 위한 것이었다. 그리고 이 계획은 시간을 벌면서 브로이 공작의 내각도 복구하고자 하는 속셈이기도 했다.

하지만 라불레이는 정부의 근본적인 형태에 대한 결정 없이 상원에 관한 법률을 제정하는 것은 모순이라는 점을 지적하면서 공권력의 조직에 관한 법률부터 토의에 들어가야 함을 역설했다.[88]

---

87) Maurice Deslandres, *ibid.*, p. 307 : E. Zevort, *Histoire de la Troisième République - La Présidence de Jules Grévy*, Paris : Félix Alcan, 1898, pp. 152 - 153.

88) "상원을 조직한다고요! 그러나, 어떤 정부를 위해서요? 우리는 가상적인 정부를 위해서 가

그러나 정부 측은 프랑스의 정부는 이미 1873년 11월 20일 법률에 의해서 근본적으로 정해졌기 때문에 헌법적 법률의 토의에서 근본적인 체제의 문제는 배제하는 것이 바람직하며 1880년까지 현재의 체제를 연장하기를 원한다는 입장을 전했다.

따라서 국민의회는 거수투표를 통해서 이 문제를 결정하기로 했으며, 투표결과 공권력의 조직에 관한 법률안부터 토의하기로 확정되었다.

2. 첫 번째 토의

(1) 1월 21일 회의 - 위원회의 법률안 낭독

30인 위원회의 보고자인 방타봉(de Ventavon)은 공화국 대통령인 맥마웅의 권한을 7년 연장하는 1873년 11월 20일 법률은 헌법적 성격을 가지기 때문에 현재 존재하는 체제를 지지하는 1874년 7월 15일에 제출했던 법률안을 다시 낭독했다.[89]

그러나 이에 대해 에밀 레노엘(Emile Lenoël)은 위원회의 법률안은 임시체제를 지속하거나 악화할 뿐이며, 제안한 법률안의 내용은 국민적 필요성과 열망에 조금도 상응하지 않기 때문에 바람직하지 않으며 국민주권에 근거한 공화국을 지지할 것을 역설했다.

상적인 상원을 만드는 건가요?" Maurice Deslandres, *op.cit.*, p. 308

89) Séance du 21 Janvier 1875, *Annales de l'Assemblée Nationale*, p. 211.

(2) 1월 22일 회의 - 법률안의 2차 토의로 이송

1월 22일 회의에서 중도우파인 모자작(vicomte de Meaux)은 공화국 대통령인 맥마옹의 권력을 7년 연장하는 현재의 체제에 대한 찬성을, 정통주의자인 루시앙 브랭은 다시 왕정복고가 가능하다는 점을 주장했다. 그리고 쥘 파브르는 공화국을 지지하는 연설을 하였다.

결국 각 당파들의 지난 역사동안 뿌리 깊이 스며든 감정이 표출된 후 공권력의 조직에 관한 법률안을 제2차 토의로 통과하는 투표가 있었으며, 538표의 찬성에 145표의 반대로 법률안은 제2차 토의로 넘어가게 되었다.

3. 두 번째 토의

(1) 1월 28일 회의 - 상원과 하원의 구성에 관한 토의

1월 28일 회의에서 공권력의 조직에 관한 법률안을 의사일정에서 제외하자는 로도(Raudot)의 제안이 있었지만 이와 같은 제안은 부결되게 되며 국민의회는 곧바로 공권력의 조직에 관한 법률안의 각 조문에 대한 토의로 들어갔다.

국민의회 의장은 우선 새로 작성된 위원회의 법률안 제1조 "제1조 입법권은 상원과 하원의 양원에 의해 행사된다. 하원은 선거법률에 의해 정해진 조건에 따라 보통선거에 의해 임명된다. 상원은 특별 법률에 의해 정해질 조건과 비율에 따라 선출되거나 임명되는 의원들로 구성된다."를 낭독했다.

이에 대해 알프레 나케(Alfred Naquet, 1834~1916)는 반대제안 (contre-projet)을 통해서 순수한 공화주의적 전통을 담은 다음과 같은 법률안을 제출했다.

> "제1조 입법권은 독일에게 양도된 도에 속하는 대표자의 숫자를 공제 하고, 1848년 헌법에 의해 정해진 대표자의 숫자로 구성된 하나의 원에 의해서 행사된다. 대표자는 현행 선거법의 규정에 따라 보통선거를 통해 서 선출된다. 의원의 임기는 2년이며, 이 기간이 만료될 경우 전원 교체 된다. 제2조 1880년 11월 20일부터 집행권은 장관직이 없는 국무회의 의 장에게 부여되며, 의회에 책임을 지며, 의회에 의해서 임면되며, 공화국 대통령이라는 칭호를 가진다. 각료들은 그들의 행동에 관하여 공화국 대 통령에 대해서만 책임을 지며, 결코 의회의 구성원이 될 수 없다. 제3조 현재의 헌법적 법률과 선거 법률에 대한 개정은 특별히 이를 위해서 소 집된 개정의회에 의해서만 가능하다. 현재의 법률과 같이 새로 개정된 법 률은 공포되기 전에 찬성과 반대의 의사표시에 따른 보통선거의 직접적 비준을 얻어야 한다."

하지만 알프레 나케는 양원제를 지지하는 앙도냉 르페브르 퐁탈 리스의 법률안에 대해서 논리적인 설명을 제시하지 못했으며, 그의 반대제안 제1조는 거수투표를 통해서 채택되지 않았으며 나머지 조문 모두는 국민의회 토의에서 배제되었다.

이어서 라불레이는 "제1조 공화국 정부는 양원과 대통령으로 구 성된다."라는 수정안을 제출하면서 공화국은 "존재하는 사실(fait existant)"이며, 자기의 수정안은 1873년 11월 20일 법률에 따라 맥 마옹에게 부여된 어떠한 권력을 변경할 의도가 없으며, 당파적인 정부가 아니라 모든 사람들을 위한 정부인 공화국을 원한다는 점 을 밝혔다.

그리고 그는 자신이 제안하는 공화국은 양원과 공화국 대통령이 있는 입헌적 공화국(République constitutionnelle)이며, 입헌군주제 (monarchie constitutionnelle)와의 차이는 군주권력의 세습성에 있지만, 프랑스의 경우에서처럼 지난 80년간 실제로 세습성이 발휘되지 않은 국가에서는 실제적인 차이점은 크지 않다고 주장했다.

또한 공화국이 제정체제의 전주곡이라는 비판에 대해 라불레이는 공화국은 항상 군주제 다음에 왔으며, 공화국을 파괴하는 것은 바로 군주제를 파괴하는 것이라고 응수했으며, 가톨릭을 박해하는 체제라는 비판에 대해서는 프랑스는 다른 어느 나라보다도 종교적인 안정을 찾고 있다고 했다. 국민의회가 어떤 작업도 하지 않는다면 스스로 지속적으로 존재할 이유가 없으며, 국민의회가 어떠한 정부도 구성하지 않는다면, 국민들은 새로 국민의회를 조직할 것이라는 점을 강조했다. 끝으로 그는 "이 불행한 국민들을 불쌍히 여기시길 바랍니다!"(ayez pitié, ayez pitié de ce malheureux pays!)라는 말로 국민의회 의원들의 애국심에 호소를 했다.

이와 같은 라불레이의 연설은 국민의회 전체를 상당히 고무하였으며, 좌파들은 이와 같은 분위기를 표결로 연결하려고 했다. 하지만 라불레이의 수정안이 너무나 타협적이고, 공화주의적 이념과 괴리가 있다고 생각한 극좌파의 루이 블랑(Louis Blanc, 1811~1882)은 수정안을 반대했으며, 라불레이의 수정안에 대한 표결은 다음날로 연기되었다.

(2) 1월 29일 회의 – 라불레이 수정안의 거부와 제1조의 가결

다음날 재개된 회의에서 라불레이의 수정안은 결국 359표의 반

대, 336표의 찬성으로 부결되게 된다.[90)]

하지만 라불레이의 수정안의 내용과 수정안에 대한 표결결과는 중요한 의미를 지닌다. 왜냐하면 라불레이의 수정안은 이후 공화국을 소극적인 형태로 규정한 봘롱의 수정안에 영향을 주며, 라불레이의 수정안에 대한 표결결과는 비록 부결이라는 결과를 가져왔지만, 최종적인 체제를 수립하기 위해 필요한 중도파들이 가시적으로 결집하고 있음을 보여 주기 때문이다.

라불레이의 수정안에 대한 표결 후에 있었던 계속된 회의에서 앙토냉 르페브르 퐁탈리스는 "프랑스 정부는 양원과 재선이 가능한 공화국 대통령으로 구성된다."라는 수정안을 제출했다가, 봘롱의 수정안에 가담하기 위해서 자신의 수정안을 철회하였다.

따라서 의사일정은 "입법권은 하원과 상원의 양원에 의해 행사된다."라고 규정하는 제1조의 첫 번째 문단과 "하원은 선거 법률에 의해 정해진 조건에 따라 보통선거를 통해서 임명된다."라는 제1조의 두 번째 문단에 대한 표결로 들어갔으며, 이 조항들은 곧바로 가결되었다.

이어서 제1조의 세 번째 문단에 관한 의사일정에서, 당초 위원회의 법률안은 "상원은 특별 법률에 의해 정해질 조건과 비율에 따라 선출되거나 임명되는 의원들로 구성된다."라고 규정하고 있지만, 마르셀 바르트(Marcel Barthe)에 의해 "상원의 구성, 임명방법과 권한은 특별 법률에 의해서 규정된다."는 수정안이 제출되었으며, 위원회는 이 수정안에 동의했다. 따라서 국민의회는 제1조의 세 번째 문단을 마르셀 바르트가 제안한 문구대로 가결했으며, 곧

---

90) Séance du 29 Janvier 1875, *Annales de l'Assemblée Nationale*, p. 352.

바로 제1조 전체가 통과되었다.

제1조 전체가 가결 후 발롱은 "공화국 대통령은 국민의회로 소집된 상원과 하원이 투표하여 다수표를 획득한 자가 선출된다. 공화국 대통령은 7년의 임기로 임명된다. 공화국 대통령은 재임이 가능하다."라는 추가조항(article additionnel)을 제출했지만, 국민의회 규칙(règlement) 제67조에 따라 위원회의 보고자인 방타봉의 요구로 위원회에 이송되게 되었다.

그런데 이 무렵 발롱이 수정안을 제출한 것과 관련하여 주의 깊게 보아야 할 사건은 중도우파로 분류되는 라베른(Léonce de Lavergne) 그룹이 중도좌파에 동조하게 되는 사건이다. 이들은 샹보르 백작을 통한 왕정복고 계획이 진행될 당시에는 극우파에 가담했지만, 왕정복고 계획이 좌절되자 1874년 6월 16일 발롱의 첫 번째 법률안이 제출될 당시 오손빌 자작(vicomte d'Haussonville)의 연설을 통해서 극우파와 관계를 끊었으며, 공화파들이 군주제적인 요소를 인정한다면 자유주의적이고 보수적인 공화국에 합류하겠다는 뜻을 밝혔다. 따라서 이와 같은 사건으로 공권력의 조직에 관한 법률안을 가결하기 위해 필요한 다수파는 구성될 수 있게 되었다.

(3) 1월 30일 회의 - 공화국의 간접적 선언

실질적으로 프랑스 제3공화국의 헌법이 탄생되는 날인 1875년 1월 30일 토요일 회의는 30인 위원회의 보고자인 방타봉이 발롱의 추가조항(article additionnel)을 거부한다는 말로 시작되었다.[91] 이에

---

91) Séance du 30 Janvier 1875, *Annales de l'Assemblée Nationale*, p. 361.

발롱은 자기의 수정안을 옹호하기 위한 주장을 펼치면서 이 날의 회의는 본격적으로 진행되었다.

1) 발롱의 공화국 지지 요구

전체적으로 볼 때 다소 차분하고, 지루한 발롱의 연설은 국민의회 의원들의 계속되는 방해, 이에 따른 국민의회 의장의 정숙요청으로 점철되었다.

우선 발롱은 자신이 제출한 수정안의 목적은 1873년 11월 20일 법률을 위태롭게 하는 것이 아니라 보충 내지 강화하는 것이라는 점을 밝혔다. 그리고 "공화국은 당신들 없이, 그리고 당신들에 반대하여 만들어졌습니다."라고 하면서 현재 프랑스는 공화국하에 있으며, 하루속히 임시정부체제에서 벗어나야 하며, 제정체제는 어느 누구도 감히 주장하지 않으며, 왕정체제는 현재의 상황으로서는 불가능하다는 점을 환기하였다.

계속해서 발롱은 직접적으로 공화국을 지지한다는 것을 피하면서, "저는 어떤 것도 선언하지 않습니다. 저는 존재하는 것을 취할 뿐입니다. 그러나 사람들은 저에게 그래도 당신은 공화국을 만든다고 합니다. 이에 대해서, 아주 간단하게 대답하도록 하겠습니다. 만약 공화국이 프랑스에 맞지 않는다면, 공화국과 관계를 끊는 가장 확실한 방법은 바로 공화국을 만드는 것입니다."라고 간접적인 방식으로 공화국에 대한 지지를 구했다.

그리고 발롱은 프랑스에 임시체제가 아닌 최종적이고 근본적인 체제를 설립해야 한다고 역설하면서 그의 연설을 마무리했다.

"나의 결론은 임시체제에서 벗어나야 한다는 것입니다. 만약 군주제가 가능하다면, 그리고 군주제가 수용가능하다는 것을 당신들이 보여줄 수 있다면, 군주제를 제안하십시오. 반대로, 군주제가 불가능하다면, 나는 당신들에게 공화국을 선언하라고 말하지 않겠습니다. 그러나 나는 당신들에게 지금 확립되어 있는 정부인 공화국인 정부를 구성하라고 말하겠습니다. 나는 이를 최종적으로 선언하라고 요구하지 않겠습니다. 무엇이 최종적입니까? 그러나 더 이상 임시적인 것을 선언하지 마십시오. 그 속에서 살아갈, 그리고 계속 지속될 수 있는 방법을 또한 국민들의 요구가 원하는 경우 스스로 변경될 수 있는, 그리고 1880년 11월 20일과 같이 정해진 날짜가 아닌 국민들이 원할 때 너무 일찍도 말고, 너무 늦지도 말고 스스로 변경될 수 있는 방법을 가진 정부를 만드십시오. 여러분, 이게 저의 수정안의 목적입니다."

2) 클라피에의 발롱지지

이어서 클라피에(Clapier)는 국민 모두가 공화국을 지지하고 있으므로 국민들의 희망과 다른 정부형태를 조직하는 것은 국가 내의 대립과 갈등만 조장할 것이며, 지금 타협적인 **발롱** 수정안을 수락하지 않을 경우 국민의회는 보수적인 조직을 조금도 구성하지 못하고 해산될 것이라고 주장했다.

"보수파는 순수하게 이론적인 당파들이 아닙니다. 보수파들은 그들의 정책을 역사적인 기억과 일반적인 감정으로부터 차용하지 않습니다. 보수파들은 실증적이고, 현재 존재하는 정치를 합니다. 즉 현실에 대하여 정확하게 관찰하고 존재하는 현실에 우리 정부를 일치하는 필요의 정치를 합니다. 보수파들은 현재 우리가 느끼는 가장 큰 어려움중의 하나가 바로 민주주의 이념의 과잉이며, 정부권력의 약화라고 생각하며, 3년 전부터 정부권력의 강화를 위해 노력했으며, 이를 위해서 7년간 정부에 권력을 부여했습니다. 그렇지만 지난 경험을 통해볼 때 이와 같은 모든 조치는 정부권력을 충분히 강화하지 않았다는 점을 보여 주었습니다. 국민의회전체와 마주한 단지 한 개인의 권력은 충분히 대립을 지지할 수 없으며, 그 자신의 임무를 충실히 수행할 수 없다는 것을 보여 주었습니다.

그에게는 부수적인 제도가 필요합니다. 이에 보수파는 제2원의 설치, 국가원수에게 하원해산권의 부여, 국민의회 의원의 임기연장이라는 3개의 제도를 원합니다. 극단적인 정통주의자들은 군주제만이 하나의 원칙이며, 이와 같은 원칙 없이는 안정성이 존재하지 않을 것이라고 합니다. 그러나 군주제는 하나의 원칙이 아니며, 하나의 정부형태입니다. 그런데, 정부형태는 국민들의 사회적 현상과 일치해야만 하나의 권력에 안정성을 부여합니다. 정부형태와 국민들의 사회적 현상과의 불일치가 있을 때마다 불안이 있으며, 이와 같은 불안이 잠복해 있을 때 이를 대립이라고 부르며, 이와 같은 불안이 폭발할 때 이를 혁명이라고 부릅니다. 만약 우리가 우리에게 제안된 타협을 받아들이지 않는다면, 우리는 사물의 이면을 보아야 할 것입니다. 즉 하원해산권을 가질 수 없을 것이며, 당신들은 어쩔 수 없이 해산될 것입니다."

3) 발롱의 자구변경과 지지촉구 연설

다시 발언권은 획득한 발롱은 우선 자신의 수정안에서 "다수성(pluralité)"이라는 낱말이 국가원수에게는 어울리지 않는다는 방타봉의 비판에 대답했다. 즉 발롱은 "다수성(pluralité)"이라는 말이 더욱 프랑스적이라고 생각해서 그와 같은 용어를 사용했지만, 만약 "과반수(majorité)"라는 말이 더욱 정치적이라면 이를 수용하겠다고 했다.

그리고 발롱은 자신의 법률안을 제4조의 토의로 넘기려는 방타봉의 주장에 대해서 제1조는 입법권에 대한 일반적인 조항이기 때문에 제2조를 통해서 집행권에 관한 일반적인 조항을 설치하는 것이 논리적이라고 주장했다.

"내가 제2조 다음에 나의 수정안을 위치하려는 이유는 다음과 같습니다. 즉 제1조는 입법권을 일반적인 방식으로 다루고 있습니다. 따라서 나는 제1조 다음에 제2조로써 집행권을 일반적으로 다루는 수정안을 두는 것이 바람직하다고 생각했습니다. 그리고 이와 같은 방식으로 법률안은 안정된 구조를 갖게 될 것입니다. 내 생각에 나의 수정안을 제4조 다음에 위치하면 상당한 단점이 있다고 봅니다. 즉 이 경우 우선 세부적인 권력에 대해서 규정한 다음, 집행권의 구성에 관한 제도를 규정하게 됩니다."

그리고 마지막으로 **발롱**은 30인 위원회는 공화국 대통령인 맥마옹의 권한만 정하는 것이 의무가 아니라 헌법을 제정하는 것이 본연의 임무임을 지적하면서, 30인 위원회의 의무태만에 대해서 지적했다.

"위원회는 공화국 대통령인 맥마옹의 권력만을 조직하는 데 그치면서, 그들의 임무를 다했다고 생각합니다. 그러나 나는 이것이 위원회의 임무의 전부는 아니라고 생각합니다. 위원회는 헌법적 법률을 조직해야 합니다."

4) 뒤포르의 연설 – 발롱 수정안에 대한 결정적인 지원

발롱의 연설에 이어 뒤포르는 공화국 대통령인 맥마옹의 권력을 침해하지 않을 것이며 헌법 개정권을 인정하겠다는 입장을 피력함으로써, 우파의 불안을 누그러뜨리는 결정적인 연설을 했다.
결국 이와 같은 뒤포르의 연설로써 중도좌파와 중도우파간의 협정은 공공연히 체결되게 되었으며, 이제는 투표를 통해서 확정하는 것만 남게 되었다.

5) 공화국의 채택

뒤포르의 연설이 끝난 후 국민의회 의장은 **발롱**의 수정안을 낭독하고 표결로 들어갈 것을 선언했다. 이에 따라 투표는 진행되었으며 투표용지는 수거되어 개표작업에 들어갔다. 그런데 이 순간 한 의원이 비서관들(secrétaires)의 책상으로 와서 개표가 시작되는 바구니 중의 하나에 자기의 표를 넣었다.

이에 몇몇 국민의회 의원들은 투표가 유효하지 않다고 항의했지만 카시미르 페리에르는 투표종료가 아직 선언되지 않았고, 현재의 상황에서는 항상 투표용지를 받기 때문에 투표가 유효하다고 주장했다. 그리고 국민의회 의장 역시 개표가 끝나지 않았고, 개표상황을 알리는 어떠한 보고도 없었기 때문에 뒤늦게 투표한 사람의 투표도 유효하다고 했다.

결국 이와 같은 혼란 끝에 오후 6시 45분에 발표된 투표결과는 353표의 찬성에 352표의 반대가 있었음을 알렸고, 이로써 공화국이 제도화되었다. 왜냐하면 가결된 왈롱의 수정안은 공화국 대통령인 맥마옹의 후임자들이 어떻게 임명되는지에 대해서 규정하고 있으므로, 이제 공화국 대통령은 더 이상 한 사람을 위한 개인적인 직위가 아니라, 하나의 체제 안에 존재하는 제도로서의 성격을 가지게 되었기 때문이다.

(4) 2월 1일 회의 - 하원해산권에 대한 수정안 제출

1월 30일에 있었던 **왈롱** 수정안의 채택은 **왈롱** 자신에게 이후의 의사일정에 대한 자신감을 심어주었으며, 헌법체제의 면에서는 개인적인 정부를 목표로 기초된 위원회의 법률안을 변경하지 않을 수 없게 하였다. 그리고 이와 같은 **왈롱** 수정안의 가결에 따른 영향력은 2월 1일 회의에서 곧바로 나타나게 되었다.

1) 마르셀 바르트의 제3조에 대한 수정안 제출과 철회

2월 1일 회의에서 마르셀 바르트는 전날의 **봘롱** 수정안 때문에 제3조가 된 다음과 같은 수정안을 제출했다.

> "1873년 11월 20일 법률에 의해 7년 동안 그 권력이 연장된 맥마옹은 다음과 같은 권력을 부여받는다. 즉 법률의 발의권은 상원의원, 하원의원과 함께 맥마옹에게 부여된다. 법률이 가결되었을 때 맥마옹은 법률을 공포한다. 맥마옹은 법률의 실행을 감독하고, 보장한다. 맥마옹은 조약을 협상하고, 체결한다. 어떠한 조약도 양원에 의해 승인되지 않고는 최종적이 되지 않는다. 맥마옹은 사면권을 가진다. 대사면(amnisties)은 단지 법률에 의해서만 부여될 수 있다. 맥마옹은 개인적으로 군대를 명령하는 것을 제외하고, 군대를 통솔한다. 맥마옹은 국가적 의식을 주재한다. 맥마옹은 외국의 사절과 대사의 신임장을 접수한다."

그러나 이 수정안에 대해서 내무부장관은 맥마옹에게 군대에 대한 완전한 명령권을 박탈한다면, 맥마옹은 공화국 대통령직을 버릴지 모른다고 했다. 그리고 이와 같은 비판에 따라 마르셀 바르트은 그의 수정안을 철회했다.

하지만 이와 같은 내무부장관의 지적이 없을지라도, 전날의 봘롱 수정안의 가결로 공화국 대통령인 맥마옹만을 염두에 둔 법률안은 그 존재의의를 가질 수 없기 때문에 이와 같은 수정안의 철회는 당연한 일로 평가된다.

2) 봘롱의 하원해산권에 관한 수정안의 제출과 30인 위원회로의 이송

이어서 **봘롱**은 "공화국 대통령은 상원의 동의로 하원의 법적인 임기만료 전에 하원을 해산할 수 있다. 이 경우에 새로운 선거를 위한 선거인단은 3개월 내에 소집된다."라는 공화국 대통령의 하원해산권에 대한 수정안을 제출했으며, 뒤포르의 요청에 따라 30인 위원회로 이송되었다.

그런데 이날 회의에 제출된 하원해산권에 관한 봘롱의 수정안은 1875년의 헌법적 법률의 타협적인 성격을 나타내는 대표적인 조문으로 평가된다. 왜냐하면 군주주의자들은 하원해산권을 군주의 고유의 권한라고 생각하지만, 공화주의자들은 군주와 유사한 지위로 평가되는 대통령의 하원해산권을 부인하기 때문이다. 따라서 봘롱 수정안이 하원해산권에 상원의 동의라는 조건을 첨가한 것은 군주주의적인 논리와 공화주의적 논리를 결합한 것으로 평가된다.[92]

(5) 2월 2일 회의 - 하원해산권에 대한 토의

위원회로 이송된 봘롱의 수정안에 대해서 위원회의 보고자인 방타봉은 다음과 같은 세 가지 이유로 반대의 뜻을 표명했다. 첫째로, 위원회는 공화국 대통령인 맥마옹만이 하원해산권을 갖게 되기를 바라며, 둘째로, 위원회는 하원해산권을 행사함에 있어서 상원의 간섭은 상당히 위험하며 내각책임을 경감시키게 될 것으로 보기 때문에 상원의 간섭을 인정하고 싶지 않고, 마지막으로 위원회는 공화국 대통령이 3달의 기간 내에 선거인단을 소집할 의무를 가지기를 원하지 않으며, 분위기를 가라앉히기 위해서 위원회가 제안한 6개월의 기간을 유지하는 것이 바람직하다고 주장했다.[93]

---

92) Wallon이 수정안을 통해서 제안한 "상원의 동의(sur l'avis conforme du Sénat)"라는 조건은 1877년의 일련의 사건에서 중요한 의미를 지니게 되며, 균형추로서의 상원의 역할을 확인하게 된다.

이와 같은 위원회의 입장에 대해 중도좌파인 베르톨(Bertauld)은 맥마옹 대통령의 하원해산권은 예외적인 상황 때문에 인정할 수 있지만, 그 외의 경우에는 하원해산권이 공화주의원칙과 절대적으로 양립할 수 없기 때문에 인정할 수 없다는 뜻을 담은 다음과 같은 수정안을 제출했다.

> "1873년 11월 20일 법률에 의해 부여된 권력기간 동안 공화국 대통령인 맥마옹은 하원해산권을 부여받는다. 그는 하원해산권을 임기의 법적인 만료 이전에만 행사할 수 있다. 하원해산권은 현재의 법률이 개정되지 않는다면 공화국 대통령인 맥마옹의 후임대통령에게는 부여되지 않는다."

그러나 뒤포르는 상원이 조정자로서 기능하며 국정에 안정을 가져다줄 수 있는 기관임을 강조하면서 **봘롱** 수정안에 대한 지지를 호소했다.

> "우리가 의견(l'avis)을 요구하는 상원은 고결하고, 공명정대한 조정자(arbitre)이며, 우리에게 다음과 같은 두 가지 보장을 해 줍니다. 만약 대통령이 하원을 해산하기를 원함으로써 비난받아 마땅한 흥분에 굴복하는 경우, 상원은 이를 중지할 것이며, 반대로, 공화국 대통령이 중대한 이유 때문에 하원해산을 선언함으로써 국민들의 판단을 요청하는 경우 공화국 대통령은 상원의 권위에 의해 지지될 것이며, 국민들이 종종 해산된 하원을 지지하면서 생기는 열정적인 흥분-그리고 이와 같은 흥분은 하원해산을 선언한 대통령에게 큰 위험이 될 수 있습니다-에 맡겨지지 않을 것입니다. 그리고 **봘롱**의 수정안은 한편으로는 하원해산권을 가진 공화국 대통령의 보장을, 다른 한편으로는 필수적인 상원의 협력에 의한 보장으로서의 이 중의 효과를 가집니다."

이와 같은 여러 명의 연설이 있은 후 베르톨은 그의 수정안이 전

---

93) Séance du 2 Février 1875, *Annales de l'Assemblée Nationale*, p. 394.

체로 채택되지 않을 것을 염려하여 철회를 한다. 하지만 드페이르 (Depeyre)는 베르톨의 수정안을 다시 사용하면서 이 수정안에 대한 우선권을 요구했지만, 346표의 찬성과 354표의 반대로 거부되었다.

따라서 발롱의 수정안 중 첫 번째 문단과 두 번째 문단은 거수로 통과되었으며, 전체수정안은 425표의 찬성에, 243표의 반대로 채택되었다. 최종적으로 채택된 발롱의 수정안은 다음과 같다.

> "공화국 대통령은 상원의 동의로 하원의 법적인 임기만료 전에 하원을 해산할 수 있다. 이 경우에 새로운 선거를 위한 선거인단은 3개월 내에 소집된다."

이와 같은 하원해산권에 관한 발롱의 수정안은 단순한 하나의 조문이 가결된 것 이상으로 중요한 의미를 가진다. 왜냐하면 국민의회는 하원해산권에 대한 조항을 가결함으로써 또 한 번 순수한 공화주의적 제도나, 개인적인 제도가 아닌 최종적인 체제로 한 걸음 나아갔다는 점을 보여 주었다. 그리고 이와 같은 움직임에서의 182표의 다수는 공화국 대통령인 맥마옹 체제를 조직했던 우파들이 그들이 그 동안 그 자신이 했던 작업을 소멸시키는 헌법적 결정을 하였음을 보여 주었기 때문이다.

그리고 공권력의 조직에 관한 법률의 제정 당시 공화파와 왕당파는 제3공화국의 헌정체제가 향후 현실적으로 적용되는 국면에서 하원해산권에 대한 발롱의 수정안이 어떻게 작용할 것인지 대한 예상을 할 수 없었지만, 이와 같은 발롱의 수정안은 오를레앙적(이원적) 의원내각제가 공화적(일원적) 의원내각제로 변용되게 되는 1877년 5월 16일 사건에서 실제로 적용되게 된다.

(6) 2월 3일 회의 – 각료의 책임과 내각의 연대성, 공화국 대통령의 궐위와 헌법 개정

1) 각료의 책임과 내각의 연대성에 관한 위원회의 법률안 제3조에 대한 토의

2월 3일 회의에서는 최종적인 법률 제4조가 되는 각료의 책임과 내각의 연대성에 관한 위원회의 법률안 제3조 – "각료들은 양원에 대해 정부의 일반정책은 연대적으로 책임을 지며, 개인적인 행동은 개인적으로 책임을 진다. 공화국 대통령인 맥마옹은 국가반역죄의 경우에만 책임을 진다." – 에 대한 토의가 진행되었다.

제3조에 대한 토의가 시작되자마자 원래의 보고자인 방타봉 대신에 보고자가 된 파리(Paris(Pas – de – Calais))는 법문의 "Le maréchal de Mac – Mahon"말을 삭제하고, 대신에 단지 법문을 "Président de la République"로 시작할 것을 제안했다.

당초의 개인적인 법률에서 비개인적인 법률로의 변경으로 방향을 선회한 위원회의 이와 같은 태도에 대해서 우파는 이는 공화국 대통령인 맥마옹에 대한 모욕이며, 자격박탈(déchéance)이라고 항의했지만, 수정 제안된 법률안은 거수로 채택되었다. 최종적으로 채택된 법률안은 다음과 같다.

> "각료들은 양원에 대해 정부의 일반정책은 연대적으로 책임을 지며, 개인적인 행동은 개인적으로 책임을 진다. 공화국 대통령은 국가반역죄의 경우에만 책임을 진다."

결국 제3조가 가결됨으로서 제3공화국의 헌법제정자들은 각료의

책임과 공화국 대통령의 책임을 정하게 되고, 점차 최초의 맥마옹 정부라는 개인적 정부의 공고화를 위한 임시적 헌법에서 최종적으로 항구적인 권력구조를 갖추려는 헌법으로 진행하였다. 그리고 조문을 통해 규정된 각료의 책임과 내각의 연대성, 그리고 공화국 대통령의 무책임성은 분명 오를레앙적(이원적) 의원내각제로의 지향을 분명히 드러낸 것임에 틀림없다.

2) 위원회의 법률안 제4조와 제5조에 대한 토의 – 공화국 대통령의 사망과 궐위조항, 헌법 개정의 문제

이어서 제5조가 되는 위원회의 법률 제4조에 대한 토의가 진행되었다. 보고자인 파리(Paris(Pas – de – Calais))는 우선 공화국 대통령의 선출에 관한 뵐롱의 수정안은 뵐롱과의 협의하에 "대통령이 사망하거나, 다른 이유에 의하여 그 직이 궐위된 경우 소집된 양원은 즉각 새로운 대통령의 선출에 착수한다. 이 기간 동안 국무회의가 집행권을 부여받는다."는 규정으로 변경되었음을 알렸다.

그리고 헌법 개정문제에 대해서 위원회의 보고자는 뵐롱의 수정안 중에 한 문단이 공화국 대통령인 맥마옹에 대하여 특별하게 규정한 것을 지지하면서 다음과 같은 법률안을 제시했다.

> "양원은 자발적으로 또는 공화국 대통령의 요구로 인하여 상원과 하원이 서로 분리된 토의를 하고 절대 다수의 투표에 의해 헌법적 법률에 대한 개정이 있다는 것을 선언할 권리를 가진다. 상원과 하원이 이와 같은 결정을 각각 한 다음 양원은 그 개정에 착수하기 위해서 국민의회로 소집된다. 부분적이든, 전부이든 헌법적 법률에 대한 개정을 위한 토의는 국민의회를 구성하는 구성원의 절대 다수로 이루어져야 한다. 그렇지만,

1873년 11월 20일 법률에 의해서 맥마옹에게 부여된 권력의 지속기간 동안 이와 같은 개정은 공화국 대통령의 제안에 의해서만 가능하다."

이와 같은 법률안에 대해 우선 공화국 대통령의 선출에 관한 위원회의 법률안 제4조는 거수로 가결되었다. 그리고 나중에 제6조가 되는 위원회의 법률안 제5조에 대해서는 폴 코탱(Paul Cottin)의 헌법 개정권의 의미와 폭에 대한 질의가 있었으며, 이에 대해 위원회의 보고자는 전체적이고, 부분적인 개정이 가능하며 정부형태 역시 헌법 개정의 대상이 될 수 있음을 명확히 밝혔다. 따라서 법률안 제5조는 위원회가 제안한 대로 거수로 가결되었다.

이어서 라비넬 남작(baron de Ravinel)은 "집행권과 양원의 소재지는 베르사유이다."라는 추가조항을 제출했으며, 이 조항은 알프레 기라르(Alfred Girard)에 의해 다시 제기되었다.

하지만 혁명과 파리코뮌의 도시인 파리에 대한 모욕적인 불신의 성격을 가지는 이 조항에 대해서 뷜롱은 혁명과 같은 운동이 일어나서 어쩔 수 없이 퐁텐블로로 공권력의 소재지를 옮기는 경우 이는 위헌적인 사태가 될 수 있다는 이유로 반대를 했지만, 결국 332표의 찬성에, 327표의 반대로 가결되었다.[94]

마지막으로 위원회의 보고자는 델솔(Delsol)이 제안한 중도파들의 결합의 조건인 "공권력에 관한 법률은 상원에 관한 법률이 최종적으로 가결 후에만 공포된다."는 추가조항을 제출했으며, 이는 토의 없이 채택되어 공권력의 조직에 관한 법률 제8조가 되었다.

결국 모든 조항에 대한 검토와 가결 후에 국민의회는 508표의

---

94) Séance du 3 Février 1875, *Annales de l'Assemblée Nationale*, p. 423.

찬성에, 174표의 반대로 "공권력의 조직에 관한 법률"을 세 번째 토의로 넘기기로 결정했다.

4. 세 번째 토의

1875년 2월 24일 상원에 관한 법률의 가결 후에 국민의회는 곧바로 공권력의 조직에 관한 법률안의 세 번째 토의에 착수했다. 그러나 세 번째 토의에서는 토의다운 토의가 존재하지 않았으며, 정통주의자와 보나파르티스트들의 여러 수정안이 제출했지만 단호하게 배척되었다. 이는 이미 공화국이라는 체제의 문제가 확정되었으며, 국민의회의 토의 과정에 헌법을 제정하기를 원하는 확고한 다수파가 존재하고 있다는 것을 증명한 것이다.

(1) 2월 24일 회의 – 제1조에서 제6조까지의 토의

2월 24일 공권력의 조직에 관한 법률안의 세 번째 논의가 시작되자 라울 뒤발은 인민주권(la souveraineté populaire)원칙을 주장하는 "주권은 프랑스 시민의 보편성속에 존재한다."라는 수정안을 제안했다.

하지만 라울 뒤발의 법률안은 중도파와 좌파의 비웃음 속에서 찬성 30표, 반대 476표로 거부되었으며, 이를 통해 최종적으로 결정된 체제는 보나파르티스트들의 선동에도 굴복하지 않음을 보여주었다.

이어서 국민의회 의장은 우선 두 번째 토의에서 채택된 제1조 –

"입법권은 하원과 상원의 양원에 의해 행사된다. 하원은 선거 법률에 의해 정해진 조건에 따라 보통선거를 통해서 임명된다. 상원의 구성, 임명방법과 권한은 특별 법률에 의해서 규정된다."-를 낭독했다. 하지만 이에 대해서 보도(Baudot)는 추가조항으로 두 번째 문단과 세 번째 문단사이에 "하원의원 숫자는 상원의원의 숫자와 동일하다."라는 규정을 삽입할 것을 제안했지만, 채택되지 않았다.

이어서 "공화국 대통령은 국민의회로 소집된 상원과 하원의 절대 다수의 투표에 의해서 선출된다. 공화국 대통령은 7년 동안 임명된다. 공화국 대통령은 재임이 가능하다."는 제2조에 대한 토의에서 로르게리(de Lorgeril)는 "le Président de la République"라는 말 대신에 "le Président du gouvernement de la France"라는 말을 사용하자고 주장했다가 철회했다. 따라서 제2조는 413표의 찬성과 248표의 반대로 가결되었다.

그렇지만 제2조에 대해서는 2개의 추가조항이 제출되었다. 즉 "프랑스를 지배한 어떠한 가문의 구성원도 공화국 대통령으로 지명될 수 없다."라는 첫 번째 추가조항은 콜롱베(de Colombet)와 생트레(comte de Cintré)에 의해 제출되었지만, 찬성 42표와 반대 535표로 채택되지 않았다.[95] 한편 "공화국 대통령은 양원에 의해 법률이 가결되었을 때 법률을 공포한다. 공화국 대통령은 법률을 감독히고, 그 집행을 보장한다. 공화국 대통령은 조약을 협상하고, 체결한다. 어떠한 조약도 양원에 의한 비준이 없는 경우에는 최종적인 효력이 발생하지 않는다. 공화국 대통령은 사면권을 가진다. 대사면은 단지 법률에 의해서만 부여될 수 있다. 공화국 대통령은 육

95) Séance du 24 Février 1875, *Annales de l'Assemblée Nationale*, p. 626.

군을 통솔한다. 공화국 대통령은 국무회의에서 국사원 의장과 구성원을 임면한다. 공화국 대통령은 국가적 의식을 주재한다. 공화국 대통령은 외국의 외교사절과 대사의 신임장을 접수한다."라는 봘롱 등에 의해 제출된 추가조항은 위원회로 이송되었다.

이어서 만약 **봘롱**에 의해 제출된 추가조항이 채택될 경우 당연히 제4조가 될 "공화국 대통령은 상원의 동의로 하원의 법적인 임기만료 전에 하원을 해산할 수 있다. 이 경우에 새로운 선거를 위한 선거인단은 3개월 내에 소집된다."라는 규정에 대해서 폴 고탱은 "상원의 동의(sur l'avis conforme du Sénat)"란 문구를 삭제할 것을 주장했지만, 이는 채택되지 않았으며 제3조는 가결되었다.[96] 그리고 로도는 추가조항으로써 "공화국 대통령은 하원의 동의로 상원을 해산할 수 있다."는 조항을 주장했지만, 채택되지 않았다.

이어서 제4조 "각료들은 양원에 대해 정부의 일반정책은 연대적으로 책임을 지며, 개인적인 행동은 개인적으로 책임을 진다. 공화국 대통령인 맥마옹은 국가반역죄의 경우에만 책임을 진다."라는 규정도 그대로 통과되었다.

그렇지만 가스롱드의 수정안은 **봘롱**의 수정안과 관련이 있다는 이유로 위원회로 이송되었다. 계속해서 세 번째 토의의 진행으로 들어간 국민의회는 제5조 - "대통령이 사망하거나 다른 이유에 의하여 그 직이 궐위된 경우 소집된 양원은 즉각 새로운 대통령의 선출에 착수한다. 이 기간 동안 국무회의가 집행권을 부여받는다." - 를 통과시켰으며, 제6조 - "양원은 자발적으로 또는 공화국 대통령의 요구로 인하여 상원과 하원이 서로 토의를 하고 절대 다수의

---

96) Séance du 24 Février 1875, *Annales de l'Assemblée Nationale*, p. 627.

투표에 의해 헌법적 법률에 대한 개정이 있다는 것을 선언할 권리를 가진다. 상원과 하원이 이와 같은 결정을 각각 한 다음 양원은 그 개정에 착수하기 위해서 국민의회로 소집된다. 부분적이든, 전부이든 헌법적 법률에 대한 개정을 위한 토의는 국민의회를 구성하는 구성원의 절대 다수로 이루어져야 한다. 그렇지만 1873년 11월 20일 법률에 의해서 공화국 대통령인 맥마옹에게 부여된 권력의 지속기간 동안 이와 같은 개정은 공화국 대통령의 제안에 의해서만 일어날 수 있다." - 에 대한 토의로 들어갔다.

문제가 되는 제6조에 대해서 우선 세 번째 문단의 "전체적 또는 부분적(en tout ou en partie)"이라는 법문을 삭제하고자 하는 폴 고 탱의 수정안이 제출되었다가 철회되었으며, 로도는 자신의 추가조항 - "각료들은 헌법 개정에 관한 토의에 참석하고, 참여할 권리와 의무를 가진다. 최종적인 표결 후에 공화국 대통령은 한 달 내에 국민의회에 개정된 헌법의 전부 혹은 일부의 변경을 요구할 수 있다. 국민의회는 새로이 토의해야 한다. 이와 같은 토의 후에 어떠한 결정이 내려지든 새로운 헌법은 한 달 이내에 공포된다." - 을 제6조의 세 번째 문단 다음에 삽입할 것을 제안했지만, 이 역시 채택되지 않았다.

(2) 2월 25일 회의 - 공권력의 조직에 관한 법률의 최종적 가결

2월 24일 회의에서 뷜롱과 가스롱드의 수정안을 이송 받은 30인 위원회는 이날 새로 작성한 법률안 제3조와 제4조를 제출했으며, 그 내용은 다음과 같다.

"제3조 공화국 대통령은 양원의 구성원과 공동으로 법률에 대한 발의권을 가진다. 공화국 대통령은 양원에 의해 법률이 가결되었을 때 법률을 공포한다. 그리고 공화국 대통령은 법률은 감독하고, 그 집행을 보장한다. 공화국 대통령은 사면권을 가진다. 대사면은 법률에 의해서만 부여될 수 있다. 공화국 대통령은 군대를 통솔한다. 공화국 대통령은 모든 사회적 · 군사적 직책을 임명한다. 공화국 대통령은 국가적 의식을 주재한다. 공화국 대통령은 외국의 외교사절과 대사의 신임장을 접수한다. 공화국 대통령의 각각의 행위는 각료에 의해서 부서되어야 한다.

제4조 현재의 법률이 공포되고부터 공석이 발생하게 됨에 따라, 공화국 대통령은 국무회의에서 통상적인 업무를 담당하는 국참사원 위원을 임명한다. 임명된 국참사원 위원은 국무회의에서 발해진 데크레에 의해서만 해임될 수 있다. 1872년 5월 24일 법률에 의해 임명된 국참사원 위원은 그들의 임기 만료시까지 이 법률에 의해 정해진 형식으로만 해임될 수 있다. 국민의회의 해산 후에는 상원의 결의로만 해임될 수 있다."

그런데 제출된 법률안 제3조는 우선 각 문단별로 표결에 부쳐져 가결되었으며, 나중에 제3조 전체가 가결되었다.[97] 그리고 새로이 작성된 위원회의 법률안 제4조는 467표의 찬성과 46표의 반대로 가결되었다.

이어서 국민의회 의장은 어제 제6조까지 가결했음을 알리면서, 제6조와 제7조 사이에 아보빌(d'Aboville)이 제출한 추가조항 - "헌법적 법률의 개정은 국민의회가 그 해산을 선언하기 전에는 공화국 대통령인 맥마옹에 의해서도 발의될 수 있다." - 의 있음을 알렸다. 하지만 아보빌이 제출한 추가조항은 위원회로 이송되지 못했으며, 이어서 공권력의 소재지에 관한 규정인 제7조의 경우 아무런 반대 없이 통과되었다.

계속해서 제8조에 대한 토의에서 보고자는 이미 상원에 관한 법

---

97) Séance du 25 Février 1875, *Annales de l'Assemblée Nationale*, p. 647.

률이 통과되었기 때문에 제8조는 필요 없다고 했고, 방트(Vente)는 "본 법률은 단지 상원에 관한 법률과 공권력에 대해서 관계할 보충적인 법률과 동시에 공포된다."는 수정안을 제출했지만, 채택되지 않았다.

결국 이와 같은 세 번의 토의 끝에 공권력의 조직에 법률안 전체는 최종적으로 투표자 679명, 절대 다수 340명, 425표의 찬성과 254표의 반대로 가결되었다.[98]

공권력의 조직에 관한 법률은 원래 공화국 대통령인 맥마옹의 권력을 연장하고자 하는 법률안에서 출발했다. 하지만 공화국 대통령이 국민의회로 소집된 상원과 하원의 다수결에 의해 선출된다는 발롱의 수정안을 통해서 프랑스 제3공화국의 근본적인 제도적 틀이 마련되게 되며, 공권력의 조직에 관한 법률은 그 방향을 궁극적인 제도의 수립 쪽으로 변경하게 된다.

그리고 이와 같은 과정에서 발롱은 중심적인 역할을 하며, 특히 하원해산권에 관한 조항에서 발휘된 그의 역할은 이후의 헌정진행과 관련하여 큰 의미를 가진다. 왜냐하면 이 당시에는 타협을 위한 수단으로서 공화국 대통령이 하원해산권을 행사할 경우 상원의 동의를 받도록 규정하였지만, 이후 오를레앙니스트적(이원적) 의원내각제가 일원적 의원내각제로 변용되게 되는 헌정실제에서 이 조

---

98) Séance du 25 Février 1875, Annales de l'Assemblée Nationale, p. 654: 최종적인 투표에서 duc de Broglie는 투표를 하지 않기 위해서 투표가 개시되자 본회의장을 나와 복도에서 명상에 잠겼다. 하지만 duc de Decazes는 그에게 다가가 "갑시다. Albert? 국민들을 위해서 투표를 해야 해 maréchal de Mac-Mahon은 이에 감사할거야."라는 간청에 투표에 참가를 했으며, 극좌파인 Edgar Quinet는 Gambetta의 계속되는 간청에 눈물이 그의 볼에 흐르면서 의자에 털썩 주저앉았다고 한다.

항은 그 위력을 발휘하게 되기 때문이다.

요컨대 뷸롱의 수정안이 상당부분 반영된 공권력의 조직에 관한 법률은 집행권의 구성은 공화국 대통령과 국무회의로 이원화하며, 입법권은 상원과 하원으로 구성된 양원제를 채택하였다. 그리고 이를 통해 제3공화국 헌정체제의 기본적인 구조 중 하나의 축은 완성되게 된다.

제2항　상원의 조직에 관한 법률

상원의 조직에 관한 법률은 처음에는 공권력의 조직에 관한 법률과 같이 다루어졌기 때문에 1874년 8월 3일에 앙토냉 르페브르 퐁탈리스(Antonin Lefèvre‐Pontalis, 1830~1919)의 첫 번째 보고서[99]가 나오기 전의 상황은 공권력의 조직에 관한 법률의 제정 과정에 관한 설명과 동일하다. 하지만 여기서 주의 깊게 보아야 할 점은 공권력의 조직에 관한 법률이 비록 의사일정에서 상원의 조직에 관한 법률보다 먼저 시작되었지만, 두 법률의 심의과정이 번

---

99) 상원의 조직에 관한 법률의 설명에서 Lois annotées ou Lois, décrets, ordonnances, avis du Conseil d'État와 Maurice Deslandres의 저작에서는 Antonin Lefèvre‐Pontalis의 첫 번째 보고서가 나온 날짜를 "4월 3일"이라고 적고 있으나, 사실은 "8월 3일"이다. 이는 아마도 avril과 août를 혼동한 게 아닌가 하는 추측해본다(*Lois annotées ou Lois, décrets, ordonnances, avis du Conseil d'État*, p.675: Maurice Deslandres, *op.cit.*, p.346): 그리고 1875년 2월 11일 회기에서 Pascal Duprat의 연설도 6달 전이라고 표현하고 있다. Séance du 11 Février 1875, *Annales de l'Assemblée Nationale*, p. 476.

갈아 진행되었으며, 여기서 우리는 제3공화국의 헌법적 법률에 나타난 타협적 성격을 볼 수 있다는 점이다.

즉 이 당시 국민의회의 의사일정은 공권력의 조직에 관한 법률의 첫 번째 토의, 상원의 조직에 관한 법률의 첫 번째 토의, 공권력의 조직에 관한 법률에 대한 두 번째 토의, 상원의 조직에 관한 법률의 두 번째 토의 순으로 진행되었다. 그리고 이 과정에서 왕당파는 공권력의 조직에 관한 법률을 통하여 공화파에게 보수적 공화국을 양보했으며, 공화파는 상원의 조직에 관한 법률을 통하여 왕당파에게 상원을 양보했다. 따라서 이와 같은 서로 간의 양보를 통하여 오를레앙적(이원적) 의원내각제는 그 기본적 구조를 확립되게 된다.

따라서 아래에서는 상원의 조직에 관한 법률의 첫 출발점이 되는 1874년 8월 3일의 앙토냉 르페브르 퐁탈리스의 첫 번째 보고서부터 살펴보도록 한다.

Ⅰ 앙토냉 르페브르 퐁탈리스의 첫 번째 보고서

1874년 8월 3일 월요일 회의에 제출된[100] 앙토냉 르페브르 퐁탈리스의 보고서는 1873년 3월 13일 법률에 규정에 따라 제2원의 창설과 권한에 관한 법률을 만들게 되었다는 점을 밝히는 것으로 시작된다.[101]

---

100) Séance du 3 août 1874, *Annales de l'Assemblée Nationale*, p. 190.

1. 양원제 채택의 필요성

보고서는 우선 단원제 의회의 병폐를 지적하면서, 양원제를 통하여 입법권과 집행권의 두 개의 권력 간의 싸움을 완화할 수 있으며, 상원의 중재적·조정자적 역할의 장점을 부각했다.

"헌법적 법률위원회는 입법권을 양원이 함께 보유하는 것이 필요하다는 점을 인정합니다. 이성뿐만 아니라 경험에도 부합하는 이와 같은 입법권의 분리는 훌륭한 입법을 위한 불가결한 보장책입니다. 입법권의 분리는 단원제와 불가분의 관계가 있는 오류와 충동에 대한 장애물입니다. 입법권의 분리는 양원의 표결을 상소권과 같이 개정이 가능하게 함으로써 양원이 그들의 표결을 숙고하도록 합니다. 따라서 입법권의 분리는 성급하고, 수정할 수 없는 입법에 대한 하나의 대책이 됩니다. 단원제 의회가 위의 병폐에 대한 어떠한 대비책을 취한다 하더라도, 단원제 의회는 항상 이와 같은 병폐로부터 벗어나는 데 어려움이 따르기 때문에 절대적 권력의 위험이나 권력의 남용에 대한 보장책을 찾는 것이 필요합니다. 제2원의 존재는 이와 같은 입법권과 집행권의 두 개의 권력 간의 싸움을 완화하고, 서로에 대해서 중재적인 역할을 수행할 수 있는 조정자(arbitre)를 제공함으로써 두 권력 간의 싸움을 막고자 하는 데 있습니다. 따라서 양원의 설립은 정치학의 하나의 자명한 진리입니다."

2. 'Sénat'라는 명칭의 문제

그리고 보고서는 제2원의 명칭가운데 'Sénat'라는 명칭이 가장 적절함을 지적했다.

---

101) Séance du 3 août 1874, *Annales de l'Assemblée Nationale*, Annexe n° 2680 (1), pp. 469 – 480.

" 헌법적 법률위원회는 Sénat라는 명칭이 바람직하다고 생각했습니다. 공화주의 국가나 군주주의 국가에서 가장 자주 사용되는 것은 Sénat라는 명칭이기 때문입니다. Sénat라는 명칭은 고대 로마에서 사용되었으며, 현대에는 미국이 Sénat라는 명칭을 사용했습니다. 귀족원(Chambres des pairs)이라는 명칭은 더 이상 존재가치를 가지지 않으며, 구체제하의 재판소를 상기하는 대평의회(grand conseil)라는 명칭은 오해를 불러일으킬 수 있기 때문입니다."

3. 프랑스역사상 상원의 권한

　　이어서 보고서는 상원의 설치는 당연한 사실이기 때문에 상원의 조직에 대한 검토에 들어가며, 여기서 위원회는 이전에 프랑스에 존재했던 상원과 세계 각국의 상원제도에 대한 검토를 한다. 그런데 여기서 주목할 점은 이전에 프랑스 역사상 존재한 상원[102]이 원로원 의결(sénatus – consulte)을 통하여 헌법을 개정하고 해석하는 권한을 가졌다는 점이다.

　　"그 권한의 면에 있어서, 이전에는 상원만이 헌법과 관련된 역할을 했습니다. 이와 같은 자격으로써 상원은 sénatus – consultes organiques를 제정하는, 존재하는 헌법을 해석하는, 헌법의 흠결을 보충하는, 헌법적 규정에 반하는 행위를 무효화시키거나 변경 또는 개정을 제안함으로써 헌법의 실효성을 유지시키는 역할을 했습니다. 1870년 4월 20일의 sénatus – consulte는 제정상원에서 헌법제정권을 빼앗아 국민들에게 주었습니다.
　　입법권의 면에서는 1814년과 1830년의 헌장체제에서는 귀족원(Chambres des pairs)만이 입법권을 완전하게 행사했습니다. 입법권은 단지 헌장체제 말기에 가서야만 회복되었으며, 부분적으로는 1867년 3월 16일의 sénatus – consulte에 의해서, 그리고 Sénat를 seconde Assemblée législative로 변경

---

102) 보고서는 "conseil(평의회)"라는 용어를 쓰지만, 그동안 우리의 귀에는 상원이라는 명칭이 일반적인 의미로 사용되었다고 생각하므로 상원이라고 번역한다.

한 1870년 4월 20일의 sénatus - consulte에 따라 상원에 의해서 행사되었습니다."

4. 뒤포르에 의해 제안된 정부안에 대한 검토

계속해서 보고서는 뒤포르에 의해 제안된 바 있었던 정부안은 보통선거를 통해서 상원을 하원과 동일한 선거인단으로부터 선출한다고 평가하면서, 상원은 보통선거에 대한 억제책이어야 한다고 주장했다.

"우리가 생각하기에 선출된 상원은 법률의 통제와 개정작업을 수행함으로써 입법을 하는 데 그 임무가 있습니다. 그러나 우리가 생각하기에 상원에게 기대하는 다른 임무가 있습니다. 그리고 이를 위해서는 우리는 상원을 유순한 하나의 기구가 아닌, 보통선거에 대한 불가결한 억제책 (contre - poids)으로 만들고자 했습니다. 이와 같은 관점에서, 우리는 상원의 선출에 있어서 하원에 의해서 당연하게 고려되는 수의 힘이 아닌 모든 사회적 세력에 대한 호소를 하고자 했습니다. 따라서 우리는 그때부터 상원의원의 선출에 있어서 유권자들의 양(quantité)보다는 질(qualité)에 대한 연구를 했습니다. 보통선거는 단지 가장 많은 수의 의지의 확성기 (portevoix)이며, 이는 분명히 그 본질에 있어서 오류가 없지 않기 때문에 소수파를 해치지 않도록 하는 것이 반드시 필요합니다. 비록 보통선거가 사회의 존속을 위해서 불가결한 보존, 안정성, 능력에 관한 이익을 침해하려고 하더라도, 보통선거가 원하는 모든 것을 할 수 있게 해서는 안 됩니다. 따라서 상원의원의 선출을 위한 선거인단을 구성하기 위해서 요구되는 것은 이와 같은 보통선거가 아닌, 재능, 경험, 행해진 의무, 취득한 재산에 의해 이루어진 모든 것입니다."

5. 공화국 대통령의 상원의원 임명권

마지막으로 보고서는 공화국 대통령에게 일정수의 상원의원 임명권을 부여하는 것이 정당하다고 주장한다. 그런데 이와 같은 보고서의 태도와 이를 조문화한 법률안은 향후 상원의 조직에 관한 법률의 제정 과정에서 최대 쟁점이 된다.

> "상원은 공화국 대통령의 집행권과 보통선거를 통한 하원의 입법권 간의 조정자적인 역할을 수행해야 하기 때문에 공화국 대통령은 이와 같은 조정을 위한 법정이 구성되는 경우 배제되지 않아야 합니다. 뿐만 아니라, 11월 20일 법률에 따라 집행권이 탄생한 조건에 따라 다른 원(院)의 침해에 저항하기 위해서는 양원 중의 하나의 원에 의한 적법한 협력이 보장되어야 합니다. 마지막으로 국가원수에게 제1원의 일정수의 자리에 대한 처분권을 항상 보장해 주는 것이 바람직하기 때문입니다."

6. 상원의 조직과 권한에 관한 법률안

위원회에 의해 제출된 법률안의 주요내용은 다음과 같다. 즉 제1조 상원은 1. 당연직 상원의원, 2. 공화국 대통령의 데크레에 의해 임명된 상원의원, 3. 도와 식민지에 의해 선출된 상원의원으로 구성된다. 상원은 300명을 넘을 수 없다. 제2조 프랑스인이 아닌 자, 40세 미만인 자, 그리고 시민적·정치적 권리를 향유하지 않는 자는 상원의원이 될 수 없다.

제3조는 당연직 상원의원에 대한 규정하고 있으며, 제4조는 공화국 대통령에 임명된 상원의원의 수와 자격에 관하여 규정하고 있다. 제5조, 제6조, 제7조, 제8조, 제9조는 도와 식민지에 의해 선출된 상원의원에 관한 규정이다. 제10조는 도에서 선출된 상원의원의 임기가 9년이고 1/3씩 개선되고, 공화국 대통령에 의해 임명된 상원의원은 종신신분이 보장된다고 규정하고 있다. 제11조는

상원의원은 급여와 세비를 받지 않는다고 규정하고 있으며, 제12조는 상원은 하원과 협력하여 법률제정의 발의권을 가지며, 재정에 관한 법률은 하원에 우선적으로 제출되어야 함을 규정하고 있다. 제13조는 상원은 국가적 안전을 침해하는 범죄가 있는 경우 공화국 대통령이나 각료들을 심판하기 위한 법정으로 구성된다고 규정하고 있으며, 제14조는 현재의 국민의회 해산과 새로운 상원의 구성에 관한 경과규정을 정하고 있다.

7. 위원회의 보고서와 법률안에 대한 평가

위원회에 의해 제출된 보고서는 이 당시의 정부와 오를레앙파의 입장을 확인한 것으로 평가된다. 특히, 공화국 대통령에 의한 일정 수의 상원의원의 임명과 공화국 대통령에 의해 임명된 상원의원은 종신신분이 보장된다는 규정은 이들이 지향하는 체제가 오를레앙적(이원적) 의원내각제임을 한 번 더 보여 주고 있다. 왜냐하면 오를레앙니즘의 구현이라고 평가받는 1830년 8월 14일 헌장 제23조는 "귀족원의원의 임명권은 군주에 속한다. 귀족원의원의 숫자는 제한이 없다. 군주는 귀족원의원의 직을 다르게 정할 수 있으며, 군주의 의지에 따라 종신 또는 세습직으로 할 수 있다."고 규정하고 있기 때문이다.

그런데 이와 같은 공화국 대통령에 의한 상원의원의 지명은 이 당시 공화국이라는 대의를 위해 타협을 할 각오가 되어 있는 공화파조차 선뜻 양보하기 힘든 조항이었으며, 이는 체제의 성격과도

직결되는 문제였다. 따라서 이 조항은 향후 상원의 조직에 관한 법률의 가장 큰 장애물로서의 성격을 가지지만, 역설적으로 상원의 조직에 관한 법률의 가결을 향한 출구는 바로 이 조항으로부터 비롯된다.

Ⅱ 법률안의 토의

1. 첫 번째 토의

공권력의 조직에 관한 법률을 두 번째 토의로 통과할 것을 결정하고 3일 후에 실시된 상원의 조직에 관한 법률안의 첫 번째 토의는 전체적인 무관심 속에서 이루어졌다. 왜냐하면 상원의 조직에 관한 법률안의 토의시 각 당파들이 우선적으로 관심을 가진 것은 바로 공화국이냐, 군주제냐에 관한 체제의 문제였기 때문이다. 따라서 상원의 조직에 관한 법률안의 첫 번째 토의에서는 단지 4명의 피상적인 연설만 있었다.

우선 바르두(Bardoux, 1829~1897)는 위원회가 제안하는 상원에 대해서 공화국 대통령이 자기 자신보다 오래 권력을 보유할 종신 상원의원을 지명하는 것에 대한 부정적인 입장을 취했으며,103) 보

---

103) Maurice Deslandres, op.cit., pp. 321 – 322; Maurice Deslandres의 저작 속에서는 분명히 M. Bardoux의 연설에 대한 언급이 있지만, 1875년 1월 25일자의 Annales de l'Assemblée Nationale에서는 그의 연설문이 없다. 필자의 생각에 아마도 이 날짜의 Annales de l'Assemblée Nationale에 약간의 누락이 있었던 것처럼 보인다. 왜냐하면, 다른 중요한 여러 안건에 대한 언급도 역시나 기재되고 있지 않기 때문이다. Séance du

나파르티스트인 라울 뒤발은 그들의 일관된 주장인 현재의 국민의회의 해산과 새로운 국민의회 구성을 위한 국민투표를 주장했으며, 쥘 시몽은 위원회가 제출한 상원의 조직에 관한 법률안이 비록 자신의 입장과는 맞지 않지만 현재 공권력의 조직에 관한 법률이 첫 번째 심의단계에 있으며, 현재 단계에서 상원의 조직에 관한 법률안 전체를 거부하는 것은 헌법적 법률에 관한 토의 전부를 좌초시킬 위험이 있기 때문에 두 번째 논의로 통과하는 것에 대해서는 반대하지 않는다는 입장을 표명했다.

그 결과 상원의 조직에 관한 법률안은 498표의 찬성에, 173표의 반대로 두 번째 토의로 이송되었다.

2. 두 번째 토의

상원의 조직에 관한 법률의 두 번째 토의에서 보수주의자들은 그들이 대표하는 이익의 피난처인 상원에 집착했으며, 이미 공화국을 쟁취했다고 생각한 공화파들은 가능한 한 적게 양보하고자 했다. 그리고 공화국에 대한 완강한 반대자들은 상원에 관한 법률을 좌절시킴으로써 공화국을 침몰시키려는 의도를 드러내었으며, 파스칼 뒤프라(Pascal Duprat)의 수정안 가결로 헌법적 법률의 제정 작업이 중단될 위기에 처하게 되는 것은 이들의 계획을 잘 보여 주는 사건이었다.

하지만 공권력의 조직에 관한 법률에서와 같이 상원의 조직에

---

25 Janvier 1875, *Annales de l'Assemblée Nationale*, pp. 269 - 281.

관한 법률을 최종적으로 가결되도록 한 것은 뷜롱의 수정안을 통해 결집된 각 당파의 타협의지였다.

(1) 2월 11일 회의 - 상원의 구성과 상원의원 수의 문제

2월 11일에 있었던 상원의 조직에 관한 법률의 두 번째 토의는 국민의회 의장에 의한 위원회의 법률안 제1조 - "제1조 상원은 당연직 상원의원, 공화국 대통령의 데크레에 의해 임명된 상원의원, 도와 식민지에 의해 선출된 상원의원으로 구성된다. 상원은 300명을 넘을 수 없다." - 의 낭독으로부터 시작되었다.

그러나 위원회의 법률안 제1조에 대해 파스칼 뒤프라(Pascal Duprat)는 "상원은 선거로 임명된다. 상원은 하원과 동일한 유권자에 의해 임명된다."라는 순수한 공화주의적 원칙으로 규정된 수정안으로 대체할 것을 주장했다.

그의 주장에 따르면 우선 위원회가 제출한 법률안은 약 6개월 전에 제출한 법률안이기 때문에 지금의 상황과는 맞지 않다고 주장했다. 즉 그는 그 무렵에는 모두가 왕정복고를 준비했지만, 왕정복고 계획은 실패했으며, 당연직 상원의원의 규정은 모든 권력이 선출되며, 공화국의 최고행정관(premier magistrat)이 선거를 통해서 임명되어 단지 7년 동안의 권력을 가지는 민주주의 국가에서는 적합하지 않음을 지적했다.

또한 공화국 대통령에 의해 임명되는 상원의원의 경우 단지 7년 동안의 임기를 가지는 공화국 대통령이 그 자신보다 오래 지속될 입법적·헌법적 위임을 부여하는 것은 사리에 맞지 않기 때문에 공화국 대통령은 상원의원을 임명할 수 없으며, 상원의원이 선거를 통해서 선출되는 경우에 선거인단 구성이 학식과 자유직업에 종사하는 사람들의 재능을 무시하는 문제점이 있기 때문에 선거에 의한 상원의원 선출은 옳지 않다고 주장했으며, 위원회가 원하는 강력한 상원은 단지 보통선거를 통해서만 얻어질 수 있음을 주장했다.

그런데 이와 같이 주장된 파스칼 뒤프라의 수정안은 322표의 찬성에, 310표의 반대로 가결되어 위원회로 이송되는 예상치 못할 결과가 벌어졌다. 이와 같은 결과는 '중도우파의 분리파'(centre droit dissident)와 일부분의 중도좌파는 반대표를 던졌지만, 다수파의 결속을 와해함으로써 모든 헌법제정 작업을 혼란에 빠뜨릴 절호의 기회라고 생각한 보나파르티스트들은 찬성을, 극우파들은 기권을 선택했기 때문이다.

따라서 이와 같은 표결의 결과 상원의 조직에 관한 법률 더 나아가 공권력의 조직에 관한 법률의 제정 작업은 좌초할 위기에 처해졌다. 왜냐하면 중도우파의 공화국에 대한 양보의 대가는 보수적인 상원이었는데, 공화주의적 입장을 대변하는 파스칼 뒤프라의 수정안의 가결은 이와 같은 중도우파의 입장에 완전히 배치되는 것이기 때문이다.

(2) 2월 12일 회의 - 헌법제정 작업의 위기

1) 파스칼 뒤프라의 수정안의 가결에 대한 국민의회 내부의 반응

1875년 2월 12일 회의에서 상원의 조직에 관한 법률안에 대한 의사일정이 시작되자마자 위원회의 보고자인 앙토냉 르페브르 퐁탈리스는 어제 가결된 수정안은 하원과 상원을 동일한 뿌리에서 선출하는 것이기 때문에 위원회의 입장과 상반된다는 견해를 표명했다.[104] 그리고 국방장관(ministre de la guerre)이자 국무회의 부의장(vice - président du conseil)인 씨세 장군(général de Cissey)도 파스칼 뒤프라의 수정안에 대한 정부 측의 우려를 나타냈다.

이어서 '중도우파의 분리파'(centre droit dissident)를 대표해서 샤레이롱(Charreyron)은 하원과 동일하게 상원이 보통선거를 통해서 선출되는 것은 인정할 수 없으며, 상원에 관한 법률안을 세 번째 토의로 통과하는 것을 거부할 것이라는 입장을 전했다. 그 결과 중도파들의 협약은 파기되었으며, 헌법제정 작업은 극도의 혼란에 빠지게 되었다.

그렇지만 베랑제(Bérenger)와 바르두(Bardoux)는 이와 같은 교착상태를 타개하고자 타협적인 수정안들을 제출했다. 우선 베랑제는 제2조로 규정될 추가적 조항(article additionnnel)으로 "그렇지만, 예외적으로 상원을 최초로 구성할 경우에 전체 상원의원수의 1 / 3은 피선거 자격과 동일한 조건으로 명부투표제에 따라 국민의회에서 선출된다."라는 수정안을 제출했지만, 채택되지 않았다.

그리고 바르두는 제1조에 대한 수정안으로 "각도는 명부투표제를 통하여 다음과 같이 규정된 피선거 자격에 따라 3명의 상원의원을 선출한다."라는 법률안을 제출했으며, 이는 342표의 찬성과 322표의 반대로 가결되었으며, 전날 회의에서 통과된 파스칼 뒤프라의 수정안과 합쳐져 "제1조 상원은 선거로 임명된다. 상원은 하원과 동일한 유권자에 의해 임명된다. 각 도는 명부투표제를 통하

---

104) Séance du 12 Février 1875, *Annales de l'Assemblée Nationale*, pp. 483 - 484.

여 다음과 같이 규정된 피선거 자격에 따라 3명의 상원의원을 선출한다."라는 규정으로 다시 표결에 회부되었다. 그리고 이 조항은 366표의 찬성에 235표의 반대로 채택되었다.

2) 그 밖의 조항에 대한 토의

이어서 위원회의 법률안 제2조 – "40세 미만인 프랑스인이고, 민사적 · 정치적 권리를 향유하지 않는 한 상원의원이 될 수 없다." – 에 대한 토의로 넘어갔으며, 이 제2조에 대해 제출된 바르두의 수정안 – "40세 미만이고, 민사적 · 정치적 · 가족적 권리를 향유하지 않는 한 상원의원이 될 수 없다." – 은 토의 없이 거수로 가결되었으며, 바르투의 수정안 제3조 – "다음과 같은 사람들만 상원의원으로 선출될 수 있다. 1° 하원의원, 2° 이전의 헌법제정 국민의회와 입법의회의 의원, 3° 도의회의원, 4° 각료와 이전의 각료, 대사, 그리고 전권공사, 5° 국참사원 위원, 파기원 위원, 회계감사원 수석위원, 6° 프랑스 학사원 회원, 7° 의사협회 회원, 8° 상업 · 농업 · 산업에 관한 고등위원회에 의해 임명된 회원, 9° 대주교와 주교, 10° 루터교와 개신교 장로회의의 수장들, 11° 프랑스의 이스라엘 중앙장로회의의 수장과 대제사장, 12° 예비역이나 은퇴를 한 총사령관, 해군사령관, 장성, 의무수행 중인 육군과 해군의 고위관료들, 알제리와 세 개의 대식민지의 총독, 13° 시의회의원으로서 적어도 2번 선출된 다음에 인구가 3만 명 이상인 시에서 선출된 시장, 14° 대학, 토목과, 광업국, 조선공화과의 총감독관, 15° 프랑스 국립중앙은행의 총재, 부총재, 이사, 16° 상공회의소 소장." – 에 대한 표결이 있었으며, 이는 거수로 가결되었다. 그 결과 위원회의 법률안 제3조, 제4조, 제5조, 제6조, 제7조, 제8조는 쓸모가 없게 되었다.

계속해서 "벨포르 자치구, 알제리 도, 레위니옹섬, 과달루프섬, 그리고 마르티니크섬은 각각 한 명의 상원의원을 선출한다."는 제4조, "도에 의해 선출된 상원의원은 임기가 9년이며, 3년마다 1/3식 개선된다. 1/3씩 변경되는 경우 모든 공석에 대한 충원이 이루어진다."는 제5조, "상원의원은 봉급과 세비를 받지 않는다."는 제6조, "상원은 하원과 협력하여 법률제정의 발의권을 가진다. 그렇지만, 재정에 관한 법률은 우선 하원에 제출되어야 한다."는 제7조, "상원은 국가적 안전에 관한 침해에 대한 범죄가 있는 경우 공화국 대통령이나 각료들을 심판하기 위한 법정으로 구성된다."는 제8조, "국민의회가 그 해산을 위해서 정한 시기보다 한 달 앞서 상원의원 선거가 실시된다. 상원은 국민의회가 해산되는 바로 그날 그 활동을 시작하며, 구성된다."는 제9조는 별다른 토의 없이 가결되었다.

3) 세 번째 토의로의 이송부결

모든 조문이 가결된 후 국민의회 의장은 가결된 법률안을 세 번째 토의로 넘기는 부표를 실시했다. 하지만 이 투표는 345표의 찬성에 368반대로 부결되었다. 그 결과 상원의 조직에 관한 법률, 나아가 헌법적 법률의 제정 작업 자체도 전부 무효화될 위기에 처하게 되었다.

이와 같은 혼란 속에 앙리 브리송(Henri Brisson, 1835~1912)은 현재의 국민의회는 프랑스에 헌법과 정부를 설립하려는 그 임무를 완수하지 못했으며, 따라서 현재의 국민의회는 어떠한 위엄도 존재하지 않음을 지적하면서 "도의 유권자들은 현재의 법률에 따라 다음 4월 달의 첫 번째 일요일에 새로운 국민의회를 선출하기 위해서 소집된다."라는 법률안을 긴급(urgence)으로 제안했다.

앙리 브리송의 이와 같은 제안에 대해 와딩통은 앙리 브리송의 긴급제안을 거부하는 제안과 타협을 모색하는 새로운 상원에 관한 법률을 제출하였으며, 보트랭(Vautrain) 역시 새로운 상원에 관한 법률안을 제출하면서 타협적인 해결책을 모색했다. 그리고 이와 같은 노력에 동조하여 빅토르 르프랑(Victor Lefranc, 1809~1883)은 애국심을 가지고 다시 헌법제정 작업에 착수할 것을 주장했으며, 외무부장관(ministre des affaires étrangères)인 데가즈 공작(duc Decazes)도 1873년 3월 13일 법률의 규정에 따라 공권력의 이양과 선거 법률을 제정하기 전에는 국민의회가 해산되지 않는다는 점을 주장했다.

결국 이와 같은 혼란된 상황 속에서 국민의회는 브리송의 긴급제안을 257표의 찬성과 390표의 반대로 거부했으며, 와딩통과 보트랭의 법률안은 헌법적 법률위원회로 이송했다.

(3) 타협의 시도 - 발롱 수정안에 대한 각 당파의 지지

파스칼 뒤프라에 의해 제출된 수정안의 가결은 제3공화국의 헌법을 완성하려는 중도우파와 중도좌파 간의 합의에 대한 암초로 작용하였다. 하지만 공화국 대통령인 맥마옹과 중도파는 상황이 파국으로 치닫는 것을 원치 않았다. 왜냐하면 헌법적 법률의 제정 작업이 실패됨으로 새로운 국민의회 구성은 점점 더 그 세력을 넓히고 있는 보나파르티스트들에게 좋은 기회를 주기 때문이다. 따라서 중도우파와 중도좌파는 타협을 하지 않을 수 없었다.

최종적인 법률을 위한 타협은 개선문 부근의 두 호텔을 사이에 두고 처남과 매부 간인 우파인 오디프레 파스키에 공작과 좌파의 카시미르 페리에르 사이에서 시작되었다. 우선 우파는 2월 17일 그들의 요구조건으로 전체 250명의 상원의원 중 175명의 상원의원은 코뮌의 대표와 도의회·구의회의 선거인단에 의해 한 도에 2명, 알제리와 식민지의 경우 3명이 지명되어야 하며, 다른 75명은 공화국 대통령이 지명해야 한다는 점을 제안했다.

다음날인 2월 18일 목요일 카시미르 페리에르의 집에 모인 좌파는 첫째, 새로운 상원의원 50명을 가장 인구가 많은 도에 분배를 함으로써 상원의원의 숫자를 증대시킬 것, 둘째, 75명의 종신상원의원(inamovibles)은 공화국 대통령이 아닌 국민의회에서 임명할 것, 셋째, 가장 인구가 많은 코뮌의 시의회에 가장 많은 수의 대표가 할당되어야 한다는 점을 조건으로 제시했다.

이와 같은 조건은 곧바로 인접해 있는 오디프레 파시키에 공작이 머무는 호텔로 전해졌으며, 여기서 문제의 핵심은 75명의 종신상원의원의 임명에 관한 것이었다. 왜냐하면 종신상원의원을 공화국 대통령이 임명하느냐, 아니면 국민의회에 의해 임명되느냐 하는 문제는 근본적으로 입법권 대 집행권, 나아가 군주제와 공화국의 체제의 근본적인 성격의 문제와 직결된 것인 만큼 중요한 문제이기 때문이다.

그리고 여기서 좌파가 제시한 타협조건은 우파로서는 받아들이기 힘든 조항이었지만, 우파는 상황이 파국으로 치닫는 것을 원치 않았으며, 이와 같은 우파의 의지는 데가즈 공작과 샤보 라 투르 장군(général de Chabaud La Tour)에 의해 실천되었다. 즉 이 무렵 데가즈 공작과 샤보 라 투르 장군(général de Chabaud La Tour)은 오디프레 파스키에 공작에게 자신들이 공화국 대통령인 맥마옹을 설득해서 양보를 끌어내도록 하겠다고 했고, 이와 같은 소식에 따라 뵐롱은 서둘러 상원의 조직에 관한 법률안을 작성했던 것이다. 뵐롱에 의해 작성된 상원의 조직에 관한 법률안은 다음과 같다.

"제1조 상원은 300명의 상원의원으로 구성된다. 225명의 상원의원은 도와 식민지에서 선출되며, 75명의 상원의원은 국민의회에서 선출된다.
　제2조 Seine와 Nord 도는 각각 5명의 상원의원을 선출한다. Seine - Inférieure, Pas - de - Calais, Gironde, Rhône, Finistère, Côtes - du - Nord 도는 각각 4명의 상원의원을 선출한다. Loire - Inférieure, Saône - et - Loire, Ille - et - Vilaine, Seine - et - Oise, Isère, Puy - de - Dôme, Somme, Bouches - du - Rhône, Aisne, Loire, Manche, Maine - et - Loire, Morbihan, Dordogne, Haute - Garonne, Charente - Inférieure, Calvados, Sarthe, Hérault, Basses - Pyrénées, Gard, Aveyron, Vendée, Orne, Oise, Vosges, Allier 도는 각각 3명의 상원의원을 선출한다. 다른 모든 도는 2명의 상원의원을 선출한다. 벨포르군과 알제리의 세 개의 도, 마르티니크, 과달루푸, 레위니옹, 프랑스령 인도의 네 개의 식민지는 각각 한 명의 상원의원을 선출한다.
　제3조 도와 식민지의 상원의원은 도와 식민지의 도청소재지에 소집된 선거인단 - 하원의원, 도의회의원, 군의회의원, 코뮌의 유권자 중 시의회 당 한 명의 대표자 - 에 의해 명부투표제를 통한 절대 다수로 선출된다.
　제4조 국민의회에 의해 임명될 상원의원은 명부투표제에 의해 투표의 절대 다수로 선출된다.
　제5조 도와 식민지의 상원의원은 임기가 9년이며, 3년마다 1 / 3씩 개선된다. 첫 번째 회기 초에 모든 도는 3가지 종류로 분리되며, 분리된 모든 도는 각각 동일한 숫자의 상원의원들로 포함된다. 추첨을 통하여 3년

주기의 첫 번째와 두 번째 기간의 만료시에 개선될 종류가 지정된다.

제6조 국민의회에 의해 선출된 상원의원은 종신신분보장이 된다. 사망, 사임 또는 다른 이유가 있는 경우에 상원 자신에 의한 상원의원 충원이 이루어진다.

제7조 상원은 하원과 공동으로 법률안을 발의하며, 법률을 제정을 한다. 그렇지만, 재정에 관한 법률은 하원에 우선적으로 제출되며, 하원에 의해서 가결된다.

제8조 상원은 공화국 대통령 또는 각료의 국가적 안전에 대해 행해진 범죄를 심판하고, 심리하기 위해서 법정으로 조직될 수 있다.

제9조 국민의회가 그 해산을 위해서 정한 시기보다 한 달 전에 상원선거가 치러진다. 상원은 국민의회가 해산하는 날에 그 활동을 개시하며, 구성된다."

한편 **뿔롱** 수정안이 작성될 무렵 공화국 대통령인 맥마옹이 종신 상원의원 임명권을 양보했다는 소식이 베르사유에 전해졌으며, 작성된 상원의 조직에 관한 **뿔롱**의 법률안에 대해서 중도좌파와 중도우파는 동의했다. 하지만 이와 같은 중도파의 동의결정에도 불구하고 좌파가 어떤 결정을 내릴 지 알 수 없었다. 왜냐하면 1848년에 제안된 수정안처럼 개인적 권력을 혐오하는 좌파의 대표적인 정치인인 그레비는 공화국 대통령이라는 제도 자체를 혐오했기 때문이다.

그러나 좌파에서도 타협의 의지는 확연했다. 좌파들은 그들 간의 모임에서 중도좌파(centre gauche)는 **뿔롱**의 법률안에 대한 어떠한 변경도 거부한다는 입장을 밝혔으며, 좌파(gauche) 역시 **뿔롱**의 법률안을 위해 투표할 것이며, 다른 모든 수정안을 배제할 것이라는 입장을 밝혔다. 그리고 공화파연합(l'Union républicaine)의 모임에서도 강베타의 의지에 따라 **뿔롱**의 법률안에 대한 동의가 있었다. 이로써 상원에 관한 법률의 마지막 저항은 무너지게 되었으며, 국민의회의 본회의에서 확정하는 일만 남게 되었다.

(4) 2월 22일 회의 – 상원의 설치와 권한에 관한 **봘롱법률안의 토의**

봘롱은 2월 22일 회의에서 그의 법률안에 대해 긴급처리(urgence)를 주장했으며, 이는 이전에 존재했던 위원회의 법률안에 대한 두 번의 토의를 무효화시킨다는 의미와 새로운 법률안에 대한 토의의 시작을 알리는 성격을 가진다.

1) 위원회의 두 번째 보고서와 법률안의 제출

2월 22일 회의가 시작되자 헌법적 법률에 관한 위원회의 보고자인 앙토냉 르페브르 퐁탈리스는 새로운 보고서를 통해서 무익한 저항을 계속했다. 보고자는 여전히 "수의 폭력에 대한 억제책"으로서의 상원을 주장했으며, 공화국 대통령 자신조차 포기한 공화국 대통령의 75명의 종신상원의원의 임명권 등을 주장했다. 그러나 위원회의 보고서와 법률안은 최종적인 법률의 관점에서 큰 의미를 지니지 못했으며, 곧바로 봘롱의 법률안에 대한 검토로 넘어가게 된다.

2) 상원의 조직에 관한 법률안의 본격적인 토의

봘롱은 자기의 수정안을 긴급 토의할 것을 요구했으며,[105] 이 요구는 수락되었다. 따라서 국민의회 의장인 뷔페는 토의하게 될 **봘**

---

105) 1875년 2월 22일 회기에서 국민의회 의장인 M. Buffet는 "긴급선언(l'urgence)"은 정부 제출 법률안이나 의회제출 법률안이나 법률안의 제출시에 심지어 위원회에 의해서 법률안에 대한 검토가 이루어지기 이전에 행해질 수 있으며, 따라서 보고서의 제출이나 낭독 이후는 물론이고 첫 번째나 두 번째 토의는 물론이고 심지어 세 번째 토의와 같은 의회의 모든 절차가 진행되는 동안 가능하다고 했다. Séance du 22 Février 1875, *Annales de l'Assemblée Nationale*, p. 563.

롱의 반대법률안 제1조 - "제1조 상원은 300명의 상원의원으로 구성된다. 225명의 상원의원은 도와 식민지에서 선출되며, 75명의 상원의원은 국민의회에서 선출된다." - 를 낭독했다.

그러나 중도파에 의해서 합의된 제1조에 대해서는 폴 고탱(Paul Cottin)은 "상원은 300명의 상원의원으로 구성된다. 상원의원은 공화국 대통령에 의해 임명된다. 상원의원은 법률에 의해 지명된 상당한 범주의 시민들 중에서 선택된다. 상원의원은 종신신분이 보장된다."라는 조항의 토의를 요구했지만, 이는 받아들여지지 않았으며, 브레이 드 생제르맹(Breuil de Saint-Germin)도 "상원은 도와 식민지에서 선출된 300명의 상원의원으로 구성된다."라는 수정안의 심의를 요구했지만, 받아들여지지 않았다.

따라서 뷜롱의 반대법률안 제1조는 422표의 찬성과 261표의 반대로 가결되었다.

(5) 2월 23일 회의 - 상원의원의 지역적 배분과 선거문제

1) 뷜롱의 반대법률안 제2조와 제3조에 대한 토의

2월 23일 회의가 시작되자마자 라울 뒤발은 "상원의원은 국민의회 의원들 중에서 선출될 수 없다."라는 수정안 심의를 요구했지만, 채택되지 않았다.

이어서 국민의회 의장은 곧바로 뷜롱의 반대 법률안 제2조 ― "제2조 Seine 와 Nord 도는 각각 5명의 상원의원을 선출한다. Seine - Inférieure, Pas - de - Calais, Gironde, Rhône, Finistère, Côtes - du - Nord 도는 각각 4명의 상원의원을 선출한다. Loire - Inférieure,

Saône – et – Loire, Ille – et – Vilaine, Seine – et – Oise, Isère, Puy – de – Dôme, Somme, Bouches – du – Rhône, Aisne, Loire, Manche, Maine – et – Loire, Morbihan, Dordogne, Haute – Garonne, Charente – Inférieure, Calvados, Sarthe, Hérault, Basses – Pyrénées, Gard, Aveyron, Vendée, Orne, Oise, Vosges, Allier 도는 각각 3명의 상원의원을 선출한다. 다른 모든 도는 2명의 상원의원을 선출한다. 벨포르군과 알제리의 세 개의 도, 마르티니크, 과달루프, 레위니옹, 프랑스령 인도의 네 개의 식민지는 각각 한 명의 상원의원을 선출한다." – 를 낭독했으며, 제2조에 대해서 장 브뤼네(Jean Brunet)는 파리와 Seine도를 너무 희생시키지 않기 위해서 "도와 식민지에 의해 임명된 상원의원은 다음과 같이 배분된다. Seine도에 6명, Nord도에 5명. 그 이하는 봘롱의 반대법률안과 동일."이라는 수정안을 제출하지만, 채택되지 않았으며, 봘롱의 반대법률안 제2조는 토의 없이 채택되게되었으며, 제3조 – "40세 미만의 프랑스인이 아니거나, 시민적·정치적 권리를 향유하지 않는 한 상원의원이 될 수 없다." – 도 토의 없이 채택되었다.

2) 봘롱의 반대법률안 제4조에 대한 토의

이어서 제4조 – "도와 식민지의 상원의원은 도와 식민지의 도청 소재지에 소집된 선거인단 – 하원의원, 도의회의원, 군의회의원 – 에 의해 명부투표제에 의한 절대 다수로 선출된다." – 에 대한 토의가 있었으며, 이에 대해서 라울 뒤발은 깡통(Canton)의 소재지에서 유권자들의 소집이 이루어질 것과 "Des délégués élus, un par chaque conseil municipal, parmi les électeurs de la commune."라는 조문 뒤에 "(정부에 의해 임명된 시장과 부시장이 아닌)autres que les maires et adjoints nommés par le Gouvernement."이라는 문구를 붙이고, 이어서 "시위원회에 의해 다스려지는 코뮌에서의 대표자는 시선거 인 명부에 등록된 유권자에 의해 직접 선출된다."라는 조문을 추가 할 것을 주장했지만, 거부되었다.

그리고 드 클레르크(de Clerq)는 "도와 식민지의 상원의원은 도 와 식민지의 군청소재지에 소집된 선거인단 – 하원의원, 도의회의 원, 군의회의원, 코뮌의 유권자 중 시의회당 한 명의 대표자 – 에 의해 명부투표제에 따른 절대 다수로 선출된다."라는 수정안을 제 출했지만, 308표의 찬성과 384표의 반대로 채택되지 않았다. 따라 서 제4조의 첫 번째 문단은 원안대로 채택되었다.

이어서 토의는 제4조의 두 번째 문단 – "코뮌의 유권자 중 시의 회당 한 명의 선출된 대표자." – 으로 넘어갔으며, 제4조의 두 번째 문단에 대해서 장 브뤼네의 "4° 상원의원은 각 코뮌의 대표자들에 의해 선출된다. 각 코뮌의 대표자들의 수는 다음과 같이 정한다. 즉 주민의 수가 12,000명 미만의 경우 1명, 주민의 수가 12,000에 서 50,000명 까지는 2명, 주민의 수가 50,000에서 140,000명까지 는 3명, 주민의 수가 140,000에서 300,000명 까지는 4명, 주민의 수가 300,000명을 넘어서는 경우 5명의 대표자를 선출한다. 이와 같은 비율 규칙은 각 아홍디스망의 4개구에서는 지방참사관에 의 해 선거가 실시되는 파리의 20개의 아홍디스망에 적용된다."라는 수정안이 제출되었지만, 채택되지 않았다. 따라서 제4조의 두 번째 문단은 봘롱의 원래 법률안대로 통과되었다.

이어서 위원회는 제4조에 대한 추가적 조항(proposition additionnelle)으로 "프랑스령 인도의 경우 식민지 위원회 또는 지방 위원회가 도의원, 군의원, 지방의회의 대표자를 대신한다. 이들은 각 지역의 도청소재지에서 투표한다."라는 조항을 제안했다. 이에 대해 **봘롱**은 이를 받아들이겠다는 입장을 취했으며, 이는 표결에 부쳐져서 채택되었다.

이어서 레오폴트 리메이락(Léopold Limayrac)은 "투표는 의무적이다. 치안판사가 투표의 불참이유를 인정하지 않은 유권자들은 최소 100프랑, 최대 300프랑에 이르기까지의 벌금형에 처해질 수 있다."라는 부가적 조항을, 라울 뒤발은 "코뮌의 대표자들은 배심원에게 지급되는 것과 동일하게 계산된 교통비를 지급받는다."라는 부가적 조항을 제출했지만 둘 다 채택되지 않았다. 결국 제4조 전체법률안은 431표의 찬성과 236표의 반대로 가결되었다.

3) 봘롱의 반대법률안 제5조에 대한 토의 - 국민의회에 의한 상원의원 선출방법

이어서 국민의회는 제5조 - "국민의회에 의해 임명된 상원의원은 명부투표제에 의한 투표의 절대 다수로 선출된다." - 는 조항에 대한 토의로 들어갔다.

제5조에 대해서 우선 마르시알 델피(Martial Delpit)는 추가적 조항(disposition additionnelle)으로 "공화국 대통령에 의해 제출된 후보자의 이 중명부에 대해서"라는 문구를 제출했으며, 이는 위원회의 보고자의 요구에 따라 위원회로 이송되었다. 그리고 라울 뒤발

은 "상원의원과 하원의원은 동일하게 겸직이 금지된다."는 조항을 제출했지만, 채택되지 않았으며, "행정부의 공무원은 그가 업무를 수행하는 도에서 선출될 수 없다."는 뢰랑(Leurent)의 수정안도 채택되지 않았다.

4) 발롱의 반대법률안 제6조, 제7조, 제8조, 제9조, 그리고 제10조에 대한 토의

이어서 제6조 "도와 식민지의 상원의원은 임기가 9년이며, 3년마다 1/3씩 개선된다. 첫 번째 회기 초에 모든 도는 3가지 종류로 분리되며, 분리된 모든 도는 각각 동일한 숫자의 상원의원들로 포함된다. 추첨을 통하여 3년 주기의 첫 번째와 두 번째 기간의 만료시에 개선될 종류가 지정된다.", 제7조 "국민의회에 의해 선출된 상원의원은 종신신분이 보장된다. 사망, 사임 또는 다른 이유가 있는 경우에 상원 자신에 의한 상원의원의 충원이 이루어진다.", 제8조 "상원은 하원과 공동으로 법률안을 발의하며, 법률을 제정한다. 그렇지만, 재정에 관한 법률은 하원에 우선적으로 제출되며, 하원에서 가결된다.", 제9조 "상원은 공화국 대통령 또는 각료의 국가적 안전에 대한 범죄를 심판하고, 심리하기 위해서 법정으로 조직될 수 있다.", 제10조 "국민의회가 그 해산을 위해서 정한 시기보다 한 달 전에 상원 선서가 치러진다. 상원은 국민의회기 해산하는 날에 그 활동을 개시하며, 구성된다."는 규정에 대해서는 토의 없이 가결되었다.

그리고 라울 뒤발이 제안한 추가적 조항인 "현재의 법률은 다른

헌법적 명령에 관한 규정과 동일하게 보통선거를 통한 비준이 있은 후에야 만 효력이 있다. 이를 위해서 현재의 법률은 프랑스의 각 코뮌에 2주일 동안 공포되고, 게시된다."는 수정안에 대한 검토로 들어갔으나, 라울 뒤발의 수정안은 채택되지 않았다. 그리고 **빨롱과 보(Beau)**는 이미 두 번째 토의를 거친 공권력에 관한 법률의 마지막 조항이기도 했던 "현재의 법률은 공권력에 관한 법률이 최종적으로 가결된 다음에만 공포된다."는 조항을 추가적 조항으로 제안했으며, 이는 채택되었다.

(6) 2월 24일 회의 – 전체법률안의 가결

2월 24일 상원의 조직에 관한 법률안의 마지막 토의에 들어간 국민의회는 우선 2월 23일 회의에 위원회로 이송된 마르시알 델피의 추가적 조항 – "상원의원은 공화국 대통령에 의해 제출된 이 중의 후보자명부에서 선출된다." – 에 대한 토의에 들어갔으나, 위원회의 보고자인 아메데 르페브르 퐁탈리스(Amédée Lefèvre – Pontalis)는 위원회는 이 수정안을 받아들이지 않겠다는 뜻을 전했으며, 211표의 찬성과 361표의 반대로 거부되었다. 따라서 **빨롱**의 반대법률안 제5조는 토의 없이 가결되었다.

결국 국민의회는 전체 법률안에 대한 표결로 들어갔으며, 상원의 조직에 관한 법률은 435표의 찬성과 234표의 반대로 가결되었다.[106]

중도우파의 중도좌파에 대한 타협조건으로서의 성격을 가지는 상원의 조직에 관한 법률은 헌법제정 작업을 방해하려는 세력에

---

106) Séance du 24 Février 1875, *Annales de l'Assemblée Nationale*, p. 616.

의해 한 때 위기에 처한 적이 있으나, 국민의회의 해산에 대한 두려움과 헌법제정 작업을 완성하고자 하는 중도파의 확고한 의지 때문에 가결되게 된다.

법률의 제정 과정상 드러난 상원의 조직에 관한 법률의 최대의 쟁점은 75명의 종신상원의원의 임명권자가 누가 되느냐 하는 문제였다. 공화국 대통령에 의한 임명이냐, 국민의회에 의한 임명이냐는 헌정 체제의 성격을 결정하는 중요한 문제이기 때문에 우파와 좌파는 서로 타협하기 어려운 문제였지만, 공화국 대통령의 양보로 75명의 종신상원의원의 임명은 국민의회에 의해 이루어지도록 규정하게 되었다. 그리고 이를 통해서 상원의 조직에 관한 법률은 큰 어려움 없이 가결되게 되며, 오를레앙적(이원적) 의원내각제의 중요한 표지인 상원은 제3공화국 헌정체제에서 확고한 자리를 차지하게 된다.

제3항 공권력의 관계에 관한 법률

공권력의 조직에 관한 법률과 상원의 조직에 관한 법률이 제정된 후 수개월이 지난 다음 제정된 공권력의 관계에 관한 법률은 앞선 두 개의 헌법적 법률과는 달리 열띤 논쟁이 없다. 왜냐하면 우파와 좌파의 각각의 입장을 대변하는 군주제냐 공화정이냐에 대한 근본적인 체제의 대강은 이미 위의 두 개의 법률을 통해서 확정되었으며, 이 당시 국민의회는 계속된 헌법제정 작업으로 너무나 지쳐있었기 때문이다.

하지만 공권력의 관계에 관한 법률은 이미 제정된 두 개의 헌법적 법률에 대한 각론적인 성격을 가지는 법률이며, 제3공화국의 체계의 근본적인 구성은 바로 공권력의 관계에 관한 법률을 통하여 비로소 완성되게 된다.

I   뒤포르의 법률안 제출과 30인 위원회의 구성

공권력의 관계에 관한 법률의 제정절차의 시작은 1875년 5월 18일의 뒤포르의 헌법적 법률에 대한 두 개의 보충적 법률 – 공권력의 관계에 관한 법률, 상원의원의 선출에 관한 법률 – 의 제안부터 시작된다. 이 가운데 상원의원 선출에 관한 법률안은 별도의 조직 법률의 지위를 차지하게 되므로, 아래에서는 제3공화국 헌법의 한 축을 이루는 공권력의 관계에 관한 법률의 입법과정을 살펴보고자 한다.

1. 이유서

법률안의 이유서(Exposé des motifs)는 이전까지의 헌법제정 작업이 완성된 것이 아님을 밝히면서, 새로운 헌법적 법률의 제정필요성을 설명한다.

"프랑스에서 입법권은 상원과 하원에 의해서 행사되며, 공화국 대통령이 집행권을 행사한다는 점에 대해서는 헌법적으로 선언되었으며, 공화국 대통령의 지명방식에 대해서는 이미 규정되었습니다. 그렇지만, 양원에 대해서는 사정이 다릅니다. 즉 양원이 선출된다는 것에 대해서는 이미 규정이 되어 있지만, 양원의 선출조건은 특별한 법률에 의해 정해져야 합니다. 그리고 이와 같은 특별한 법률들이 만들어지지 않는다면, 여러분들의 헌법은 단지 이론적인 권위만 가질 것이며, 국민들에게 있어서 살아있는, 그리고 실제적인 법률이 되지 못할 것입니다. 따라서 여러분들은 어떻게 상원의원과 하원의원이 선출되는지에 대해서 대답을 해야 합니다."

그러나 이유서는 앞선 헌법적 법률의 경우와 같이 법률안에 대한 자세한 설명은 하지 않고 법률내용을 한 번 더 나열하는 수준에 그치기 때문에 공권력의 관계에 관한 법률의 제정 의도를 알기 위해서는 뒤에서 검토하게 될 새로운 30인 위원회의 보고서를 살펴보는 것이 바람직하다. 따라서 아래에서는 정부가 제출한 법률안을 소개하는 것에 그치고자 한다.

2. 법률안

정부가 제출한 법률안(Projet de loi)은 어떤 새로운 제도의 도입으로서의 성격보다는 이전에 프랑스 헌정사를 통하여 정립된 제도의 종합과 절충으로서의 성격을 가지며, 이전에 존재한 제도와의 차이점에 대해서는 다음에 살펴볼 위원회의 보고서에 충실히 소개되어 있다. 정부가 제출한 법률안은 다음과 같다.

"제1조 상원과 하원은 공화국 대통령에 의한 사전의 소집통지가 없는 한, 매년 1월의 두 번째 화요일에 소집된다. 양원은 매년 적어도 5달의 회기로 소집된다. 하나의 원의 회기는 다른 원의 회기와 동시에 시작되며, 동시에 종료된다.

제2조 공화국 대통령은 폐회를 선언한다. 공화국 대통령은 예외적으로 의회를 소집할 권한을 가진다. 각원을 구성하는 구성원의 과반수의 요구가 있을 경우 의회는 소집되어야 한다. 공화국 대통령은 휴회할 수 있다. 그렇지만, 휴회는 한 달의 기간을 넘을 수 없으며, 동일 회기에 두 번 이상 할 수 없다.

제3조 통상적인 회기기간 외에 개최된 양원 중의 한 원의 어떠한 모임도 상원이 법원으로 구성되어 단지 사법적인 권한만을 행사하는 경우를 제외하고는 불법적이며, 정당하지 않다.

제4조 상원과 하원의 회기는 공개된다. 그럼에도 불구하고, 상원과 하원은 상원과 하원의 의장이나 10명의 의원들의 요구에 따라 비공개 위원회로 구성될 수 있다. 상원과 하원은 각각 절대 다수의 요구에 따라 동일한 문제에 대해서 회기를 공개할 것인지에 대해 결정한다.

제5조 공화국 대통령은 각료에 의해 연단에서 낭독되는 교서를 통해 양원과 연락한다. 각료들은 양원에 출입하고, 양원의 요구가 있는 경우 답변한다. 각료들은 공화국 대통령의 데크레가 정하는 법률안의 토의를 위해서 관련 정부위원의 도움을 받을 수 있다.

제6조 공화국 대통령은 최종적으로 채택된 법률이 정부로 이송된 다음 달 내로 법률을 공포한다. 공화국 대통령은 각각의 원의 명시적인 투표를 통해서 긴급하다고 선언하는 법률에 대해서는 3일 내에 공포해야 한다. 공포를 위해 정해진 기간 동안 공화국 대통령은 정당한 이유 있는 교서를 통해서 새로운 토의를 양원에 요구할 수 있으며, 이는 거부될 수 없다.

제7조 공화국 대통령은 조약을 협상하고, 체결한다. 공화국 대통령은 국가의 이익과 안전이 이를 허용하는 한 빨리 양원에 조약의 협상과 체결에 대해서 알려야 한다. 통상조약, 국가의 재정에 관한 조약은 양원에 의해 가결된 후에야 만 최종적이 된다. 어떠한 영토의 할양, 교환, 부속도 법률에 의하지 않고는 이루어질 수 없다.

제8조 상원과 하원은 그 구성원의 피선거 자격과 그 선거의 적법성에 대한 심사를 한다. 상원과 하원만이 그 구성원의 사임을 받는다.

제9조 상원과 하원의 집행부는 회기기간 동안, 그리고 다음해의 정기회 전에 있을 모든 임시회를 위해서 매년 선출된다. 양원이 국민의회로 소집될 때, 그들의 집행부는 상원의 의장, 부의장, 비서로 구성된다.

제10조 공화국 대통령은 하원에 의해서만 소추될 수 있으며, 상원에 의해서만 심판될 수 있다. 각료들은 그들의 직무수행상 행한 범죄로 인하여 하원에 의해 소추될 수 있다. 이 경우에 각료들은 상원에 의해 심판된다. 상원은 국가적 안전에 대한 침해로 고소당한 모든 사람들을 심판하기 위해서 국무회의에서 내려진 공화국 대통령의 데크레에 의해 법원으로 구성될 수 있다. 만약 일반법원에 의해서 심리가 시작되었다면, 상원의 소집 데크레는 이송결정이전에 발할 수 있다. 하나의 법률이 소추, 심리, 판결의 실행방법을 정한다.

제11조 상원의원과 하원의원은 그들의 직무활동 중 그들에 의해서 표현된 견해와 투표를 이유로 소추되거나, 조사받지 않는다.

제12조 상원의원과 하원의원은 현행범의 경우를 제외하고, 회기 중 그가 속하고 있는 의회의 동의 없이는 범죄와 경범죄에 대해서 소추되거나 체포되지 않는다. 상원의원과 하원의원에 대한 구금과 소추는 회기동안, 그리고 그 회기가 진행되는 모든 기간 동안 각원의 요구가 있는 경우 중단된다."

3. 30인 위원회의 구성과 법률안의 위원회로의 이송

뒤포르는 그의 법률안을 제출하면서 30인 위원회로의 이송을 요구했지만, 헌법적 법률을 제정하는 임무를 맡았던 30인 위원회는 이미 활동하지 않는 기관이 되었기 때문에 새로운 30인 위원회가 선출되어야만 했다. 따라서 5월 21일 회의에서는 정부가 제출한 공권력의 관계에 관한 법률안을 새로이 구성된 30인 위원회로 이송할 것을 가결했으며,[107] 새로운 30인 위원회는 1875년 5월 25일에 구성되었다.

새로 구성된 30인 위원회는 좌파, 의견을 달리하는 중도우파(le centre droit dissident), 그리고 라베른(Lavergne)그룹의 연합 때문에 26명의 위원이 이들 연합된 세력으로 돌아갔으며, 우파와 중도우 파는 단지 4명의 위원만 선출되었다.

4. 위원회의 보고서와 법률안

공권력의 관계에 관한 법률은 앞에서 지적했다시피 국민의회 내 에서 열띤 토론과 빈번한 수정안 제출이 존재하지 않는다. 따라서 공권력의 관계에 관한 법률은 위원회의 보고서를 통해서 그 취지 와 내용을 보다 명확히 알 수 있다.

1875년 6월 7일에 있었던 회의에서 라불레이가 제출한 보고서 와 법률안의 내용은 다음과 같다.

(1) 법률의 목적[108]

보고서는 지난 1875년 2월 25일 임시정부체제를 끝내고 프랑스 의 헌정 체제로 공화국을 받아들였으며, 공권력 간의 상호관계에 대해서는 장래의 법률에 위임했음을 환기했다. 따라서 지금 제안하

---

107) Séance du 21 Mai 1875, *Annales de l'Assemblée Nationale*, p. 166.
108) 원래의 보고서에는 이와 같은 각각의 소제목은 없지만, 이해의 편의를 위해서 "Lois annotées ou Lois, décrets, ordonnances, avis du Conseil d'État"의 인용부분을 참조했다. *Lois annotées ou Lois, décrets, ordonnances, avis du Conseil d'État*, pp. 730 – 731.

는 이 법률은 헌법의 위치를 차지하며, 대부분의 규정들은 이전의 헌법들로부터 계수한 조항들이기 때문에 헌법적 법률을 제정하는 작업에는 큰 어려움이 없었다고 했다.[109]

(2) 일반회기제도와 대통령의 폐회선언권 및 의회소집권

이어서 보고서는 회기제도에 대한 검토로 들어갔다. 제3공화국 헌법의 타협적 성격을 나타내는 5달의 일반회기제도는 왕의 의사에 따른 회기의 선택이라는 군주주의적 요소와 회기의 상설성이라는 공화주의적 요소의 타협으로서의 성격을 가진다. 그리고 보고서는 공화국 대통령의 폐회선언권과 의회소집권, 각원의 1/3의 요구가 있는 경우 의회가 소집되어야 한다는 점에 대한 고찰을 하고 있다.

"위원회가 그 작성한 해산권에 관한 조항에 정부의 새로운 법률안은 의회의 필요시 소집하고, 회기를 연장하고, 휴회하는 권한을 추가합니다. 그리고 매년 정기회는 적어도 5달이며, 이와 같은 법적인 기간이 만료할 때 공화국 대통령은 폐회를 선언할 권한을 가지게 됩니다. 이는 입헌군주제하의 관행(usages)입니다. 이는 공화국에서는 새로운 권리라는 점을 숨길 수 없습니다. 현재까지 공화주의적 헌법에 있어서 우리는 국민주권의 위임은 법적으로 항상 상설적인 의회의 손에 있었으며, 회기를 연장하고, 휴회를 하는 권한은 의회만이 가진다는 것이 인정되었습니다. 양원을 설치한 혁명력 3년의 헌법은 1791년과 1848년의 헌법 못지않게 명백했습니다.[110] 그렇지만, 정부는 이와 같은 체제를 거부했습니다. 즉 정부의 법률안에 따르면 "상설성(permanence)"은 무수한 단점을 가지고 있습니다. 따라서 모든 입헌적인 나라들의 예가 이와 같은 검토를 우리에게 제시하지 않는다고 하더라도 단점들을 환기시키는 것은 어렵지 않습니다. 이와

---

109) Séance du 7 Juin 1875, *Annales de l'Assemblée Nationale*, Annexe n° 3073, p. 221.

110) 혁명력 3년 헌법 제59조 "Le Corps législatif est permanent: il peut néanmoins s'ajourner à des termes qu'il désigne."

같은 공화주의적 전통의 포기는 위원회 내부에서 엄청난 반대를 초래했습니다. 입법권을 집행권에 상당히 종속시킴으로써 군주주의적 체제의 모방을 더욱 진척시키는 것이 아닌지에 대한 의문을 제기했습니다. 또한 사람들은 7달 동안 프랑스를 의회의 대표자이자 집행권의 일시적인 소지자인 대통령의 수중에 두는 것이 어느 정도의 위험을 초래하는 것이 아닌지에 대해서 의문을 제기했습니다. 비록 현재가 우리에게 모든 보장을 주고 있으며, 우리는 맥마옹의 지혜와 애국심에 의지하고 있지만, 우리는 미래를 생각해야 하지 않을까요? 그리고 어떻게 정부에게 의회를 소집하는 약간은 지나친 권한과 필요시 내각과 대통령을 소추하고 심판하는 의회에 인정된 권한과의 조화를 이룰 수 있을까요? 따라서 우리는 심지어 공화주의적 체제의 본질적 요소로서 간주하는 원칙의 보존을 명백하게 강조했습니다. 위원회는 회기에 일반적인 기간을 정하는 것의 단점을 찾을 수가 없었습니다. 항상 국민들에게 숨 돌릴 틈을 주지 않는 것이 꼭 필요한 것은 아닙니다. 여론은 결국 의회의 토의와 대립에 지치기 마련입니다. 따라서 여론을 좀 쉬게 하는 것이 현명합니다. 뿐만 아니라, 위원회는 공화국 대통령에게 양원의 소집, 연기, 심지어 휴회를 할 수 있는 권한을 인정하는 데 동의했습니다. 이와 같은 권한은 때때로 해산을 예고하고, 또한 때때로 의식을 격하게 함으로써 해산을 초래하게 할 수 있는 미묘한 조치입니다. 그러나 위원회는 각각의 의회를 구성하는 과반수의 요구에 따라, 공화국 대통령이 예외적으로 의회를 소집하는 것을 규정한 제2조에 대해서는 이의를 제기했습니다. 이와 같은 절반이라는 숫자는 너무 지나친 것으로 판단되었습니다. 우리는 1/3이라는 숫자를 선택했습니다. 이 숫자는 어려울 수 있지만, 회기의 중간에 획득하기가 절대적으로 어려운 숫자는 아닙니다."

(3) 대통령의 사망이나 사임의 경우 양원의 소집

그리고 보고서는 제2조를 보충하기 위해서 공화국 대통령의 사망이나 사임의 경우 양원이 즉각 자동 소집되며, 공화국 대통령이 공석일 때 하원이 해산되는 경우 국민주권의 위임을 받은 기관인 상원이 선거인단을 소집한다는 제3조의 조문의 취지를 설명하고 있다.

"제2조는 우리가 보기에 완전한 것 같지 않습니다. 그래서 우리는 제2

조에 다음과 같은 제3조를 추가했습니다. 즉 "공화국 대통령의 사망이나 사임의 경우에, 양원은 즉각 자동 소집된다." 그리고 이 조항은 단지 집행권의 공백시 소집된 양원은 즉각적으로 새로운 대통령의 선출에 착수한다고 규정한 헌법 제7조의 보충입니다. 그러나 하원이 해산되어 있고, 새로운 하원이 아직도 선출되지 않은 경우 어떻게 될까요? 내각이 유권자들의 즉각적인 소집을 할 임무를 가질까요? 상원이 곧바로 소집되는 것이 나을까요? 이 마지막의 방책이 가장 현명한 것으로 우리는 판단했습니다. 따라서 국민주권의 나머지가 존재하는 것은 바로 상원의 수중입니다. 그러나 이 경우에 상원은 단지 임시적인 권한을 가지며, 어떠한 입법적인 활동을 할 수 없는 것은 당연합니다."

(4) 회기외 양원모임의 무효

보고서는 통상적인 회기기간 외에 개최된 양원의 모임은 무효이며, 이 경우 상원이 법정으로 구성되는 경우는 제외한다는 설명을 하고 있다.

"다음 조항은 정기회기외의 시기에 열리는 양원 중의 한 원의 모든 모임이 불법이며 정당하지 않음을 규정합니다. 여기에는 단지 상원이 법원 (cour de justice)이나 제3조에서 규정한 것처럼 임시적으로 활동하는 경우의 예외가 있습니다. 상황의 핵심에 대해서 위원회는 의견이 일치했습니다. 그러나 위원회의 몇몇 위원들은 법률에 이 조항을 삽입하는 것이 필요한지에 대해서 의문을 나타냈습니다. 이들은 어떤 경우에 애매함을 제공할 수 있으며, 위험이 존재하게 하여 의회로 하여금 신망을 잃게 하는 것이 아닌가에 대해서 염려했습니다. 반대로, 위원회의 다수는 양원의 권리와 의무를 명확하게 묘사하는 것이 바람직하다고 생각했습니다."

(5) 회기의 공개성

보고서는 양원의 회기는 공개되는 것이 원칙이지만, 각원의 의장 또는 10명의 의원들의 요구에 따라 비공개로 진행될 수 있다는 법률안 제5조의 취지에 대해서 설명하고 있다.

"제5조는 상원과 하원의 회기는 공개된다는 점을 규정합니다. 그리고 제5조는 다음과 같은 규정을 추가합니다. 즉 "그렇지만 상원과 하원은 상원과 하원의 의장 또는 10명의 구성원의 요구에 따라 비공개 위원회로 조직된다." 위원회는 이와 같은 원칙에 대해서는 찬성을 했지만 이와 같은 원칙을 헌법적 법률 속에 규칙을 두는 것은 바람직하지 않다고 생각했습니다. 따라서 위원회는 이와 같은 원칙은 상원과 하원의 내부규칙에 두어야 한다고 생각했습니다. 따라서 우리는 제5조의 두 번째 문단 다음에 다음과 같이 규정했습니다. 즉 "그렇지만 상원과 하원은 규칙에 의거하여 그 구성원의 상당수의 요구에 따라 비공개 위원회로 조직될 수 있다.""

(6) 양원에 대한 대통령의 재의요구권

보고서는 공화국 대통령에게 부여된 재의요구권이 미국헌법으로부터 영향을 받았지만, 프랑스의 대통령은 입법권의 침해로부터 자신을 방어할 수단이 없는 미국의 대통령과 다르기 때문에 공화국 대통령의 재의요구권에 의해 의회가 새로운 표결을 하는 경우 단순 다수결로 충분하다는 점을 지적하고 있다.

"제7조는 공화국 대통령에게 양원에 대해서 이유 있는 교서를 통하여 그가 보기에 문제 있는 법률에 대해서 새로운 토의를 할 권한을 인정합니다. 그리고 이 새로운 검토는 거부될 수 없습니다. 우리가 1873년 3월 13일에 가결한 법률로부터 빌려온 이 조항은 분명히 미국헌법으로부터 계수한 것입니다. 그러나 이 경우에 미국헌법은 대통령의 거부권행사에 따른 의회의 새로운 표결은 양원 중의 각각의 원에서의 2/3의 다수를 요구합니다. 따라서 단지 단순 다수를 요구함으로써 양원이 그들의 첫 번째 결정에서 그들의 자존심에 의해서건, 당파적인 정신에 의해서건 고집을 피우는 상황에 직면할 것이라는 점을 깨닫게 하기 위해서, 사람들은 이와 같은 조치를 채택할 것을 위원회에 제안했습니다. 이에 대해서 사람들은 미국대통령의 경우 입법권에 의한 침해에 대해서 자신을 방어할 어떤 다른 수단이 없다는 점을 지적했습니다. 미국대통령은 휴회를 하거나, 회기연장을 하거나, 의회를 해산시킬 권한이 없습니다. 따라서 미국대통령은 특별한 보호를 통해서 그 자신을 보호해야 합니다. 그러나 집행권이 아주 강력한 프랑스에서는 공화국 대통령에게 우월적인 행동을 가능하게 하고, 법률을 만드는 단순 다수결의 원칙에 반하는 특권을 주는 것은 너무 지나친 것이 아닌가요? 따라서 의회의 지혜 특히 상원의 신중함에 맡겨야 합니다. 즉 상원은 그 구성과 임기덕택에 아마도 중재자(modérateur)의 역할을 할 것입니다. 그리고 두 번의 토의와 두 번의 표결이라는 오랜 기간은 열정을 식히는 데 충분할 것이며, 미국에는 존재하지 않는 관계 각료(ministère responsable)와의 타협을 가져올 것이며, 결국에는 여론에 최종적으로 의사를 표명하는 것을 가능하게 할 것입니다. 따라서 위원회는 정부에 의해 제안된 법안을 유지했습니다."

(7) 국제조약

보고서는 공화국 대통령은 조약체결권이 있지만, 평화조약과 개인의 신분이나 외국에서 프랑스인이 행사하는 재산권에 대한 조약은 양원의 비준이 있어야 함을 설명하고 있다.

"제8조는 불충분하게 작성된 것 같았습니다. 그래서 위원회는 두 번째 문단을 수정했습니다. 우리는 공화국 대통령에게 조약을 협상하고, 수정하는 권한을 인정합니다. 우리는 공화국 대통령은 국가적 안전과 이익이 관계하는 경우 조약에 대해서 의회에 알려야 한다는 점을 인정하며, 그에게 비밀을 요구하는 경우에 대한 판단을 맡겼습니다. 그러나 자유로운 국가들의 판례법에 따라 우리는 법률안에는 나타나지 않는 평화조약은 양원에 의한 가결이 있은 후에만 확정적일 것을 요구합니다. 우리는 여기에 개인의 신분이나 외국에서 프랑스인이 행사하는 재산권에 관계되는 조약을 추가했습니다."

(8) 평화와 전쟁의 권한과 공적 자유에 관한 규정의 부재

그리고 보고서는 전쟁과 평화의 권한은 프랑스국민이 그 결정의 주체이어야 하기 때문에 공화국 대통령의 전쟁선포는 양원에 의한 사전 동의가 필요하다는 점을 설명하고 있다.

> "조약의 문제는 당연히 평화와 전쟁의 권한에 대해서 환기시킵니다. 따라서 우리는 당신들에게 다음과 같은 조항을 제안합니다. 즉 "공화국 대통령은 양원의 사전 동의 없이는 전쟁을 선포하지 못한다." 우리는 이 조항에 대한 반대가 있을 것이라고 생각하지 않습니다. 아마 헌법 제3조에 따라 국가원수는 군대를 통솔하고, 프랑스를 침략에 대응하기 위해 위해서 상황에 따라 요구되는 모든 조치를 취할 권리와 의무가 있으며, 이와 같은 권한은 그 어느 때 보다도 오늘날 필요한 권한입니다. 그리고 우리는 국가적 존재와 독립을 보호할 특권을 약화시키기를 원하지 않습니다. 우리가 요구하는 것은 바로 프랑스가 그 운명을 결정하는데 주인으로 남아야 한다는 점입니다. 따라서 프랑스의 동의가 없이는 전쟁을 시작하거나 선포할 수 없습니다."

마지막으로 위원회의 보고서는 여러 가지 어려움으로 공적 자유에 관한 조항을 설치하지 못했다는 점을 인정했으며 공화국의 토대를 이룩하기 위해서는 무엇보다도 시민들의 애국심이 필요하다고 했다.

(9) 위원회의 법률안

보고서는 법률안의 내용에 대한 비교적 충실한 설명을 한 다음 위원회의 이름으로 다음과 같은 법률안을 제출했다.

> "제1조 상원과 하원은 공화국 대통령에 의한 사전의 소집통지가 없는 한 매년 1월의 두 번째 화요일에 소집된다. 양원은 매년 적어도 5달의 회기로 소집된다. 하나의 원의 회기는 다른 원의 회기와 동시에 시작되며, 동시에 종료된다.

제2조 공화국 대통령은 폐회를 선언한다. 공화국 대통령은 예외적으로 의회를 소집할 권한을 가진다. 각 원을 구성하는 구성원의 1/3의 요구가 있을 경우 의회는 소집되어야 한다. 공화국 대통령은 휴회할 수 있다. 그렇지만 휴회는 한 달의 기간을 넘을 수 없으며, 동일 회기에 두 번 이상 할 수 없다.

제3조 공화국 대통령의 사망과 사임의 경우, 양원은 즉각 자동 소집된다. 1875년 2월 25일 법률 제5조의 적용에 따라 공화국 대통령직이 공석 중에 하원이 해산될 경우 선거인단의 소집을 보장하기 위해 필요한 조치를 취하기 위해서 상원은 가장 빠른 기간 내에 당연히 소집된다.

제4조 통상적인 회기기간 외에 개최된 양원 중의 한 원의 어떠한 모임도 상원이 법원으로 구성되어 사법적인 권한만을 행사하는 경우를 제외하고는 불법적이며, 정당하지 않다.

제5조 상원과 하원의 회기는 공개된다. 그럼에도 불구하고, 상원과 하원은 규칙에 따라 정해진 상당한 숫자의 의원들의 요구로 비공개 위원회의 형태로 구성될 수 있다. 각원은 절대 다수의 요구에 따라 동일한 문제에 대해서 회기를 공개적으로 개최할 것인지에 대해 결정한다.

제6조 공화국 대통령은 각료에 의해서 연단에서 낭독되는 교서를 통해서 양원과 연락한다. 각료들은 양원에 출입하고, 양원의 요구가 있는 경우 답변한다. 각료들은 공화국 대통령의 데크레에 의해 정해진 법률안의 토의를 위해서 관련 정부위원의 도움을 받을 수 있다.

제7조 공화국 대통령은 최종적으로 채택된 법률이 정부로 이송된 다음 달 내에 법률을 공포한다. 공화국 대통령은 각각의 원의 명시적인 투표를 통해서 긴급하다고 선언하는 법률에 대해서는 3일 내에 공포해야 한다. 공포를 위해 정해진 기간 동안 공화국 대통령은 정당한 이유 있는 교서를 통해서 새로운 토의를 양원에 요구할 수 있으며, 이는 거부될 수 없다.

제8조 공화국 대통령은 조약을 협상하고, 체결한다. 공화국 대통령은 국가의 이익과 안전이 이를 허용하는 한 신속히 양원에 조약의 협상과 체결에 대해서 알려야 한다. 평화조약, 통상조약, 국가의 재정에 관한 조약, 개인의 신분에 관한 조약과 프랑스인의 외국에서의 재산권에 관한 조약은 양원에 의해 가결된 후에야 만 최종적이 된다. 어떠한 영토의 할양,

교환, 부속도 법률에 의하지 않고는 불가능하다.

제9조 공화국 대통령은 양원의 사전 동의 없이는 전쟁을 선포할 수 없다.

제10조 상원과 하원은 그 구성원의 피선거 자격과 그 선거의 적법성에 대한 심사를 한다. 상원과 하원만이 그 구성원의 사임을 받는다.

제11조 상원과 하원의 집행부는 회기기간 동안, 그리고 다음해의 정기회 전에 일어날 모든 임시회를 위해서 매년 선출된다. 양원이 국민의회로 소집될 때 그들의 집행부는 상원의장, 부의장, 비서로 구성된다.

제12조 공화국 대통령은 하원에 의해서만 소추될 수 있으며, 상원에 의해서만 심판될 수 있다. 각료들은 그들의 직무수행상 행한 범죄에 대해서 하원에 의해 소추될 수 있다. 이 경우에 각료들은 상원에 의해 심판된다. 상원은 국가적 안전에 대한 침해로 고소당한 모든 사람들을 심판하기 위해서 국무회의에서 내려진 공화국 대통령의 데크레에 의해 법원으로 구성될 수 있다. 만약 일반법원에 의해서 심리가 시작되었다면, 상원의 소집 데크레는 이송결정 이전에 발할 수 있다. 하나의 법률이 소추, 심리, 판결의 실행방법을 정한다.

제13조 상원의원과 하원의원은 직무상 행한 발언과 표결을 이유로 소추되거나 조사받지 않는다.

제14조 상원의원과 하원의원은 현행범의 경우를 제외하고, 회기 중 그가 속하고 있는 의회의 동의 없이는 범죄와 경범죄에 대해서 소추되거나 체포되지 않는다. 상원의원과 하원의원에 대한 구금과 소추는 회기동안, 그리고 그 회기가 진행되는 모든 기간 동안 각원의 요구가 있는 경우 중단된다."

1. 첫 번째 토의

(1) 1875년 6월 21일 회의

1875년 6월 21일 회의에서 루이 블랑은 법률안에서 공화국 대통령에게 부여된 권한은 공화주의적인 원칙과 조화될 수 없으며,[111] 이미 제정된 헌법도 지나치게 군주주의적 성격을 가지고 있으며, 입법권에 대한 집행권의 우월성은 바로 프랑스의 정치적 분열의 근원이라고 주장함으로써 공화주의자들의 입장을 대변했으며, 이어서 발언권은 얻은 마디에 드 몽티오(Madier de Montjau)도 루이 블랑의 입장을 지지했다.

(2) 1875년 6월 22일 회의

6월 21일 회의에서 루이 블랑이 공화주의적 입장에 서서 법률안을 비판한 것에 대한 대응으로 6월 22일 회의에서는 뷔페와 라불레이에 의한 법률안의 지지연설이 있었다.

뷔페는 그 동안 가결한 헌법적 법률이 입헌주의적 원칙에 대한 부인이라는 점을 인정했지만,[112] 공화국 대통령에게 많은 권한을 부

---

111) "여러분, 공화국에서 국민의 주권자이며, 법률은 국민의 의사의 표현이며, 입법자들은 국민들의 수임자들이기 때문에 입법부의 권력에 대한 모든 침해는 국민주권에 대한 침해입니다." Séance du 21 Juin 1875, *Annales de l'Assemblée Nationale*, p. 69.

112) Séance du 22 Juin 1875, *Annales de l'Assemblée Nationale*, p. 84.

여하는 것은 공적 자유를 위태롭게 하는 것이 아니라 공적 자유를 보장하는 방법이라는 주장했다.

그리고 위원회의 보고자인 라불레이는 루이 블랑과 마디에 드 몽티오가 현재의 체제에 대해 비판한 점에 대해 우리가 만든 공화국은 프랑스에 행운이 존재할 수 있는 공화국이며, 현재 필요한 것은 공화국이나 입헌군주국과 같은 모든 문명화된 국가에서 존재하는 정치적 보장(garanties politiques)이라고 주장했다.

이와 같은 법률안을 지지하는 라불레이의 연설이 있은 후에 공권력의 관계에 관한 법률은 두 번째 토의로 이송되었다.

2. 두 번째 토의

1875년 7월 7일 하루 동안 진행된 두 번째 토의에서 법률안을 반대하는 측은 주로 의회의 비상설성과 공화국 대통령의 권한에 대해 중점적으로 공격을 했으며, 나머지 조문에 대해서는 토의조차 하지 않았다.

(1) 제1조에 대한 토의 - 의회의 회기문제

7월 7일의 회의는 법률안 제1조 - "제1조 상원과 하원은 공화국 대통령에 의한 사전의 소집통지가 없는 한, 매년 1월의 두 번째 화요일에 소집된다. 양원은 매년 적어도 5달의 회기로 소집된다. 하나의 원의 회기는 다른 원의 회기와 동시에 시작되며, 동시에 종료된다." - 에 대한 검토부터 시작되었다.

위원회의 법률안 제1조에 대해서 마르쿠(Marcou)는 "제1조와 제2조는 다음과 같은 조항으로 대체한다. 상원과 하원 즉 양원은 상설적이다. 양원은 매년 1월 두 번째 화요일에 소집된다. 양원은 양원이 정하는 기간에 휴회한다. 의회의 회기가 중단되는 동안 12명의 상원의원, 12명의 하원의원, 그리고 두 개의 집행부의 구성원으로 구성된 위원회는 긴급한 경우 양원을 소집할 권한을 가진다. 공화국 대통령 역시 양원을 소집할 권한을 가진다."라는 수정안을 제출하면서, 이미 만들어진 군주주의적인 공화국(République monarchique)을 민주주의적 공화국(République démocratique)으로 변경시키고자 했다.

마루쿠는 의회 회기의 상설성은 주권에 본질적인 것으로 상설성의 폐지는 바로 왕정복고를 향한 진행이라고 주장했다. 따라서 국민의회의 상설성이 인정되지 않고 공화국 대통령이 일 년 중에 7개월 동안 통치하는 것은 국민주권의 원칙에 반하는 것이며, 나아가 공화주의적 체제의 본질적 토대를 뒤엎는 것이라고 했다. 하지만 마루쿠의 수정안은 24표의 찬성과 588표의 반대로 거부되었다.

이어서 농부들이 쉽게 의정활동에 참여하게 하기 위하여 1월 둘째 주 화요일 대신에 11월 20일을 의회소집일로 정하자는 쉐르팽(Cherpin)의 수정안이 제출되었지만 토의 없이 거부되었으며, 결국 제1조의 처음 두 개의 문단은 채택되었다.

곧이어 벨카스텔(de Belcastel)은 제1조에 대한 추가적 문단으로 "양원의 개회 뒤의 일요일에 의회의 업무에 대한 신의 은총을 요청하기 위해서 교회나 사원에서 공적인 기도가 신에게 이루어진다."라는 규정을 제안했으며, 328표의 찬성에 246표의 반대로 채택되었다. 따라서 제1조 전체는 가결되었다.

(2) 제2조에 대한 토의 - 공화국 대통령의 폐회선언권, 의회소집권, 휴회권

이어서 제2조 - "공화국 대통령은 폐회를 선언한다. 공화국 대통령은 예외적으로 의회를 소집할 권한을 가진다. 각원을 구성하는 구성원의 1/3의 요구가 있을 경우 의회는 소집되어야 한다. 공화국 대통령은 휴회할 수 있다. 그렇지만, 휴회는 한 달의 기간을 넘을 수 없으며, 동일 회기에 두 번 이상 할 수 없다." - 에 대한 토의에서는 국새상서(garde des sceaux)인 뒤포르는 의회소집을 위해서 1/3이 아닌 과반수를 요구하는 원래의 정부 측 안을 제시했다. 그리고 이는 채택되어 제2조는 "공화국 대통령은 폐회를 선언한다. 공화국 대통령은 예외적으로 의회를 소집할 권한을 가진다. 각원을 구성하는 구성원의 과반수의 요구가 있을 경우 의회는 소집되어야 한다. 공화국 대통령은 휴회할 수 있다. 그렇지만, 휴회는 한 달의 기간을 넘을 수 없으며, 동일 회기에 두 번 이상 할 수 없다."는 규정으로 변경되었다.

(3) 제3조에 대한 토의 - 공화국 대통령의 궐위문제

이어서 제3조 - "공화국 대통령의 사망과 사임의 경우, 양원은 즉각 자동 소집된다. 1875년 2월 25일 법률 제5조에 따라 공화국 대통령직이 공석일 때 하원이 해산된 경우 선거인단의 소집을 보장하기 위한 필요한 조치를 취하기 위해서 상원은 가장 빠른 기간 내에 당연히 소집된다."-에 대한 토의로 넘어갔다.

이와 같은 위원회의 법률안 제3조에 대해서, 제3조의 두 번째 문단을 변경하고자 하는 아마(Amat)의 "1875년 2월 25일 법률 제5조의 적용에 따라 공화국 대통령직이 공석 중에 하원이 해산될 경우 선거인단은 즉시 소집되며, 상원은 가장 빠른 기간 내에 즉각 자동적으로 개회된다."는 수정안이 제출되었으며, 수정안은 국민의회에서 채택되었다.

(4) 제4조, 제5조, 제6조, 제7조, 제8조, 제9조에 대한 토의

"통상적인 회기기간 외에 개최된 양원 중의 한 원의 어떠한 모임도 상원이 법원으로 구성되어 단지 사법적인 권한만을 행사하는 경우를 제외하고는 불법적이며, 정당하지 않다.", "상원과 하원의 회기는 공개된다. 그럼에도 불구하고, 상원과 하원은 상원과 하원의 규칙에 따라 정해진 상당한 숫자의 의원들의 요구에 따라 비공개 위원회로 구성될 수 있다. 각원은 절대 다수의 요구에 따라 동일한 문제에 대해서 회기를 공개적으로 개최할 것인지에 대해 결정한다.", "공화국 대통령은 각료에 의해서 연단에서 낭독되는 교서를 통해서 양원과 연락한다. 각료들은 양원에 출입하고, 양원의 요구가 있는 경우 답변한다. 각료들은 공화국 대통령의 데크레에 의해 정해진 법률안의 토의를 위해서 관련 성부위원의 도움을 받을 수 있다.", "공화국 대통령은 최종적으로 채택된 법률이 정부로 이송된 다음 달 내에 법률을 공포한다. 공화국 대통령은 각각의 원의 명시적인 투표를 통해서 긴급하다고 선언하는 법률에 대해서는 3일 내에 공포해야 한다. 공포를 위해 정해진 기간 동안 공화국 대통령은 정당한 이유 있는 교서를 통해서 새로운 토의를 양원에 요구할 수 있으며, 이는 거부될 수 없다."는 제4조에서 제7조까지의 규정들은 토의 없이 위원회의 법률안대로 통과되었다.

이어서 제8조 – "공화국 대통령은 조약을 협상하고, 체결한다. 공화국 대통령은 국가의 이익과 안전이 이를 허용하는 한 가능한 한 신속히 양원에 이에 대해서 알려야 한다. 평화조약, 통상조약, 국가의 재정에 관한 조약, 개인의 신분에 관한 조약과 프랑스인의 외국에서의 재산권에 관한 조약은 양원에 의해 가결된 후에야 만 최종적이 된다. 어떠한 영토의 할양, 교환, 부속도 법률에 의하지 않고는 일어날 수 없다." – 역시 토의 없이 가결되었다.

그리고 제9조 – "공화국 대통령은 양원의 사전 동의 없이는 전쟁을 선포할 수 없다." – 에 대해서는 "공화국 대통령인 맥마옹은 그의 재임기간 동안에 그 자신만이 전쟁을 선언할 권한을 가진다."라는 로셰푸콜(de La Rochefoucauld)의 수정안이 제출되었지만, 특정한 한 사람에게 이와 같은 권한을 부여하는 것은 합당하지 않다는 비판이 제기되었으며, 163표의 찬성과 425표의 반대로 로셰푸콜의 수정안은 채택되지 않았다.

(5) 제10조, 제11조, 제12조, 제13조, 제14조에 대한 토의

이어서 제10조에 대한 토의에 들어갈 무렵 시간은 벌써 6시 정도 되어 있었으며, 우파는 회의를 내일로 미루려하고 좌파는 계속할 것을 주장했다. 그렇지만 국민의회 의장은 제10조에서 제14조

까지 어떠한 수정안도 제출되지 않았음을 환기하면서 국민의회 의원들에게 회의계속 여부에 대한 의향을 물었으며, 국민의회는 결국 회의를 계속하게 된다. 하지만 법률안에 대한 토의는 전혀 없었으며, 가결행위만 있었다.

국민의회가 가결한 제10조에서 제14조까지의 조문을 열거하면 다음과 같다.

"제10조 상원과 하원은 그 구성원의 피선거 자격과 그 선거의 적법성에 대한 심사를 한다. 상원과 하원만이 그 구성원의 사임을 받는다."

"제11조 상원과 하원의 사무국은 회기기간 동안 그리고 다음해의 정기회전에 일어날 모든 임시회를 위해서 선출된다. 양원이 국민의회로 소집될 때, 그들의 사무국은 상원의 의장, 부의장, 비서로 구성된다."

"제12조 공화국 대통령은 하원에 의해서만 소추될 수 있으며, 상원에 의해서만 심판될 수 있다. 각료들은 그들의 직무수행상 행한 범죄로 인하여 하원에 의해 소추될 수 있다. 이 경우에 각료들은 상원에 의해 심판된다. 상원은 국가적 안전에 대한 침해로 고소당한 모든 사람들을 심판하기 위해서 내각회의에서 내려진 공화국 대통령의 데크레에 의해 법원으로 구성될 수 있다. 만약 일반법원에 의해서 심리가 시작되었다면, 상원의 소집 데크레는 법원이송결정 이전에 발할 수 있다. 하나의 법률이 소추, 심리, 판결의 실행방법을 정한다."

"제13조 상원의원과 하원의원은 직무상 행한 발언과 표결을 이유로 소추되거나 조사받지 않는다."

"제14조 상원의원과 하원의원은 현행범의 경우를 제외하고, 회기 중 그가 속하고 있는 의회 동의 없이는 범죄와 경범죄에 대해서 소추되거나 체포되지 않는다. 상원의원과 하원의원에 대한 구금과 소추는 회기동안, 그리고 그 회기가 진행되는 모든 기간 동안 각원의 요구가 있는 동안 중단된다."

마지막으로 국민의회는 가결된 법률안을 529표의 찬성과 93표의 반대로 세 번째 토의로 넘기기로 결정했다.

3. 세 번째 토의

1875년 7월 16일에 있었던 공권력의 조직에 관한 법률안의 세 번째 토의에서도 토의다운 토의는 존재하지 않았으며, 단지 제2조와 제3조에 대한 수정안에 대한 토의만 있었다.

(1) 제2조에 대한 토의

1) 세노보의 수정안 – 과반수에서 절대 다수로 표현정정

1875년 7월 16일 회의에서 세노보(Seignobos)는 제2조의 "과반수(moitié plus un)"라는 표현을 "절대 다수(majorité absolue)"라는 말로 대체할 것을 주장했다. 그는 "과반수(moitié plus un)"라는 표현은 의원의 수가 짝수인 경우에는 문제가 없지만, 홀수인 경우에는 문제의 소지가 있다고 보았다.

왜냐하면, 525명의 하원의원이 있을 경우 절대 다수는 263명인 반면, 그 절반은 262 1 / 2일 것이며, 과반수는 263 1 / 2일 것이기 때문에 명확하지 않은 상황이 발생한다고 세노보는 보았기 때문이다. 따라서 그는 법문의 표현을 "절대 다수(majorité absolue)"로 고쳐야 한다고 주장했다. 결국 제2조의 표현은 세노보의 주장에 따라 "절대 다수(majorité absolue)"로 수정되었다.[113]

2) 르페브르 퐁탈리스의 수정안 - 제2조에 대한 자구 보충

이어서 르페브르 퐁탈리스는 양원이 휴회하였을 경우 양원의 회기는 종결되지 않고, 양원의 회기가 종결되었을 경우에만 소집될 필요가 있기 때문에 법문에 "회기 사이에(dans l'intervalle des sessions)"라는 표현을 사용하기를 주장했으며 이 주장은 국민의회에 의해 받아들여졌다.

따라서 제2조의 처음 두 번째 문단은 최종적으로 다음과 같이 규정되게 되었다.

> "공화국 대통령은 폐회를 선언한다. 공화국 대통령은 예외적으로 의회를 소집할 권한을 가진다. 회기 사이에 각원을 구성하는 구성원의 절대 다수의 요구가 있을 경우 공화국 대통령은 의회를 소집해야 한다. 공화국 대통령은 휴회할 수 있다. 그렇지만, 휴회는 한 달의 기간을 넘을 수 없으며, 동일 회기에 두 번 이상 할 수 없다."

(2) 제3조에 대한 토의

이어서 세노보는 제2조에 대해서 "제3조 공화국 대통령의 법적인 임기의 적어도 한 달 전에 양원은 새로운 대통령의 선출을 위해서 양원합동회의로 소집되어야 한다. 이와 같은 소집통지가 없을 경우, 이 소집은 공화국 대통령의 임기만료 2주일 전에 자동적으로 이루어진다."라는 조항을 추가할 것을 주장했으며, 국새상서인 뒤포르는 이 조항을 제3조의 첫머리에 두는 것이 좋다는 의견을 표시했다.

---

113) Séance du 16 Juillet 1875, *Annales de l'Assemblée Nationale*, pp. 110-112.

그리고 세노보는 "en Congrès"라는 말 대신에 "en Assemblée nationale"라는 말을 쓰는 것이 좋을 것 같다는 의견을 표시했으며, 이와 같은 의견에 따라 변경된 제3조는 곧바로 가결되었다.

따라서 국민의회는 제4조에서 제14조까지 조문별로 가결했으며 법률안 전체는 520표의 찬성과 84표의 반대로 가결되었다.

공권력의 관계에 관한 법률은 이미 지적했듯이 당파들 간의 치열한 논쟁이 없다. 이는 우선 좌파의 경우 체제의 문제가 이미 보수적 공화국으로 결정되었으며, 우파의 경우 상원의 조직에 관한 법률을 통하여 좌파에 대해 지불했던 타협의 대가를 찾았기 때문이다. 그리고 공권력의 조직에 관한 법률의 많은 조항은 프랑스 헌정사를 통하여 헌정제도로 수용된 조항들이었으므로 논쟁 자체가 필요 없었기 때문이기도 하다.

그렇지만 헌법적 법률의 제정 과정에서 논쟁이 부족했던 점이 공권력의 관계에 관한 법률이 가치가 부족한 것으로 연결될 수는 없다. 왜냐하면 1875년 7월 16일에 가결된 공권력의 관계에 관한 법률은 공화국 대통령의 권한과 상원 및 하원의 권한을 보다 자세하게 규정함으로써 공권력의 조직에 관한 법률과 상원의 조직에 관한 법률과 함께 제3공화국 헌정체제의 한축을 이루는 법률로 자리 잡기 때문이다.

제2절 **제3공화국 헌법의 특성과 근원**

제1항　제3공화국 헌법의 특성

　프랑스 헌정사를 되돌아볼 때 1789년 혁명에서 1870년까지 거의 15개에 달하는 체제가 명멸해 갔으며, 그중 가장 오래 지속된 체제(7월 왕정과 제2제정)도 18년을 넘지 못했다. 하지만 1875년 이래로 지속된 제3공화국 체제는 비록 정부의 불안정이라는 오명을 가지고 있지만, 헌정체제는 65년 동안 지속했다.

　이와 같이 프랑스 헌정사에서 제3공화국이 예외적으로 안정을 누린 것은 무엇보다도 그 제정 과정에서 비롯되는 규범자체의 특성이 주요원인으로 작용한다. 따라서 아래에서는 제3공화국 헌법의 특성에 대해서 간략하게 검토하고자 한다.

Ⅰ **극도의 간결성**

　1875년의 헌법적 법률은 프랑스 헌정사에 있어서 가장 간결한 헌법전이며, 단지 헌법의 표지로서 정치제도를 조직하는 하나의 프로그램, 요약, 그리고 목록에 불과하다. 그리고 1875년 헌법적 법률들은 공권력의 조직만을 규정할 뿐 어떠한 권리선언도 포함하고 있지 않으며, 시민의 지위에 대한 어떠한 조항도 포함하고 있지 않다.114)

따라서 1875년 헌법적 법률들은 사법권, 대통령의 권한 외의 공권력, 하원의 재정적 특권을 제외한 재정적 권한, 공교육에 관한 어떠한 규정도 포함하고 있지 않으며, 하원의원 선거에 대해서는 보통선거(suffrage universelle)의 원칙만을 규정할 뿐이다.115)

또한 1875년 헌법적 법률의 간결함은 그 제한적인 조문수에서도 드러난다. 상원의 조직에 관한 1875년 2월 24일 법률은 11개의 조문, 공권력의 조직에 관한 1875년 2월 25일 법률은 9개의 조문, 공권력의 관계에 관한 1875년 7월 16일 법률은 14개의 조문으로 합하면 총 34개의 조문인데, 이 중 2개의 조문은 임시적인 효력만 가지는 것이다.116) 따라서 최종적으로 32개의 조문이 남는다. 그렇지만, 이 32개의 조문은 1879년과 1884년의 헌법 개정에 따라 26개의 조문으로 줄어들게 된다.117)

---

114) A. Esmein, *Élément de Droit Constitutionnel Français et Comparé*, Paris: Recueil Sirey, 1914, p. 627.

115) 따라서 비례대표제(représentation proportionnelle)의 도입과 같은 근본적인 개혁은 "Loi portant modification aux lois organiques sur l'élection des députés et tendant à établir le scrutin de liste avec représentation proportionnelle du 12 Juillet 1919" 라는 일반적 법률을 통해서 이루어졌다. *Bulletin des Lois de la République Française*, Nouvelle Série – Année 1919, tome 11, N°253, pp. 2096 – 2099.

116) 임시적인 효력만 가지는 2개의 조문은 상원의 조직에 관한 1875년 2월 24일 법률 제11조 "현재의 법률은 공권력에 관한 법률이 최종적으로 가결된 다음에만 공포된다."와 공권력의 조직에 관한 1875년 2월 25일 법률 제8조의 "그렇지만, 1873년 11월 20일 법률에 의해서 le maréchal de Mac – Mahon에 부여된 권한의 지속기간 동안 이와 같은 개정은 공화국 대통령의 제안에 대해서만 일어날 수 있다."는 조항이다.

117) 9개의 조문을 가진 1875년 2월 25일의 헌법적 법률은 의회의 소재지에 대한 1879년 6월 21일 법률에 의해 8개 조문으로 줄어들며, 상원의 조직에 관한 1875년 2월 24일의 헌법적 법률은 1884년의 헌법 개정에 의해 4개의 조문으로, 보다 정확히 말하자면 2개 조문으로 줄어든다. 왜냐하면, 2개 조문이 단지 임시적인 효력을 가지기 때문이다. 또한 1884년의 헌법 개정 후에 상원의원 선거방법에 관한 주요한 문제는 일반적 법률사항이

요컨대, 1875년 헌법은 아주 간결한 일종의 절차법전(code de procédure)으로서 공화주의적 정부의 기능은 보장하지만, 공화국을 구성하는 모든 기본요소인 개인적 권리와 자유에 대한 보장을 위한 구체적인 조문은 규정하지 않았다.

Ⅱ 헌법적 관습을 통한 보충

1875년의 헌법적 법률은 이와 같은 간결성으로 인한 규범의 공백을 채우기 위해서 조직 법률(lois organiques)이 아닌 관습(coutume)에 의존한다.[118] 따라서 1875년 헌법적 법률이 침묵하고 있는 예산 1년제, 법률불소급성(non‐rétroactivité des lois)과 같은 주요한 원칙들은 관습헌법이 그 공백을 채우며, 수많은 의회주의의 원칙들 역시 마찬가지이다.

그런데 이와 같은 의회주의의 원칙들은 시원적으로 왕정복고기와 7년 왕정하에 나타났으며, 1875년의 헌법제정자들은 의회주의의 원칙 가운데 몇몇 조항을 헌법전상에 편입시켰을 뿐이다. 대표적으로 "내각은 양원 앞에 정부의 일반정책은 연대적으로, 그들의 개인적 행동은 개인적으로 책임을 진다"(1875년 2월 25일 법률 제6조)라는 규정을 헌법전상에 편입을 시켰다. 따라서 의회주의의 기

되었다는 점도 유의해야 한다. Joseph Barthélemy et Paul Duez, *op.cit.*, p. 35: Jean Gicquel et Jean‐Éric Gicquel, *Droit constitutionnel et institutions politiques*, Paris: Montchrestien, 2006, p. 443: Maurice Hauriou, *Précis de droit constitutionnel*, Paris: Recueil Sirey, 1929, pp. 337‐338.

118) Francis Hamon et Michel Troper, *Droit constitutionnel*, Paris: L.G.D.J, p.385.

능에 대한 모든 세부적 원칙에 대해서 1875년 헌법은 헌법적 관습 (coutume constitutionnelle)에 의존하지 않을 수 없었다.[119]

나아가 제3공화국의 헌정사는 이와 같은 헌법적 관습이 심지어 명문에 규정된 헌법 규범까지도 변경하였음을 보여 준다. 즉 1875 년 2월 25일 법률은 명시적으로 의회해산권을 규정하고 있지만, 이와 같은 대통령의 권한은 1877년 이후로 사문화되었다. 그 외에 도 양원에 의해 법률이 가결되었을 때 공화국 대통령이 정당한 이 유가 있는 교서로 새로운 토의를 요구하는 권한(1875년 7월 16일 법률 제7조 2항)과 국가원수가 교서를 통해 국가적 이익과 관련된 중요한 사항에 대해서 여론의 주의를 끌어내는 권한, 마지막으로 대통령이 교서를 통해서 그의 생각을 의회에 알리는 권한도 헌법 적 관습을 통해 그 효력이 상실된 것으로 평가된다.

Ⅲ 체계성의 부재

엄밀히 말하자면, 1875년의 헌법이란 존재하지 않으며, 헌법적 법률(lois constitutionnelles)만이 존재한다. 1789년의 헌법제정 국민

---

119) 따라서 "무임소장관(ministres sans portfeuille)", "장관직 없는 각료회의 의장(Président du Conseil sans portefeuille)"이라는 직위가 과연 1875년 헌법의 태도에 부합하는지에 대한 의문이 들 때, 이전에 이와 같은 관습이 왕정복고나 7월 왕정하에 있었기 때문에 1875년 헌법은 이와 같은 직위를 인정한다는 입장을 취한다.(Joseph Barthélemy et Paul Duez, op.cit., p. 36) 이와 같은 관습을 통한 1875년 헌법의 흠결에 대한 보충을 Mauice Hauriou도 동의를 한다. 하지만 그는 그 외에 문화의 기초를 형성함으로써 헌법 그 자체보다도 우월한 정당성(légitimité)을 구성하는 공적인 질서와 개인적인 정의의 원칙 들 속에 사회적 헌법(Constitution sociale)이 존재한다는 이론을 제시한다. Maurice Hauriou, op.cit., pp. 339.

의회(Constituante)는 1871년의 국민의회처럼 각각 분리해서 헌법적 조항들을 가결했지만, 그 뒤에 1789년의 헌법제정 국민의회는 이와 같은 각각의 헌법적 조항들을 통일적이고 체계적인 맥락 속에서 일치하는 개정위원회(comité de révision)의 임무를 수행했다. 그러나 1875년에는 이와 유사한 어떠한 절차도 어떠한 작업도 없었다.[120]

그리고 1875년의 각각의 헌법적 법률에는 표제, 장, 절의 분리나 항목의 분리도 없었으며, 심지어 조문 간에는 순서(ordre)도 없다. 따라서 여러 상이한 규정들은 상당히 임의적으로 흩어져 있으며, 반복과 수정이 적지 않은 것이 특징이다.[121]

Ⅳ 원칙의 부재

1875년 헌법제정자들은 크게 왕당파, 공화파, 그리고 보나파르티스트들과 같은 서로 상반되는 진영에 속해있는 사람들이었기 때문에 쉽게 분열이 일어날 수 있었으며, 합의에 도달하기가 어려운 지경이었다. 따라서 이들은 어떤 원칙을 선언하는 것이 아닌, 실제적인 작업을 해 나가는 것, 즉 기능할 수 있는 제도를 수립하는

---

120) 1875년 헌법의 이와 같은 통일성 부족은 그 제정절차를 통해서도 일면을 엿볼 수 있다. 즉 국민의회는 우선 1875년 2월 24일 상원에 관한 법률을 가결했으나, 2월 23일 2월 25일에 실시될 공권력의 조직에 관한 법률이 최종적으로 통과해야만 공포될 수 있도록 결정했다. 따라서 입법 자료에서는 2월 25일 법률다음에 2월 24일 법률이 실려 있다. Joseph Barthélemy et Paul Duez, *ibid.*, p. 38.

121) 이와 같은 체계적인 결함의 예로 공화국 대통령의 선출에 관한 권한을 알기 위해서는 우선 2월 25일 법률 제2조를 참조해야 하며, 그 다음으로 제7조로 넘어가야 함을 지적한다 Joseph Barthélemy et Paul Duez, *ibid.*, p. 38.

것에 만족해야 했다. 따라서 좌파와 우파는 실제적인 필요성의 요구에 따른 해결책에 투표를 했으며, 어떤 원칙의 수립은 정세가 안정될 때까지 연기했다.

그 결과 일반적으로 인정되는 것이 당연한 인민주권, 대의제, 권력분립과 같은 원칙에 대한 언급은 없었으며, 심지어 1875년 2월 25일 법률 제2조는 "공화국 대통령은 상원과 하원에 의해서 선출된다."[122]고 규정함으로써 공화국에 대한 적극적인 언급도 없다.[123]

Ⓥ 타협의 정신

1875년 헌법은 이전의 승자에 의해서 그들의 이념이나 원칙을 헌법전 속에 실현시킨 경우와는 달리 전체적으로 군주제와 공화국 간의 대타협으로서의 성격을 가진다.[124] 왕당파들은 장래에 왕정이 가능한 만큼의 공화국만 수용했으며, 따라서 공화국은 임시적이며, 단지 명칭과 국가원수의 선출방식의 변화만 있을 것이라는 생각을

---

122) "Le Président *de la République* est élu par le Sénat et par la Chambre des députés"

123) Joseph Barthélemy et Paul Duez, *op.cit.*, pp. 38 - 39: Jean Gicquel et Jean - Éric Gicquel, *op.cit.*, p. 444: Francis Hamon et Michel Troper, *op.cit.*, p.385: A. Esmein, *op.cit.*, p. 627.

124) 이와 같은 공화파와 왕당파의 대타협은 외부로부터 초래된 국가적 위기도 한 몫을 한다. 이 당시 프로이센은 Francfort조약으로 프랑스가 당분간은 회생할 수 없다고 생각했지만, 생각보다 빨리 회복하고 있는 프랑스에 대해서 위협을 느껴서, 1875년에 다시 프랑스를 위협하기 시작했다. 따라서 헌법제정 작업에 참여하고 있는 공화파와 왕당파는 공통적으로 국가적 분열 상태를 초래해서는 안 되며, 빨리 임시체제를 청산하려는 생각을 가졌다. Joseph Barthélemy et Paul Duez, *ibid.*, p. 28.

가지고 공화국에 가담했다. 그 결과 왕당파에게 1875년 헌법은 군주제를 기대하는 공화국 헌법(constitution républicaine d'attente monarchique)이며, "군주제의 틀 속에 공화국 헌법을 부은 것"이다.

반면 공화파들의 목적은 클레망소(Clemenceau)의 다음과 같은 언급을 통해 잘 알 수 있다. 즉 "공화주의자들은 왕당파들의 음모에 맞서 이미 사실적으로 존재하는 공화국을 명시적인 체제로 선언하도록 계획했기 때문에 공화국에 반동적인 요소인 군주주의적인 제도가 도입되는 것을 참아야 했으며, 공화파들은 국민들이 곧 그들에게 군주제적인 요소를 제거할 수단을 줄 것이라는 것을 확신했다."[125]

그러나 이와 같은 공화파들과 군주주의자들의 타협에 대해서 에즈멩(A. Esmein)은 1875년 군주주의자들이 공화파들이 주장한 "공화국"을 인정한 것은 1875년 헌법이 규정한 완전한 헌법 개정권이기 때문에 1875년 헌법의 타협적 성격은 다른 곳에서 찾아야 함을 지적하고 있다.[126]

즉 에즈멩은 1875년의 헌법적 법률의 타협적 성격은 우선 입헌군주정체제에 경도되어 타협적인 해결책을 정치적 자유의 보장을 위한 수단으로 생각한 제2제정체제하의 자유주의 학파(école libérale)에 그 기원이 있다고 본다. 그리고 그는 새로운 제도는 이전에 존재한 제도를 변형함으로써 정착된다는 점은 역사발전의 일반적인 법칙에서 찾아야 함을 지적한다. 즉 새로운 체제는 우선 일정부분은 이전의 체제가 포함하고 있는 요소들을 간직하는 데, 이는 새

---

125) Joseph Barthélemy et Paul Duez, *op.cit.*, p. 41 : Jean Gicquel et Jean-Éric Gicquel, *op.cit.*, p. 444.

126) A. Esmein, *op.cit.*, p. 629.

로운 체제의 생명과 성공의 조건의 성격을 가지는 것으로 프랑스에서 공화국이 성공하기 위해서는 당연히 공화국은 시간과 원칙에 있어서 가장 근접한 이전의 정부형태인 입헌군주제로부터 상당히 영향을 받을 수밖에 없다는 것이다.

제2항　제3공화국 헌법적 법률의 근원

　　1875년의 헌법적 법률은 단시일에 즉흥적으로 만들어진 것이 아니라, 인민주권(souveraineté populaire)과 통제된 정부(gouvernement contrôlé)를 조직하기 위한 오랜 노고의 산물이다.

　　따라서 1875년 헌법은 1848년 이래로 지속된 민주주의의 정착으로의 특징과 영국헌법으로부터 강력하게 영향을 받은 1814년과 1830년 헌장체제의 계승이라는 특징을 모두 가지지만 헌법 규범적으로는 헌장체제의 계승이라는 측면이 더욱더 큰 비중을 차지하고 있다는 점은 부인할 수 없다.

Ⅰ　영국헌법의 영향

　　영국은 위대한 의회주의 전통을 가진 나라이며, 정치적 자유와 대의제의 기원이 되는 나라이다. 영국은 18세기 몽테스키외의 『법의 정신』과 볼테르의 "영국에 대한 편지"라고 부제가 부쳐진 『철학적 편지』를 통해서 프랑스에 알려졌다.

그러나 영국헌법의 영향은 무엇보다도 1814년과 1830년의 헌장을 통해서 1875년 헌법에 나타나게 된다. 1814년의 헌장은 영국제도의 공공연한 복사판으로 영국의 예와 같이 세습적이며 무책임한 왕을 인정하며, 이와 같은 왕의 맞은편에는 세습이 인정되며 왕에 의해 임명되는 귀족의원으로 구성된 귀족원(Chambre des pairs)이 있는데, 이는 영국의 "House of Lords"의 복사판이다. 그리고 이와 같은 점은 하원(Chambre des députés)이 영국의 "House of commons"를 복사한 점에서도 마찬가지이다. 또한 국무회의 의장(Président du Conseil)은 영국의 "prime minister"를 모방한 것이며, 각료들은 영국의 예에 따라 귀족원이나 하원에서 선발되며, 양원에 정치적으로 책임을 지며, 항상 양원과 일치하여 행동하여야 한다. 또한 재정적인 문제에 대해서 하원이 우월성을 가지는 것은 영국헌법의 관습적인 조항이다.

그런데 1814년 헌장과 1830년 헌장은 1875년 헌법제정자들이 끊임없이 염두에 둔 대상으로 1830년 헌장은 영국헌법의 복사판인 1814년 헌장의 두 번째 판으로 평가된다. 따라서 영국헌법은 1875년 헌법의 지적으로 가장 근원적이다.[127]

---

127) Joseph Barthélemy et Paul Duez, op.cit, pp. 45 - 46.

1875년 헌법의 지적인 근원에 대한 탐구를 위해서는 프랑스적인 전통에 대한 고려 역시 빼놓을 수 없다. 18세기의 철학은 프랑스의 모든 정치적 심성을 형성했다. 즉 프랑스인은 몽테스키외의 『법의 정신』을 통해서 권력분립을 배웠으며, 루소의 저작은 프랑스인의 모든 정치적 심성에 파고들었다. 따라서 프랑스의 헌법정신은 혁명의 이념으로 만들어졌으며, 혁명이 만들어 놓은 경험 — 즉 1791년 헌법의 단원제 경험, 국민의회(Convention)의 의회전능의 경험, 총재정부(Directoire)와 함께 한 집단적 집행권에 의한 정부구성이라는 좋지 못한 경험 - 을 통해서 많은 것을 배웠다.

이와 같은 혁명기의 경험이 있은 다음 1830년경 부르주아지들은 Royer - Collard, Benjamin Constant, général Foy, Thiers, Guizot 등의 "프랑스의 자유주의 학파(École libérale française)"[128]에 의해 정치적인 영향을 받았으며 이들의 자유주의는 부르주아적이며, 군주주의적인 특징을 가졌었다.

한편 1860년경 프랑스에서는 민주주의적이며 의회주의적인 새로운 자유주의가 나타났으며, 이들은 불안정한 미래를 대비하여 제정체제의 지속이나 공화국의 도래와 같은 미래의 역사적 전개와는 다른 형태의 정부를 상상하고, 받아들였다. 즉 이들은 형태(forme)보다는 내용(fond)이 앞서야 된다고 생각하면서, 미래의 다양한 국

---

128) 자유주의 학파의 일반적인 소개에 대해서는 Georges Burdeau, *Traité de Science politique(V)*, Paris: L.G.D.J., 1953, pp. 191 - 199참조.

가형태에 적응할 수 있는 일련의 제도들을 찾으려고 노력했으며[129], 이와 같은 프로그램 속에는 의회주의적 정부와 그 당시 사람들이 이야기 했던 "필수적 자유(libertés nécessaires)" 즉 개인적 권리라는 두 개의 큰 지주가 포함되어 있었다.

그리고 이와 같은 이들의 노력은 제2제정체제 말기에 엄청난 반향을 일으켰으며, 공화국의 수립가능성과 공화국을 위한 구체적인 조건에 대해서는 duc Victor de Broglie의 『프랑스 정부에 대한 전망(Vues sur le gouvernement de la France)』[130]과 Prévost – Parado l[131]의 『새로운 프랑스(France nouvelle)』[132]에 의해서 깊이 연구되었다.[133]

우선 브로이 공작의 저작을 살펴보자면, 브로이 공작(duc de Broglie)의 『프랑스 정부에 대한 전망』은 1861년에 쓰였지만, 이 책은 경찰에 사본이 압수되어 석판으로 비밀리에 배포되었으며 1870년에 와서야 Thiers의 경쟁자이자 그의 아들인 duc Albert de Broglie에 의해 출판되었다. 그런데 브로이 공작의 저작은 아주 제한된 범위에서만 알려졌음에도 불구하고, 이 제한된 범위의 사람들은 미래

---

129) "여기서 우리는 그 목적이 민주주의 속에서 자유를 보장할 수 있는, 군주제뿐만 아니라 공화제에도 적용될 수 있는 제도들을 추구한다."(Prévost – Paradol, *France nouvelle*, Paris: Michel Lévy Frères, 1868, liv. Ⅱ, ch. Ⅳ, pp. 107 – 108): "민주주의적이고 자유로운 정부의 토대를 설립함으로써, 점진적으로 이와 같은 정치적 구조물의 정점에 도달함으로써, 특히나 우리는 단지 군주주의적 민주제뿐만 아니라 공화주의적 민주제에서 수용 가능한 요소들을 인정하려고 노력했다." Prévost – Paradol, *ibid.*, pp.129 – 130.

130) Le duc de Broglie, *Vues sur le gouvernement de la France*, Paris: Michel Lévy Frères, 1870.

131) Prévost – Paradol의 헌법이론에 대한 자세한 분석은 J. Roche, "Paul Prévost – Paradol", *Revue Internationale d'Histoire politique et constitutionnelle*, Tome Ⅴ, 1955, pp. 83 – 96 참조.

132) Prévost – Paradol, *France nouvelle*, Paris: Michel Lévy Frères, 1868.

133) A. Esmein, *op.cit.*, p. 630.

의 헌법제정 국민의회에서의 중요한 인물들이었기 때문에 브로이 공작의 저작은 제3공화국 헌법에 상당한 영향을 미친다.

반면 Prévost – Paradol의 『새로운 프랑스』는 출판될 당시인 제2 제정체제의 말기에 수많은 젊은이들에 의해서 열광적으로 읽혀졌으며, 민주주의의 도래와 민주주의와의 협력을 통해서 부르주아계층이 공무에 대한 접근을 확대하기 위한 논리를 제공해 주었다.

여기서 주목할 점은 Victor de Broglie와 Prévost – Paradol은 바람직한 헌법이란 이전의 체제와 민주주의의 접합점에서 이루어질 것이며, 따라서 민주주의는 피할 수 없다는 기본전제라는 점에 대해서는 의견이 일치했지만, 공화국에 대한 두 저자 입장에는 미묘한 차이가 있다는 점이다. 즉 Victor de Broglie는 공화국을 차선책이나 단순한 과도기 정도로 마지못해 받아들였지만,[134] Prévost – Paradol 는 입헌군주제에 대해서 약간의 선호를 간직했음에도, 공화국 속에서 현대적인 자유를 실현하거나 보장할 수 있는 하나의 정부형태를 찾을 수 있다고 생각했다.[135][136]

---

134) Victor de Broglie는 우선 군주제에 대한 그의 선호를 드러낸 다음에 다음과 같이 말했다. 즉 "……내전보다는 공화국을 선호하는 것이 현명할 것이다. 또한 공화국은 가장 적게 분열시키고, 공공정신이 형성되도록 하며, 정당한 영향력이 확대되고, 최종적으로 승리를 거두는 그와 같은 정부이다. 따라서 어떠한 경우이든, 필요한 경우에 공화국을 체념하고 받아들이는 것이 현명할 것이다. 그러나 동시에 공화주의 체제를 단지 불가피한 것으로, 잠정적인 상태로만 고려하고, 공화주의 정신에 희생을 하지 않는 것이 현명하다……. Le duc de Broglie, op.cit., pp. 226 – 227.

135) "……비록 공화국이 이와 같이 유용한 대통령직을 위한 자리를 가지고 있지 않지만, 그래도 공화국은 모든 선량한 시민들의 진심어린 협력과 진정한 존경을 통해서 존재하게 된다면 아주 받아들일만하고, 그럴듯한 정부형태입니다. 나는 여기서 분명히 선량한 시민인 프랑스국민들을 언급했습니다. 이 선량한 시민들은 어떠한 자유로운 정부도 거부하지 않을 것이며, 그 자신들의 개별적인 야망이나 선호를 위해서 조국의 안정을 저해하는 생각을 허용하지 않을 것이며, 군주제나 공화국이라는 말에 의해 도취되거나, 분노하지 않을 것이며, 단지 하나의 요구에 만족할 것입니다. 즉 국민은 군주제의 이름을 가지든, 공화국의 이름을 가지든 자유로이 선출된 의회와 책임 있는 내각이라는 수단을 통해서 스스로 다스려져야 한다는 것입니다." Prévost – Paradol, op.cit., pp. 152 – 153.

이와 같이 공화국을 바라보는 시선은 두 저자가 다르지만, 미래의 공화국을 위해 두 저자가 제안한 조직은 거의 유사하다. 우선 Prévost - Paradol의 경우 1) 국가원수는 책임이 없으며, 2) 국무회의는 입법부에 책임이 있고 의회해산권이 있으며, 3) 입법권을 구성하는 상원과 하원은 모두 선출되어야 한다. 즉 하원의 경우 보통선거에 의해 선출되어야 하며, 상원은 300명이 정원이며, 이 중 250명은 "전체위원회"(conseils généraux)에 의해 선출되어야 하며, 10명은 10년 동안 학사원에서 선출되며, 40명의 당연직 상원의원은 고위직 공무원에서 선출되어야 함을 주장했다.

그리고 Victor de Broglie에 따르면 이상적인 정부는 Prévost - Paradol의 주장과 유사한 특성을 나타낸다. 즉 1) 국가원수인 왕이나 대통령은 책임이 없으며, 2) 각료들은 양원 앞에 책임을 져야 하며, 3) 상원과 하원은 선출되어야 한다. 즉 상원의 경우 공적인 경력이나 부가 뛰어난 사람들에 의해서 선출되어야 한다고 주장했다.[137]

---

136) A. Esmein, op.cit., pp. 630 - 631.

137) Joseph Barthélemy et Paul Duez, op.cit., pp. 46 - 48.

제3절 이원적 의원내각제의 부활

1875년의 헌정체제는 오를레앙니즘에 가까운 헌법으로서 권력분립과 집행권의 제한을 통해서 절대적인 권력과 완전한 민주주의 둘 다에 동등한 거리를 두고 있는 것으로 평가되며, 이를 위해서 기관의 다원성(Pluralité des organes), 의회의 이원주의(dualisme des Chambres)를 채택하고 있다.

즉 1875년 헌법제정자들은 보통선거를 어쩔 수 없이 인정해야 한다면, 보통선거의 영향력을 상쇄시킬 수 있는 기구가 필요하다고 생각했으며, 상원의 설치를 통한 양원제(bicaméralisme)는 보통선거에 따른 불균형을 상쇄하는 균형을 위한 불가결한 메커니즘으로 생각했다. 그리고 정부가 의회의 통제에 복종해야 하는 경우, 국가원수에게 선출된 의회를 해산할 권한을 부여함으로써 의회제적 정부(gouvernement d'assemblée)로 치닫는 경향을 막고 균형 된 헌정체제를 수립할 수 있다고 생각했다.[138] 따라서 공화국 대통령과 상원이라는 두 개의 제도는 헌법제정을 위한 타협에서 본질적인 요소로 주장되었다.[139]

---

138) René Rémond, *La vie politique en France depuis 1789 Tome* Ⅱ *(1848~1879)*, Paris: Fayard, 2002, p. 352.

139) Marcel Morabito, *Histoire constitutionnelle de la France(1789~1958)*, Paris: Montchrestien, 2004, p. 300.

I 공화국 대통령

1. 제3공화국 헌법에서의 공화국 대통령

"1875년 2월 25일의 공권력의 조직에 관한 법률(Loi relative à l'organisation des pouvoirs publics du 25 février 1875)" 제2조는 "공화국 대통령(président de la République)은 국민의회로 소집된 상원과 하원의 절대 다수의 투표에 의해서 선출된다."라고 함으로써 공화국을 소극적으로 선언함과 동시에 우리가 제3공화국 헌법이라고 칭하는 세 개의 헌법적 법률 중에 최초로 공화국 대통령에 관해서 규정하고 있다.

하지만 공화국 대통령이라는 직위는 1875년 헌법에 의해 최초로 도입된 것이 아니라 1871년 8월의 리베법률을 통해 처음으로 도입되었으며, 1873년 11월 20일의 법률에 의해 보다 구체화 내지 공고화되었다. 따라서 1875년 헌법은 이미 존재하는 사실적인 상태를 다시 공고히 했을 뿐이며, 이미 존재하는 제도를 새로운 체제 속에 규정한 것에 불과하다.

그리고 용어와 관련하여 비록 "공화국(République)"이라는 수식어가 "대통령(Président)"에 붙어 있지만, 이는 상당히 모순적인 단어의 조합이다. 왜냐하면 우선 공화주의적 정치철학은 12명의 공안 위원회(Comité de salut public), 혁명력 3년의 5명의 통령(directeur), 혁명력 8년의 3명의 집정관(consul)의 예에서 보듯이 전통적으로 익명이나, 집단적인 또는 비개인적인 집행권을 원칙으로 하기 때문이다.

따라서 헌법제정 과정에서 공화주의자들은 그들의 정치적 신념에 반한다는 이유와 prince – président이라 불리는 나폴레옹 3세에 대한 뿌리 깊은 적개심 때문에 공화국 대통령이라는 직위에 대한 반감을 가지지 않을 수 없었다.

2. 공화국 대통령의 선출

1875년 2월 25일의 공권력의 조직에 관한 법률 제2조는 "공화국 대통령은 베르사유에서 국민의회(Assemblée nationale)의 모습으로 소집된 상원과 하원의 절대 다수의 투표에 의해서 선출된다. 공화국 대통령은 7년 동안 임명된다. 공화국 대통령은 재임이 가능하다"라고 규정함으로써 공화국 대통령이 국민의회에서 선출되도록 하는 데, 이는 1848년 나폴레옹 3세가 국민으로부터 직접 선출된 것에 대한 반성에서 비롯되었다. 그리고 선출에 있어서 몇 가지 특징적인 점은 우선 공화국 대통령 선출을 위한 국민의회는 공화국 대통령 후보자의 연설을 듣지도 토의하지도 않고, 투표절차만 진행하며 상원의장이 선거를 위한 시간과 날짜를 정하는 것을 담당하며, 선출은 비밀투표를 통해서 진행된다는 점이다.[140]

---

140) 공화국 대통령 선출의 절차에 관해서는 Joseph Barthélemy et Paul Duez, *op.cit.*, pp. 606 – 610 참조.

비록 공화국 대통령 후보의 자격과 관련하여 1875년 이래로 선출된 모든 대통령이 의원들이었다 하더라도, 법률은 나이나 능력에 대해서 어떠한 규정도 하고 있지 않기 때문에 공화국 대통령으로 선출되기 위해서 의원일 필요는 없다.

그렇지만 이와 같은 원칙에는 예외가 있다. 즉 1884년 8월 14일의 법률 제2조는 "이전에 프랑스를 다스렸던 왕가의 구성원은 공화국 대통령에 피선자격이 없다."라고 규정하고 있으며, 권력분립의 원칙상 의원의 자격과 공화국 대통령의 자격은 겸직을 할 수 없다. 비록 1875년 이전에 띠에르는 국민의회 의원인 동시에 공화국 대통령이었지만, 이와 같은 헌정사적인 선례가 겸직을 인정하는 논거가 될 수 없다. 따라서 공화국 대통령으로 선출된 의원은 사직서를 제출해야 하며, 명확하게 헌법이나 법률이 규정하고 있지는 않지만, 공화국 대통령은 다른 선출직 공무원의 직을 가져서도 안된다.[141]

3. 공화국 대통령의 권한

제3공화국 헌법에 규정된 공화국 대통령의 권한은 "1875년의 대통령은 바로 1830년의 개정된 헌장속의 군주이다."(Le président de 1875, c'est le roi de la Charte révisée de 1830)라는 명사처럼 "세습성이 제거된 하나의 군주"(monarque sans l'hérédité)로서의 성격을 가진다.[142]

---

141) Joseph Barthélemy et Paul Duez, ibid., pp. 611-612.

따라서 1875년의 헌법적 법률 속에서 공화국 대통령은 세습군주처럼 책임을 지지 않는 국가원수(chef d'Etat irresponsable)로서[143] 양원과 공동으로 법률안발의권을 가지며(공권력의 조직에 관한 법률 제3조)[144], 의회의 회기를 중단하고, 의회를 소집하고, 의회를 휴회할 수 있는 권한이 있을 뿐만 아니라(공권력의 관계에 관한 헌법적 법률 제2조), 심지어 의회해산권도 가졌다(공권력의 조직에 관한 법률 제5조).[145] 또한 모든 민사와 군사에 관한 직책에 대한 임명권(공권력의 조직에 관한 법률 제3조)[146], 사면권을 가지며(공권력의 조직에 관한 법률 제3조)[147], 7년의 임기로 선출되었지만 무한이 재선될 수 있었다(공권력의 조직에 관한 법률 제2조).[148]

이와 같은 1875년 헌법의 공화국 대통령의 권한에 관한 규정은 앞에서 설명한 바와 같이 국민의회의 다수파를 이루는 왕당파들이 보기에 당분간 왕정복고가 불가능할 것이기에 차후에 왕정복고를 하고자 하는 의지에 따라 단지 왕관만 없는 주권적 대리인(substitut de souverain)인 공화국 대통령직을 만들려고 하는 의도가 투영된 것이다.[149]

---

142) Marcel Morabito, *op.cit.*, p. 301 : Joseph Barthélemy et Paul Duez, *op.cit.*, pp. 625 - 626.

143) 1875년 2월 25일의 공권력의 조직에 관한 법률 제6조는 "공화국 대통령은 단지 국가반역죄의 경우에만 책임을 진다."라고 규정하고 있다.

144) 1830년 헌장 제15조는 "법률의 제안은 왕, 귀족원, 하원에 속한다."고 규정하고 있다.

145) 1830년 헌장 제42조는 "왕은 매년 양원을 소집한다. 왕은 양원을 연장할 수 있으며, 하원을 해산할 수 있다."라고 규정하고 있다.

146) 1830년 헌장 제13조는 "왕은 국가의 최고수장이다. 왕은 모든 관리를 임명할 권한을 가진다."라고 규정하고 있다.

147) 1830년 헌장 제58조는 "왕은 사면권과 감형권을 가진다."라고 규정하고 있다.

148) 당연하게도 1830년의 헌장에는 왕의 임기에 관한 규정이 없다. 다만, 제12조에서 "왕의 인격은 침해할 수 없으며, 신성불가침하다."라고 규정하고 있다.

1875년의 헌법체제에 있어서 집행권은 국무회의(Cabinet ministériel)
와 국가원수가 공유한다. 그렇지만 헌법규정상 권한이 명확하게 규
정되어 있는 국가원수와는 달리 국무회의에 대해서는 직접적인 규
정이 없으며, 단지 간접적인 언급정도에 그치고 있다.[150] 게다가 1876
년 3월 9일의 데크레[151]에 의해 세워질 국무회의 의장(le président
du Conseil)에 대해서는 언급조차 하고 있지 않다.

하지만 이와 같은 침묵에도 불구하고 1875년의 헌법체제는 국무
회의(Conseil des ministres)를 전제로 하고, 국무회의 의장(président
du Conseil)이란 직위 역시 염두에 두고 있다. 따라서 아래에서는
제3공화국 헌정체제에서 집행권의 한 축을 이루고 있는 국무회의
에 대해서 검토하고자 한다.

1. 의원내각제와 국무회의

각료들이 국무회의를 구성하는 것이 바로 의회제의 특징이다. 미

---

149) René Rémond, *op.cit.*, pp. 349 - 350.

150) 1875년 헌법이 각료회의를 규정하는 3개의 경우는 다음과 같다. 우선 2월 25일 공권력
    의 조직에 관한 법률 제4조는 conseillers d'Etat는 각료회의에 의해서 내려진 데그레에
    의해서만 파면된다고 규정하며, 같은 법 제7조는 공화국 대통령이 사망이나 다른 사유로
    공석이 된 경우에 집행권을 부여받는다고 규정하고 있으며, 마지막으로 7월 16일의 공권
    력의 관계에 관한 헌법적 법률 제12조는 상원은 각료회의에 의해서 만들어진 공화국 대
    통령의 데크레에 의해 법정으로 구성될 수 있다고 규정한다.

151) *DÉCRET qui nomme M. Dufaure Président du Conseil, Garde des Sceaux, Ministre
    de la Justice et des Cultes du 9 Mars 1876; Bulletin des Lois de la République
    Française*, XIIᵉ Série, N°293, pp. 97 - 98.

국의 경우 정부의 통일성은 미합중국 대통령의 개인적 행위에 의해 보장되며, 각료들은 각자 자기부서의 관리만 할 뿐 각료들 간의 토의는 존재하지 않는다.

하지만 의회주의체제하에서의 국가원수는 정부의 통일성을 그 자신에게만 보장할 수 있도록 하는 데 필요한 권위가 없다. 의회주의체제하에서는 국가원수(Chef de l'État), 국무회의 의장(Président du Conseil), 국무회의(Conseil des ministres)와 같은 여러 연계된 조직이 있으며, 이는 의회주의 정부의 최고의 기관이다.

2. 국무회의의 기초

국무회의 존재는 의회주의체제의 존재 그 자체로부터 도출된다. 의회주의체제하에서 정치는 주로 각료들에게 의존하며, 각료들은 정책의 원칙에 관하여 협력하여 결정해야 한다. 그리고 각료들은 정책에 대해서 연대하여 책임을 진다(1875년 2월 25일 법률 제6조). 따라서 의회주의체제하에서 정치적 방향은 공동으로 결정되어야 하며, 국무회의는 이와 같은 이유 때문에 존재한다.

또한 제3공화국 헌법은 공화국 대통령이 국참사원 위원을 임명하는 것은 바로 "국무회의에서"(en Conseil des ministres)이며, 임시적으로 대통령직을 맡게 되는 것도 국무회의(1875년 2월 25일 헌법 제7조)임을 규정함으로써 국무회의제도를 예정하고 있다.

3. 국무회의의 구성

국무회의는 모든 책임 있는 각료들(ministres responsables)만 포함해야 한다. 그러나 이와 같은 원칙은 입헌군주제하에서는 잘 적용되지 않았다. 실례로, 제1차 왕정복고시에는 왕이 신임하는 인물들이 국무회의에 들어갔으며, secrétaire des conseils du Roi라는 직위를 가진 자도 국무회의에 참석했으며, 마지막으로 ministre de la maison이라는 직위를 가진 자도 국무회의에 참석하였으나, 국가원수의 세비를 관리하는 일을 담당하며, 왕에 대해서만 책임을 졌다.

따라서 국무회의는 당연히 장관직을 가진 각료들(ministres à portefeuille)만 참석할 수 있다. 그 결과 무임소장관(ministres sans portefeuille)은 참석할 수 없으며, 차관(sous – secrétaires d'État)은 1906년 이후 종종 국무회의에 참석했지만 1931년과 1932년에는 국무회의의 참석이 허용되지 않고, 단지 내각회의(conseils de cabinet)에만 참석이 허용되었다.

4. 국무회의의 지위

(1) 국무회의와 내각회의의 구별

각료의 소집은 두 가지 양상을 형식으로 이루어질 수 있다. 즉 국가원수가 참석을 하는 경우 이를 국무회의(Conseil des ministres)라고 하고, 국가원수가 참석을 하지 않는 경우 이를 내각회의(conseils de cabinet)라고 한다.

내각회의의 기원을 살펴보자면, 16세기 초엽부터 4명의 국무경 (secrétaires d'État)과 가끔은 chancelier, 그리고 재정을 담당하는 수장이 아침에 왕의 방 옆의 작은 방인 cabinet에 모였다. 여기서 이들은 왕에게 공문을 읽어주고, 지시를 받기 위해서 왕이 일어나서 접견을 할 수 있기를 기다렸다. 기다리는 동안 이들은 공무에 대해서 서로 협의를 했으며, 이와 같은 것이 바로 내각회의(**conseils de cabinet**)의 기원이다.

따라서 프랑스 헌정사에 있어서 내각회의의 관행이 루이 필립으로부터 유래되었다는 것은 큰 오해이다. 왜냐하면 루이 필립은 헌정실제에 있어서 자기가 참석하지 않은 곳에서 각료들이 모임을 갖는 것을 방해했으며, 까시미르 페리에르(Casimir Périer)는 이에 저항했기 때문이다.

내각회의에 대한 국무회의의 가치는 국가원수가 참석한 국무회의만이 법적인 실체를 가지며, 이와 같은 국무회의만이 헌법규정과 법률의 문구에 의해 인정된다는 점이다. 즉 어떤 하나의 결정에 대해서 보다 강한 비중과 보다 강력한 권위를 부여하기 위해서 법률은 이와 같은 결정이 "국무회의에서(en Conseil des ministres)" 내려져야 하며, 당연히 공화국 대통령이 참석한 국무회의에 의해 검토되어야 함을 규정하고 있다.

(2) 회의의 비공개

국무회의에서의 토의는 비공개이다. 따라서 토의에 대한 기록도 없으며, 보고서 역시 존재하지 않는다. 국민들은 단지 "국무회의가 현안을 다루었다."는 사실만 알 수 있다. 이와 같은 국무회의의 토의의 비공개원칙은 프랑스의 경우 7월 혁명 다음날의 카시미르 페리에르 내각으로 거슬러 올라가며, 이는 영국의 전통이기도 하다.

하지만 이와 같은 국무회의 비공개성은 단점이 있다. 즉 정부는 토의를 하지만, 정부는 단지 그 자신을 위해서만 토의를 한다. 따라서 정부는 과거를 무시하고, 미래를 준비하지 않으며, 국무회의에 참석하지 않은 어느 누구도 그 결정의 이유를 알지 못한다. 그 결과 다음의 국무회의의 구성원들에게는 어떠한 언급과 가르침도 남겨 주지 않는다.

(3) 국무회의에서의 대통령의 역할

일반적으로 공화국 대통령은 국무회의에 참가하지만, 국무회의를 주재하지는 않는다고 한다. 하지만 공식적으로 국무회의를 소집하는 것은 공화국 대통령이며, 소집날짜에 대해서 국무회의 의장과 협의 후에 각료들의 소집을 통보하는 것도 바로 공화국 대통령이다.

그런데 토의를 주도하고, 발언권을 주고, 질문을 제기하고, 표결에 부치는 것은 국무회의장이라는 의견이 일반적으로 제시된다. 그러나 이와 같은 특권은 아주 숫자가 적고, 당연히 규율을 준수하는 모임 속에서는 분명하지 않으며, 확실하지도, 확립되어 있지도 않다. 따라서 공화국 대통령이 실세로 회의를 주재하고, 빌인권을 준다. 그리고 발언권이 주어지는 것도 국무회의 의장, 국새상서, 내무부장관, 외무부장관의 순서로 위계질서가 있다.

그리고 "내각회의에서는 담배를 피울 수 있지만, 국무회의에서는 담배를 피울 수 없다."(Le Conseil de cabinet, c'est quand on fume: le Conseil des ministres, c'est quand on ne fume pas)는 문구에서처럼 국가원수가 국무회의에 참석한다는 점은 각료들에게 어느 정도의 예의를 요구한다. 일반적으로 공화국 대통령이 국무회의에 참석하지만 회의를 주재하지 않는다는 생각에 상당히 중요성을 두는데 공화국 대통령이 국무회의를 주재하는 것은 일반적으로 받아들여진 사실이다.

따라서 모든 공보는 "오늘아침 국무회의가 대통령의 주재로 대통령궁에서 소집되었습니다."라는 문구로 시작되며, 이는 왕정복고와 7월 왕정으로부터 전수받은 전통적인 문구이다. 즉 공화국 대통령은 그가 없으면 국무회의가 존재하지 않기 때문에 국무회의에서 중요한 위치를 차지한다.

하지만 공화국 대통령은 공화국 대통령직의 무책임성 때문에 일반적으로 표결에 가담하지 않았다. 그러나 루이 18세, 샤를 10세는 표결에 가담했으며, 특히 루이 18세는 그의 투표가 다수를 형성하는 데 필요할 때마다 투표를 하는 것이 의무라고 생각했다.

그리고 공화국 대통령의 국무회의에서의 의견진술은 상당한 권위가 있다. 왜냐하면 국무회의의 결정은 단지 공화국 대통령의 서명을 통해서만 집행될 수 있기 때문에 공화국 대통령의 의견은 상당한 영향력을 갖기 때문이다. 따라서 공화국 대통령은 국무회의 없이는 어떤 것도 할 수 없지만, 국무회의 역시 공화국 대통령 없이 어떤 것도 할 수 없다.[152]

---

152) 비교법적으로, 영국의 왕은 각료들의 회의에 참석을 하지 않는다. 각료의 책임과 권위의 발전에 중요한 단계를 나타내는 이와 같은 왕의 각료회의에 대한 불참은 전통적으로 Robert Walpole이 독일어를 모르고, George Ier 가 영어를 모른다는 사실로부터 비롯되

5. 국무회의의 역할

국무회의는 실제적인 권위가 있으며 결정권이 있다. 따라서 국무회의는 대통령제하에서의 장관들의 모임(réunion des ministres)과는 아주 상이하다. 미합중국의 대통령은 각료들과 토의를 하기 위해서 각료모임을 소집한다. 하지만 그는 "7명이 반대하고, 한 명의 찬성하는 경우 한 명이 이를 압도한다."(Sept non, un oui. Les oui l'emportent).라는 문구처럼, 그 자신이 원하는 대로 결정을 한다.

그러나 의회주의 하에서의 국무회의는 결정을 하고, 법적인(juridique) 역할을 한다. 모든 결정은 각료의 부서가 있는 국가원수의 데크레를 통해서 나타난다. 그러나 결정을 내리는 것은 바로 국무회의이며, 종종 고위공무원은 국무회의에 의해서 임명된다. 그리고 국무회의는 임시적으로 공화국 대통령직을 수행하며, 이 경우 데크레는 국무회의 의장이 국무회의의 이름으로 서명을 한다.

그리고 국무회의는 정치적인 역할을 하며, 각료들의 행동을 통괄하거나, 통괄해야 한다. 일반정책에 관계되는 어떤 하나의 행위가 있을 때, 관계각료는 법적인 주체이지만, 실제로는 국무회의가 주체가 되며, 종종 고위공무원을 임명할 때 국무회의는 여러 후보자 중에 투표를 하고, 그리고 나서 해당각료(권한이 있는 각료)는 임명행위를 한다. 따라서 고위공무원의 임명은 국무회의를 통해서 이루어진다. 특히, 국참사원 위원은 헌법상 국무회의에서 임명이 되어야 한다.

었다. 그러나 이 점이 유일한 이유가 아닌 것만은 분명하다. Joseph Barthélemy et Paul Duez, *ibid.*, pp. 659 - 661.

그리고 국무회의는 국가의 일반정책에 관련될 수 있는 모든 문제에 대한 토의를 하며, 국무회의에서 있었던 각료들의 토의는 토의를 참여하는 각료들 간의 연대성(solidarité)을 강화시키게 된다. 그렇지만, 이와 같은 의회주의의 관습은 어떤 국가적 이익이 걸려 있는 사안에서 다른 각료들이 침묵을 지키고 있을 경우에는 단점으로 작용할 수 있다.

6. 국무회의의 의장

(1) 의장의 합헌성

1875년의 헌법적 법률들이 사실상 국가최고권력 기관인 국무회의 의장(Président du Conseil)과 같은 인물에 대해서 규정하고 있지 않은 것은 놀라운 일로 평가된다. 어떤 이들은 이와 같은 침묵으로부터 성급하게 헌법제정자들은 국무회의 의장이라는 기관의 창설을 고려하지 않았다고 결론을 내린다.

하지만 이는 타당하지 않다. 왜냐하면 우선 1875년의 헌법적 법률의 관습적 성격을 감안해야 한다. 즉 1875년의 헌법적 법률은 짧은 말로써 1814년에서 1848년 사이에 작동한 완전한 의회주의체제를 채택했으며, 의회주의체제에서는 당연히 수상(premier ministre)이 존재한다. 그리고 기조(Guizot)가 1874년에 죽었으며, 그 무렵 그의 경쟁자인 띠에르는 정치의 일선에 있었으며, 우파의 대표적인 정치인인 브로이가 의회주의체제를 신봉했다는 점이 고려되어야 한다. 또한 국민의회는 영국의 위대한 수상들에 대해서 잘 알고 있었으며, 심지어 의회주의체제는 수상이 가장 높고, 강력한 권위를 행사해야만 정상적으로 작동한다는 것을 알았다. 마지막으로 헌법은 "국무회의(Conseils des ministres)"에 대해서 규정하는데, 국무회의 의장이 존재하지 않는 국무회의는 존재하지 않기 때문이다.

(2) 의장의 역할

학자가 아닌 정치가에 의해 기초된 1875년의 헌법적 법률은 국무회의 의장에 대해서 규정하고 있지 않으며, 단지 전제로 하는 데 그치고 있다. 하지만 국무회의 의장은 다음과 같은 역할을 수행한다. 즉 각료들의 토의를 지도하는 것은 바로 국무회의 의장이며, 의회 앞에 정부의 일반정책을 대표하고, 가장 중요한 대정부 질문에 대답해야 하는 것도 국무회의 의장이다. 또한 국민 앞에 정부의 이름으로 말하는 것도 국무회의 의장이다. 요컨대, 국무회의 의장은 정부의 수반(chef du Gouvernement)이다.

1) 각료들의 수장

국무회의 의장은 각료들의 수장으로서 사실상 각료들이 그들의 권력을 가지는 것과 그들의 권력을 잃을 수 있는 것은 바로 국무회의 의장으로부터이다. 따라서 이와 같은 방법으로 국무회의 의장은 정부의 권위를 구현하며 각료들의 수장의 위치를 차지하게 된다.

실제로 국무회의 의장의 직위는 소집된 각료들의 토의의 방향을 정하는 데 그치는 것이 아니라, 보다 강한 권위를 포함하고 있다. 법률적으로 국무회의 의장은 국가원수의 모든 결정을 혼자 부서하는 유일한 각료인 독일의 "수상(chancelier)"과 다르지만 국무회의 의장은 "동료들 중의 최고의 자리"(primus inter pares)로 간주되므로, 국무회의 의장은 하나의 수장(chef)으로 보아야 한다.

2) 국무회의 의장의 부속기구

그렇지만, 이와 같은 국무회의 의장의 역할에 상응하는 부속기구는 프랑스 제3공화국 내내 존재하지 않았다. 즉 국무회의 의장에게 그 의무에 상응하는 기구(instrument)를 부여하기 위한 여러 시도가 있었지만, 이는 실패했으며, 그 결과 국무회의 의장에게는 그 업무를 보좌하는 조직이 없다.

3) 국무회의 의장과 의회다수파의 수장의 관계

국무회의 의장은 정부를 이끌어가야 하는 일 때문에 의회의 수장(leading des assemblées)의 역할을 할 수 없다.

영국의 경우 국무회의 의장은 선거에서 승리한 다수파의 수장이며, 다수파에서 가장 영향력 있는 사람이다. 따라서 그의 수뇌부인 내각으로부터 보좌를 받는 국무회의 의장은 내각의 연대성과 다음 선거에서의 승리를 위해서 계속 조마조마한 상태에 있게 되며, 수뇌부의 장으로서 당연히 의회다수파를 지도한다. 그리고 대부분의 경우 의회의 개회, 의회활동의 수준과 다양함은 국무회의 의장인 수상에게 의존한다.

그렇지만 프랑스의 경우 사정이 다르다. 왜냐하면 대중적인 지지를 기반으로 한 클레망소(Clemenceau)는 그와 좋은 관계에 있지 않은 다수파와 대항하였으며, 1919년 11월 16일에서 1924년 5월 11일까지의 대부분의 국무회의 의장은 전쟁 후에 최초의 선거로부터 선출된 다수파와 의견이 완전히 일치하지 않았기 때문이다.

제2항　양원제

Ⅰ　양원제의 의의와 연혁

양원제(bicaméralisme)은 입법부의 구성함에 있어 국민의 직접적인 대표인 하원(chambre basse)과는 달리 상원(chambre haute)이라고 불리는 제2원(second chambre)이 존재하는 체제를 말하며 영국 헌정사에서 그 직접적인 기원을 둔다.

영국 헌정사에 있어서 양원제는 두 계급사이의 공존 또는 두 사회적 세력 간의 공존을 위한 시도로서 이전의 귀족은 상원(Chambre des lords)에서 그들의 활동영역을 찾았으며, 인민들은 하원(Communes)에서 그들의 대표를 가지게 되었다.

이와 같은 계급 간의 타협으로서의 영국의 양원제는 프랑스 헌정사에 있어서는 혁명기, 왕정복고, 제정체제에서 여러 상이한 모습으로 나타났으며, 프랑스 제3공화국 이전까지 존재한 상원을 연대순으로 열거해보면 다음과 같다. 즉 ⅰ) 혁명력 3년 공화력 12

월(fructidor) 5일의 원로위원회(Conseils des Anciens)는 500인 위원회(Conseil des Cinq Cents)와 동일한 유권자에 의해 선출되었으며, 이는 1875년 이전에 존재했던 유일한 민주적인 상원의 예이다. ⅱ) 혁명력 8년의 Sénat는 이론적으로는 현회원에 의한 신입회원을 임명하는 방식이었지만, 황제 역시 추천권을 가졌다. 실제로, 혁명력 8년의 Sénat는 종신상원이자 임명상원으로서의 성격을 가졌으며, 헌법을 보호하는 임무를 부여받은 독자적인 위상을 차지하였다. ⅲ) 1814년의 헌장체제에서의 상원은 세습상원 또는 종신상원으로서의 성격을 가졌다. 하지만 그 뒤 왕의 칙령(ordonnance)에 의해 종신상원의원제도는 폐지되었다. 따라서 제2차 왕정복고시기의 귀족원(Chambre des Pairs)은 귀족적이고, 세습적인 상원으로서의 성격을 가진다. ⅳ) 7월 왕정체제의 상원은 1831년 12월 29일의 법률에 따라 상원의원의 세습성이 폐지되었다. 따라서 상원은 보다 민주적인 방향으로 나아가게 되었다. ⅴ) 1852년 1월 14일 헌법에서의 상원(Sénat)은 1851년 12월 2일의 포고(proclamation)에 따라 "국가적 차원의 저명인사(illustrations du pays)"를 포함하는 상원이었다. 그렇지만, 황제는 자유로이 "최고의 저명인사(grandes illustrations)" 중에서 상원의원을 선택할 수 있는 체제였다.153)

---

153) Joseph Barthélemy et Paul Duez, *ibid*, pp. 449 - 450.

1. 양원제의 장점

(1) 역사적이고, 비교법적인 양원제의 장점

의회의 이원성은 근대헌법이 정립될 무렵인 19세기 말과 20세기 초의 대부분의 유럽대륙 국가들이 채택한 체제로서 의회 구성을 위한 하나의 자명한 이치로 받아들여졌으며, 양원제를 규정한 헌법이 단원제를 규정한 헌법보다 오래 지속되었다는 점에서 헌정에 안정을 가져다주었다고 평가될 수 있다. 왜냐하면 지구상에서 가장 오래된 헌법을 가진 두 나라인 영국과 미국이 비록 그 성격은 다르지만 양원제를 채택하고, 유지하고 있으며, 프랑스의 경우 단원제를 채택한 1793년 6월 24일 헌법(일명 산악당 헌법)은 결코 실행되지 않았고, 1791년 9월 3일 헌법은 1791년 8월 10일에 정지되었기 때문에 일 년 미만 동안만 실행되었고, 단원제를 규정한 헌법 중에 가장 오래 지속된 1848년 11월 4일 헌법은 단지 3년만 실시되었다는 점 등의 역사적 사실은 단원제가 민주주의에 충실한 것처럼 보이지만, 헌정체제의 안정에는 그렇게 큰 역할을 하지 않았다는 점을 보여 주었다.

(2) 이성적 추론에 의한 양원제의 장점

우선 양원제는 억제 또는 조절하는(modératrice) 의미를 가진다.

즉 부아시 당글라(Boissy d'Anglas)의 "하원은 국가의 상상이고, 상원은 이성이다."(La chambre basse sera l'imagination de l'État, la chambre haute, la raison)라는 말처럼 양원제는 위험을 무릅쓰고 어떤 일을 진행하려는 경향과 신중(prudence)과 보존(conservation)의 경향 간의 균형을 이루도록 하는 역할을 한다.

그리고 양원제는 의회의 전제를 방지하는 하나의 보장책으로서의 역할을 한다. 즉 양원제는 의회조직에 있어서 "권력이 권력을 막아야 한다."(Il faut que le pouvoir arrête le pouvoir)는 몽테스키외의 사고를 적용한 것으로서,[154] 자신만이 국민의 의사를 대표하고 있다고 착각하는 단원제하의 의회전제를 방지하는 역할을 한다.

또한 양원제하의 제2원(seconde chambre)에 의한 법률의 검토는 법률제정(confection de la loi)의 원숙함을 보장한다. 일반적으로 법률안에 대한 두 번의 독해(lecture) 즉 두 번의 토의는 법률을 제정하는 데 충분한 정도의 신중함을 기울인 것으로 평가되지만, 실제로 두 번의 토의는 실질적인 토의가 되지 못한다. 왜냐하면 두 번째 토의는 형식적인 토의에 그치거나, 긴급선언에 의해서 존재하지 않기 때문이다. 그러나 양원제를 실시할 경우 상원은 법률제정의 신중함을 보장할 수 있다.

그리고 양원제는 의회와 정부의 충돌을 감소시킨다. 왜냐하면 두 개의 의회가 존재하는 경우 정부수반에 의한 쿠데타는 비록 불가

---

154) Montesquieu는 "두 개의 부분으로 구성된 입법부는 상호 간에 방해하는 능력을 통하여 하나가 다른 하나를 구속 한다. 그리고 이 두 개의 부분은 입법부에 의해서 그 스스로 구속하는 집행권에 의해 연결되어 있다(Le corps législatif y étant composé de deux parties, l'une enchaînera l'autre par sa faculté mutuelle d'empêcher. Toutes les deux seront liées par la puissance exécutrice, qui le sera elle-même par la législative)."라고 했다. Montesquieu, *De l'esprit des lois*, liv. XI, ch. VI.

능하지는 않을 지라도 그 가능성이 낮으며, 만약 국가원수와 양원
간의 충돌할 경우 국가원수는 양보를 해야 하는 상황에 처하게 되
며, 국가원수가 양원 중의 하나의 원에 의존하는 경우 국가원수는
다른 원을 굴복시키기 쉬울 것이기 때문이다.

양원제의 장점에 관한 이와 같은 일반적인 이유 외에 공화주의
적 체제를 위한 다른 이유가 있다. 즉 군주제하에서는 헌정체제의
고정적 요소는 세습군주인데 반하여, 공화국 체제에서는 임기가 정
해진 국가원수는 고정적 요소가 아니다. 하지만 임기의 장기성과
부분적 개선으로 구성되는 상원은 공화주의체제하에서 고정적인 요
소로 작용할 수 있다. 그리고 공화국 대통령이 만약 단원제인 의회
에서 임명되는 경우 공화국 대통령은 의회의 하수인에 불과한 존재
가 될 가능성이 높다. 따라서 상원의 존재는 공화국 대통령이 제1원
의 부당한 요구에 대한 저항을 위하여 제2원에 의지할 수 있음으로
써 공화국 대통령의 독립성을 어느 정도의 보장해 줄 수 있다.[155]

2. 양원제의 단점

(1) 이론적인 반대

양원제에 대한 이론적인 반대는 양원제는 국민의사의 통일성과
불가분성의 원칙과 논리적으로 모순된다는 입장이다. 하지만 의회
만이 국민의사를 대표하지 않으며, 국가원수와 정부 역시 국민대표
로서의 성격을 가진다는 반론이 있다.

---

155) Joseph Barthélemy et Paul Duez, *op.cit.*, pp. 458 - 460.

(2) 실제적인 측면의 반대

우선 양원제는 오히려 헌법적인 충돌의 기회를 증가시킬 뿐이라는 주장이 있다. 즉 만약 양원의 의사가 일치한다면 두 개의 의회의 존재는 무익한 일이고, 양원의 의사가 불일치하는 경우 이는 만성적인 충돌이 될 수 있다는 견해다. 하지만 양원 간의 충돌을 일반적으로 극단적인 충돌로 생각해서는 안 된다. 왜냐하면, 실제로 이와 같은 충돌은 타협의 과정이며, 일반적으로 양원은 결국 합의를 하기 때문이다. 그리고 자유주의적이고 진정한 해결책이 태어난 곳은 바로 이와 같은 이념과 성향의 충돌과 대립에서부터이기 때문이다.

그리고 양원제는 법률제정을 위한 토의과정을 상당히 지연시킨다는 주장이 있다. 하지만 헌정실제상 법률제정 과정에 존재하는 토의지연의 책임은 정부와 하원에게도 있다는 것을 보여 준다. 왜냐하면 하원의원은 종종 유권자들의 환심을 살만한 어떠한 법률을 가결하면서, 상원에서 부결될 것을 기대하거나, 상원이 그들의 신중치 못한 행동을 무효화하여줄 것을 기대하기 때문이다.

그리고 상원이 법률을 검토한다는 점은 법률의 명확한 동기나 내용의 관점에서 긴요하다. 왜냐하면, 상원은 하원의 개혁적인 입법에 대해서 "우리는 어디를 가는가?"(Où allons – nous?)라고 말을 해 줄 수 있는 기관이기 때문이다.

1875년 헌법의 정신적 아버지인 브로이 공작(duc de Broglie)과 프레보 파라돌(Prévost Paradol)은 각각 그들의 저서를 통하여 양원제를 그들의 헌법구상의 필수적 제도로 생각했다.[156] 그리고 왕당파가 다수인 국민의회 역시 상원을 헌법에 도입하고자 했으며, 뒤포르(Dufaure)는 "1875년 헌법은 무엇보다도 상원이다."(La constitution de 1875, c'est avant tout un Sénat)라고까지 주장한다.

따라서 1875년 2월 25일의 공권력의 조직에 관한 법률 제1조는 "입법권은 하원과 상원의 양원에 의해 행사된다."라고 규정하며, 여기서 1875년의 헌법제정자들의 생각과 헌법적 법률 속에 나타난 표현은 상원을 우월한 기관으로 두고자 했음에 분명하다. 왜냐하면 상원은 제3공화국의 헌법에 해당하는 1875년 2월 24일의 "상원의 조직에 관한 법률"이라는 근거규정을 가지고 있지만, 하원에 대해서는 침묵을 지키고 있기 때문이다.[157]

그리고 제3공화국 헌법의 제정자들은 민주주의에 전염된 하원에 대한 방패로써 상원을 보수적인 기관으로 만들고자 했다. 왜냐하면 75명의 종신상원의원제도,[158] 40세를 피선거 연령으로 한 점[159], 9

---

156) Prévost Paradol, *op.cit.*, pp. 105 - 113: le duc de Broglie, *op.cit.*, 273 - 307.

157) 하원에 관한 규정은 1875년 2월 25일의 공권력의 조직에 관한 법률 제1조의 2에서 "하원은 선거 법률에 의해 정해진 조건에 따라 보통선거를 통해 임명된다."라는 규정을 통해서 보통선거의 원칙만 헌법적 차원에서 정하고, 그 외에는 별도의 조직 법률의 규정을 참고하도록 하였다. Loi organique sur l'élection des députés du 30 Novembre 1875, *Bulletin des Lois de la République Française*, XIIᵉ Série, N°279, pp. 1017 - 1021: 1875년 11월 30일의 하원 선거에 관한 조직 법률의 자세한 내용은 *Lois annotées ou Lois, décrets, ordonnances, avis du Conseil d'État(8e SÉRIE, 1876~1880),* Paris: Bureaux de l'administration, pp. 23 - 36.

년의 임기, 상원의 구성을 1 / 3씩 개선하도록 한 점,[160] 그리고 무엇보다도 도시에 대해서 농촌의 우월성을 보장하도록 한 규정[161]은 이를 확인해 주기 때문이다.

요컨대 1875년의 헌법이 채택한 양원제는 보수적인 상원우위의 불평등한 양원제의 성격을 나타낸다. 하지만 이와 같은 상원의 모습은 헌법 개정이라는 명시적인 방법과 헌정관행의 변화에 따른 관습적인 요소에 따라 변모되지 않을 수 없었다.

---

158) 1875년 2월 24일 상원의 조직에 관한 법률 제1조 "75명의 상원의원은 국민의회에서 선출된다.", 제7조 "국민의회에 의해 선출된 상원의원은 종신의 신분보장이 된다. 사망, 사임, 또는 다른 이유가 있는 경우에 상원 자신에 의한 상원의원의 충원이 이루어진다."

159) 1875년 2월 24일 상원의 조직에 관한 법률 제3조 "적어도 40세인 프랑스인이 아니고, 시민적·정치적 권한을 향유하지 않는 한 상원의원이 될 수 없다."

160) 1875년 2월 24일 상원의 조직에 관한 법률 제6조 "도와 식민지의 상원의원은 임기가 9년 이며, 3년마다 1/3씩 개선된다."

161) 1875년 2월 24일 상원의 조직에 관한 법률 제2조.

제**3**장

제3공화국 헌법체제의 현실

제1절 집행권의 이원적 구조의 붕괴

1875년의 헌법제정자들이 고안한 헌정체제는 헌정실제에 있어서 헌법제정자들이 생각하지 못한 방향으로 혁명적 변화를 겪게 된다. 그리고 이와 같은 진행에서 명시적·규범자체의 변화(헌법 개정)보다 헌법적 관행에 의한 변화가 1875년의 헌법체제를 보다 근본적으로 바꾸어놓았다.

따라서 아래에서는 헌법적 관행에 의해서 제3공화국 헌법체제가 어떻게 변용되었는지를 중심으로 살펴보고자 한다.

제1항 헌법 개정에 의한 체제의 변화

프랑스 제3공화국 헌법제정시 헌법 개정절차를 쉽게 하려는 생각은 왕당파들이나 공화파들이나 다 같이 원하는 바였다. 왕당파의 입장에서 나중에 상황이 왕정복고에 다시 유리해지면 공화국 대통령의 사리에 왕을 즉위시키고자 하는 바람이 있었고, 공화파의 입장에서는 비록 지금은 임시적인 타협으로 공화국을 소극적으로 규정했지만, 나중에 상황이 유리해지면 그들이 원하는 체제를 확고히 하고자 하는 의도를 가지고 있었다.

따라서 국민의회는 헌법이 아주 쉽게 개정될 수 있게 헌법 개정에 관한 조항을 제정했으며, 그 헌법 개정조건은 아주 간단하다. 즉 헌법 개정을 위해서 각각의 원은 그 자신이 개정의 의사를 표명해야 하며, 양원이 베르사유에 국민의회(Assemblée nationale)로 소집되어 개정작업에 착수하는 것으로 충분했으며,[162] 프랑스 제3공화국의 헌정은 이와 같은 헌법 개정절차에 따라 세 번의 헌법 개정을 했다. 이 중에 1926년의 헌법 개정은 경제적 측면의 신용 회복을 위해서 재정적 질서를 회복하고 부채를 줄이려는 의지를 표명하는 것과 관계가 있는 개정이었던 반면에[163] 1879년의 헌법 개정은 1875년의 헌법체제가 규범적인 차원에서 공화주의적으로 변화하는 출발로서의 의미를 지니며, 1884년의 헌법 개정은 공화파들이 정권을 확고히 잡았다는 것을 나타내어 주는 것과 동시에 제3공화국 헌법제정시 공화파들이 헌법적인 제도로서 인정하고 싶지 않았던 상원에 대한 개혁을 한다. 따라서 본 논문에서는 정치 질서차원에서 의미가 있는 1879년과 1884년의 헌법 개정에 대해서만 살펴보고자 한다.

---

162) 헌법 개정의 절차에 대해서는 Joseph Barthélemy et Paul Duez, *op.cit.*, pp. 887 - 898 참조: 여기서 Joseph Barthélemy는 프랑스 제3공화국의 헌법 개정절차에 대한 비판점으로 ⅰ) 국민이 헌법 개정절차에서 배제된 점이 민주주의 원칙에 반한다는 점, ⅱ) 보통의 법률의 제정에서와는 달리 원숙함에 대한 보장을 포함하고 있지 않다는 점, ⅲ) 절제와 안정성을 대표하는 상원이 국민의회에서 소수파에 처하게 된다는 점, ⅳ) 대통령의 거부권이 인정되고 있지 않다는 점을 지적한다. Joseph Barthélemy et Paul Duez, *ibid.*, p. 898.

163) 1926년 8월 10일의 헌법적 법률에 관해서는 Joseph Barthélemy / Paul Duez, *ibid.*, p. 33 참조.

Ⅰ 1879년의 헌법 개정

1871년 국민의회가 소집되었을 당시 파리는 정치, 경제, 교육, 문화의 중심지였으므로 프랑스의 수도는 파리가 되는 것이 당연했다. 하지만 국민의회의 다수를 이루는 지방명사들은 파리를 파리코뮌의 기억으로 선명한 혁명과 무질서의 도시로 여겼기 때문에 국민의회는 파리가 아닌 베르사유를 수도로 삼았으며, 심지어 일부 국민의회 의원들은 베르사유조차 파리와 너무 가깝다고 생각했다.

하지만 이와 같은 사정은 상당한 불편을 감수해야 했다. 왜냐하면 대부분의 행정부서는 파리에 소재했으며, 대부분의 국민의회 의원들 역시 파리에 거주했기 때문에 의원과 각료, 국가원수는 계속 공무를 위해서 파리와 베르사유를 왕래해야만 했기 때문이다.

하지만 그레비가 공화국 대통령으로 선출된 사건은 공화파들에게 공화국의 시대를 의미하는 것이었다. 따라서 그에 상응하는 조치로서 파리코뮌 가담자에 대한 사면이 있었으며,[164] 혁명의 도시인 파리를 사면해야 할 때가 무르익었다. 이에 공화파들은 우선 공권력의 소재지를 베르사유로 정하는 1875년 2월 25일 법률 제9조를 1879년 6월 21일의 헌법적 법률로 폐지했으며,[165] 1879년 7월 22일 법률을 통해서 공권력과 양원의 소재지를 정했다.[166]

---

164) Gabriel Hanotaux, *Histoire de la France Contemporaine(1871~1900)Ⅳ -La République Parlementaire*, Paris: Ancienne Libraire Furne, 1908, pp. 552 - 563).

165) *LOI qui revise l'article 9 de la loi constitutionnelle du 25 février 1875 du 21 Juin 1879*(Bulletin des Lois de la République Française, XⅡe Série, N°449, p. 789).

166) "제1조 집행권과 양원의 소재지는 파리이다. 제2조 뤽상부르그궁은 상원에, 부르봉궁은 하원에 배정된다.", *Loi du 22 juillet 1879 relative au siège du Pouvoir exécutif et des Chambres à Paris du 22 Juillet 1879, Bulletin des Lois de la République*

그리고 이와 같은 헌법 개정은 비록 내용적으로는 수도의 교체에 불과한 헌법 개정이지만, 공화파들이 그들의 이념적 성지를 재탈환한 것은 제3공화국 헌법체제의 새로운 출발을 알리기에 충분한 사건이다.

II 1884년의 헌법 개정

1884년에 이루어진 두 번째 헌법 개정[167]은 왕당파에 대한 공화파의 확실한 승리를 보여 주며, 프랑스 사회가 완전한 민주주의 사회로 접어들었음을 나타낸다. 또한 이와 같은 헌법 개정은 제3공화국 헌법체제의 균형을 이루는 한 축인 상원에 대한 개혁을 포함함으로써 오를레앙적(이원적) 의원내각제의 부활로서의 제3공화국 헌법에 대한 근본적 수술로서의 성격을 가진다.

문제가 되는 1884년 8월 14일의 헌법적 법률의 내용을 살펴보자면 우선 제2조는 "정부의 공화국적 형태는 개정제안의 대상이 될 수 없다. 프랑스를 통치한 적이 있는 가문의 구성원은 공화국 대통령직에 피선거 자격이 없다."라고 규정함으로써 공화주의자들이 공화국을 공고히 했다는 것을 나타내었으며, 제4조는 "공권력의 관계에 관한 1875년 7월 16일의 헌법적 법률 제1조의 세 번째 문단을 폐지한다."라고 규정함으로써 매년 각 원의 정기회가 개시될

Française, XIIe Série. N°459, pp. 61 – 62.

167) LOI portant Revision partielle des Lois constitutionnelles du 14 Août 1884. *Bulletin des Lois de la République Française*, XIIe Série. N°861, pp. 113 – 114.

때 행해지던 공적인 기도를 폐지했으며, 이를 통해 공화국이라는 틀 속에 정교분리(laïcité)의 원칙을 채우기 시작했다.

그리고 5월 16일의 위기에서 하원이 해산된 후에 오랜 공백으로 인하여 불편함을 겪은 공화파는 이와 같은 불편함을 감소하기 위해서 "하원해산의 경우 새로운 선거를 위한 선거인단은 2개월 내에 소집되며, 하원은 선거행위 종료 후 10일 내에 소집된다."라고 규정했다.

마지막으로 공화파는 1875년의 헌정체제에서 그 설치를 인정하고 싶지 않았으며, 오를레앙적(이원적) 의원내각제의 중요한 한 축을 이루는 상원에 관한 개혁에 착수했다. 즉 제3조는 "1875년 2월 24일의 헌법적 법률 제1조에서 제7조까지는 더 이상 헌법적 성격을 가지지 않는다."라고 규정함으로써 상원에 관한 조항의 헌법적 성격을 제거했으며, 그 결과 상원은 규범적으로는 더 이상 하원에 대해 우월적 존재일 수 없었다. 게다가 1884년 12월 9일의 일반법률[168]에 따라 종신상원제도는 폐지되었으며, 상원의원 선거의 선거인단구성에 있어서 코뮌 간의 평등원칙 역시 폐지되었다.[169]

---

168) *LOI portant modification aux Lois organiques sur l'organisation du Sénat et l'élection des Sénateurs du 9 Décembre 1884, Bulletin des Lois de la République Française,* XIIe Série, N°895, pp. 49 - 54.

169) 1875년 2월 24일의 상원의 조직에 관한 법률 제1조는 "상원은 300명의 상원의원으로 구성된다. 225명의 상원의원은 도와 식민지에서 선출되며, 75명의 상원의원은 국민의회에서 선출된다."라고 규정했음에 반하여, "1884년 12월 9일의 상원의 조직과 상원의원의 선거에 관한 조직 법률의 개정을 규정하는 법률" 제1조는 "상원은 도와 식민지에서 선출된 300명의 상원의원으로 선출된다. 현재의 상원의원은 국민의회 또는 상원에서 선출된 상원의원과 도와 식민지에서 선출된 상원의원의 구별 없이 선출될 당시의 기간 동안 임기가 보장된다."라고 규정함으로써 75명의 종신상원의원에 관한 조항을 삭제하였다. 1884년 12월 9일 법률에 의해 변화된 제3공화국의 상원의원 선출에 관한 설명은 Joseph Barthélemy et Paul Duez, *op.cit.*, pp. 472 - 473 참조.

Ⅰ 1875년 헌법의 실행후의 상황

　　1875년의 헌법적 법률이 발효 후에 공화국 대통령직에 대해서는 어떠한 영향도 없었다. 공화국 대통령의 임기는 7년으로 정해졌으며, 1873년 5월에 취임한 맥마옹의 임기는 1880년에 가서야 끝이 나기 때문이다.

　　하지만 의회의 경우 사정이 달랐다. 1875년의 헌법을 제정하는 임무를 맡았던 국민의회는 새로운 상원과 하원에 그 자리를 내주기 위해서 1875년의 마지막 날에 해산했기 때문이다.[170] 이에 따라 1876년 1월 30일 프랑스 전역에 225명의 선출직 상원의원(sénateurs électifs)을 뽑기 위한 선거인단이 소집되었으며, 선거인단이 선출한 대부분의 상원의원은 해산된 지 얼마 되지 않은 국민의회를 구성하고 있었던 의원들이었으며, 선거에서 공화파는 91석을 보수파인 왕당파는 134석을 차지하였다. 그리고 종신상원의원의 선출의 경우 헌법제정 과정에서 중도우파에게 배신감을 느낀 정통주의자들과 강베타의 공모결과 공화파는 75석 중에 55석을 획득하게 되었다.[171] 그 결과 전체 상원의 구성은 우파 154석에 공화파 146석으

---

170) "제5조 상원과 하원은 1876년 3월 8일 수요일 Versailles에서 소집된다. 국민의회의 권한은 상원과 하원의 소집이 있는 날 종료한다." LOI relative à la date de l'élection des sénateurs et des députés, et à la séparation de l'Assemblée nationale du 30 décembre 1875, *Lois annotées ou Lois, décrets, ordonnances, avis du Conseil d'État*, Paris: Bureaux de l'administration, 8e Série(1876~1880), p. 19.

로 구성되었으며,172) 이와 같은 우파의 강세는 몇몇 종신상원의원의 사망에 따른 선출로 더욱 강화되었다.

반면 보통선거를 통한 하원의원 선거는 이와 다른 결과를 보여주었다. 두 번의 선거가 단기투표(scrutin uninominal)를 통해서 2주간의 간격으로 1876년 2월 20일과 3월 5일 사이에 치러졌으며, 선거 참여율은 74%로 평균적이었다. 투표결과 공화파들은 360석을, 보수파인 왕당파는 150석을, 보나파르티스트들은 75석을 차지하게 되었다.173)

따라서 공화국 대통령은 보수파인 군주주의자가 여전히 자리를 차지하게 되었으며, 상원은 보수파가, 하원은 공화파가 다수파를 차지하게 됨으로써 두 개의 권력이 다른 하나의 권력에 대항하는 구도를 가지게 되었다. 그리고 이는 1875년의 헌법적 법률이 충분히 예상한 구도로서 보통선거의 충동에 휩싸인 하나의 의회에 대항하여, 대통령의 권위와 상원의 지혜라는 균형추가 존재하는 그와 같은 구도였다.

하지만 여기서의 쟁점대상은 국가원수와 하원의 신임을 공통적으로 받아야 하는 정부이며, 5월 16일의 위기(crise du 16 mai)는 여기서부터 출발한다.

---

171) 제3공화국에 존재했던 116명의 종신상원의원의 명단은 Jean - Marie Mayeur et Alain Corbin(sous la direction de), *Les immortels du Sénat 1875~1918*, Paris: Sorbonne, 1995, 193 - 195 참조.

172) Marcel Morabito, *op.cit.*, p. 309: 그러나 René Rémond은 종신상원의원의 경우 75명 중에 60명 이상의 공화파의원과 15석 미만의 보수파의 의석으로 분류하며(René Rémond, *op.cit.*, p. 364), 선출직 상원의원의 경우 116명의 보수파, 92명의 공화파, 17명의 입헌파(constitutionnels)가 당선된 것으로 계산하여, 상원의 의석구도를 151명의 보수파와 149명의 공화파로 분류한다. René Rémond, *ibid.*, p. 373.

173) Marcel Morabito, *op.cit.*, p. 309.

헌법기관과의 충돌은 곧바로 일어나지 않고, 1877년 5월에 일어났다. 이 무렵 국무회의 의장(président du Conseil)인 쥘 시몽은 그 자신보다 보수적인 공화국 대통령과 그 자신보다 진보적인 하원 사이에서 불안정한 상태에 처하게 되었으며, 국무회의가 의지하고 있는 두 개의 권력을 능숙하게 다루기 위한 충분한 능력을 가지고 있지 못했다.

그러나 하원의 다수파인 공화파는 계속 정부에 대한 압력을 가했으며 이와 같은 와중에 제3공화국의 헌정체제를 근본적으로 변화시킨 출발점은 종교적 문제에서 비롯되었다. 즉 5월 초 로마교황의 지상권(pouvoir temporel) 회복을 찬성하는 주교의 호소에 대한 하원의 토의 중 강베타는 페이라(Peyrat)로부터 빌려온 행동지침으로 "성직자주의, 이는 적이다!"(Le cléricalisme, voilà l'ennemi!)[174] 라는 말을 했으며,[175] 하원의 다수파는 교황권 지상주의를 찬성하는 시위를 비난하는 의사일정을 채택했고 이에 대해서 정부는 반대하지 않았다. 그리고 며칠 뒤에 하원은 약 2년 전에 통과되었으며, 정부에 통제의 권한을 주는 언론에 관한 법률을 폐지했다. 하지만 이에 대해서도 정부는 반대를 하지 않았다.

---

174) Gambetta의 이와 같은 말은 공화파들이 모든 권력을 장악한 다음에 제3공화국의 국가와 종교 간의 관계를 설정하는 데 큰 영향을 주게 되며, 1905년 12월 9일의 "국가와 종교의 분리에 관한 법률(loi sur la séparation de l'Église et de l'État)"의 제정에도 큰 영향을 준다.

175) Peyrat는 원래 "가톨릭주의, 이는 적이다(Le catholicisime, c'est là l'ennemi.)."라는 말을 했다. Dominique Lejeune, *La France des débuts de la Ⅲ^e République 1870~1896*, Paris: Armand Colin, 1994, p. 43.

이와 같은 일련의 사건에 있어서 국무회의 의장인 쥘 시몽이 보여 준 태도는 우파로 하여금 쥘 시몽이 강베타의 포로가 된 것인지에 대한 의구심이 들게 하기에 충분했으며, 결국 공화국 대통령인 맥마옹은 1877년 5월 16일에 이와 같은 일련의 사태에 대해서 유감을 표시하는 서한을 쥘 시몽에게 전달했다.

> "이와 같은 국무회의 의장의 태도는 정부의 의견을 관철하기 위해서 의회에 대해 필요한 영향력을 정부가 가지고 있는지에 대해서 의구심이 들게 합니다. 이에 대해서 하나의 설명이 필요불가결합니다. 왜냐하면 나는 당신들처럼 의회에 대한 책임을 지지 않지만, 그 어느 때보다도 더 격정스러운 프랑스(France)에 대한 책임을 지고 있기 때문입니다."[176]

이와 같은 맥마옹의 편지는 단순한 하나의 서한이 아니라, 1875년의 헌정체제에 관한 공화국 대통령의 해석으로의 성격을 나타낸다. 즉 공화국 대통령은 비록 의회에 대해서 책임을 지지 않는다 하더라도, 국민 앞에 책임을 지며 국민에 대한 도덕적 의무의 차원에서 어떤 하나의 정책을 가지지 않을 수 없다는 것이다. 따라서 공화국 대통령은 그와 견해를 같이 하는 각료들을 선택할 수 있고, 만약 각료들이 공화국 대통령과 정치적인 방향을 달리하는 경우에 각료를 해임할 수 있다는 점을 의미한다. 이는 바로 내각을 정치체제의 매개적 요소로 삼는 이중 신임의 오를레앙적(이원직) 의원내각제를 염두에 둔 해석이다.[177]

결국 이와 같은 맥마옹의 편지에 따라 쥘 시몽은 사임했으며, 후임으로 브로이 공작이 임명되었다. 그렇지만 이는 적절하지 않은

---

176) René Rémond, op.cit., p. 390.

177) René Rémond, ibid., p. 376.

선택이었다. 왜냐하면 띠에르의 실각과 정신적 질서 정치를 상기하는 인물인 브로이 공작을 선택한 것은 비록 공화국 대통령의 성향을 잘 반영하고 그의 신임을 받을 수 있는 정부를 구성하는 것을 가능하게 할지는 몰라도, 공화파가 다수인 하원으로부터의 신임은 기대할 수 없는 것이기 때문이다. 따라서 이와 같은 상황을 잘 아는 정부의 첫 번째 행동은 양원을 휴회하는 것이었다.[178] 하지만 이와 같은 결정 역시 하원은 정부가 의회에 대해서 실력행사를 한 것으로 보았으며, 이에 대한 대응으로 공화파가 다수인 하원은 5월 30일 스필러(Spuller, 1835~1896)에 의해 작성되어 363명의 하원의원이 서명을 한 성명서(manifeste)[179]를 채택했다.[180]

Ⅲ 하원해산과 선거

한 달의 휴회 끝에 6월 16일 의회는 개회되었다. 그 동안 정부

---

178) 1877년 5월 18일 Mac-Mahon은 양원에 대한 교서(message)를 통하여 다음과 같은 데크레를 발한다. 즉 "공화국 대통령은 1875년 7월 16일 법률 제2조에 의거하여, 제1조 상원과 하원은 1877년 7월 16일까지 휴회한다. 현재의 데크레는 상원에는 내각회의장에 의해서, 하원에는 내무부장관에 의해서 전달된다."(René Rémond, ibid, pp. 391-392.) 그렇지만, 위의 René Rémond의 저서에 인용된 message는 검토가 필요하다. 왜냐하면, 교서내용에는 1877년 5월 18일자로 의회를 1달 휴회를 한다고 했지만, 1877년 7월 16일까지 휴회를 한다고 했기 때문이다. juin을 juillet로 오기한 게 아닌가 하는 의심이 든다.

179) 하원의 성명서는 "이와 같은 새로운 시련은 오래 지속되지 않을 것입니다. 즉 기껏해야 5달 뒤에 프랑스는 말을 할 것입니다. 그리고 우리는 프랑스가 변화하지 않을 것이라는 확신을 가지고 있습니다. 공화국은 그 어느 때보다도 튼튼하게 대중의 투표함에서 나올 것이며, 과거의 당파들은 최종적으로 승리를 할 것이며, 프랑스는 미래를 확신을 갖고, 침착하게 바라볼 수 있을 것입니다."라는 말로 끝을 맺는다. René Rémond, ibid, pp. 392-393.

180) 1877년 5월 30일의 363명의 성명서는 1830년 3월 18일의 221명의 봉답문(adresse)의 상황과 유사하다.

는 도의 행정에서 자기들과 정치적 방향이 같지 않은 공무원의 파면과 전근을 실행했다. 이에 대해, 하원은 363명이 지지한 6월 19일의 의사일정을 통해서 내각은 국민의 신임을 가지지 않는다고 선언했다.[181] 이에 대해 공화국 대통령은 6월 25일 149표의 찬성에 130표의 반대로 상원의 동의(l'avis conforme)를 얻어 하원을 해산했으며[182], 헌법규정[183]에 따라 10월 전에 새로운 선거의 실시가 예정되었다.

이와 같은 권력기관과의 충돌은 결국 보통선거에 의한 국민의 심판을 기다리게 되었으며, 일반적인 선거와 달리 이중의 영향력을 갖게 되었다. 즉 이 선거는 강베타와 맥마옹으로 대표되어진 공화파들과 왕당파인 좌파와 우파의 싸움인 동시에 제도적 측면으로는 헌법전, 체제, 그리고 민주주의에 대한 두 가지 해석 간의 싸움으로서의 성격을 가지게 되었다. 왜냐하면 만약 우파인 왕당파가 승리를 할 경우 이들은 교회를 세속국가와 연결함으로써 다시 정신적 질서(ordre moral)정책을 추구할 것이고, 내각의 중심축은 공화국 대통령 쪽으로 이동할 것이며, 반면에 공화파들이 승리할 경우 반동적인 정책에 대한 제동을 걸 것이고, 내각의 중심을 보다 하원 쪽으로 이동하게 함으로서 체제를 보다 민주주의적인 방향으로 이끌 것이기 때문이다.[184]

---

181) Ordre du jour des 363. René Rémond, *ibid*, p. 394.
182) Message du maréchal de Mac-Mahon au Sénat. René Rémond, *ibid*, pp. 393-394.
183) 1875년 2월 25일의 공권력의 조직에 관한 법률 제5조는 "공화국 대통령은 상원의 동의에 따라 하원을 그 적법한 임기의 만료 이전에 해산할 수 있다. 이 경우 새로운 선거를 위한 선거인단은 3달 내에 소집된다."라고 규정하고 있다.
184) René Rémond, *ibid*, pp. 376-377.

따라서 이와 같은 선거결과의 중요성에 따라 선거운동은 프랑스 역사상 가장 격렬했다. 공화파를 지지하는 공무원은 해고되었으며, 행정적인 압력은 제정시대의 전횡을 반복하는 듯 했다. 반면 "공화국 세일즈맨(commis voyagers)"인 강베타는 공화국적인 복음으로 이에 대항했다.

특히 그는 릴(Lille)에서 있었던 연설에서 공화국 대통령인 맥마옹을 염두에 두고, "프랑스국민이 주권적 의사표시를 할 때, 복종하거나, 사임해야 한다."(Quand la France aura fait entendre sa voix souveraine, croyez – le bien, Messieurs, il faudra se soumettre ou se démettre)라고 역설했다.[185][186]

선거에 대한 참여율은 선거의 중요성과 그 영향력으로 인하여 80.6%에 달했으며, 98%의 의석이 1차 투표에서 결정되었으며, 선거결과 공화파는 비록 하원해산 전의 363석에서 323석으로 감소했지만, 여전히 의회의 과반수를 확보하게 되었다.

따라서 국민은 선거를 통해서 그 뜻을 표명했으며, 공화국 대통령은 복종을 하거나, 사임을 하거나 하는 상황에 처하게 되었다. 하지만 공화국 대통령은 상황이 그 자신에게 요구하는 결정을 가능한 한 늦추려 했다. 우선 그는 브로이 공작(duc de Broglie)을 사임시킨 후, 아무런 정치적 색깔을 띠지 않는 공무내각(ministère d'affaires)[187]을 구성했다.

---

185) Joseph Reinach, *Discours et plaidoyers choisis de Léon Gambetta avec une notice biographique*, Paris: G. Charpentier, 1883, p. 259: Marcel Morabito, *op.cit.*, p. 310에서는 "Quand le pays aura parlé, il faudra se soumettre ou se démettre"라고 적고 있다.

186) 부차적인 사건일지 모르나 9월 8일의 Thiers의 사망은 공화파들을 일치단결하는 하나의 계기로 작용했다.

하지만 승리한 공화파는 승리를 더욱 확고히 하고자 했으며, 이에 따라 1875년의 헌정체제를 그들의 원칙에 따라 해석하고자 했다. 따라서 공화파들은 11월 24일 315표 대 207표의 표결로 맥마옹이 구성한 정부와의 관계를 거부했다. 이에 맥마옹은 한 번 더 하원을 해산하고자 했으나, 상원의장인 오디프레 파스키에 공작(duc d'Audiffret – Pasquier)은 의회토의와 국정의 안정성에 대한 염려 때문에 상원은 하원해산에 관한 표결을 거부할 뜻을 표명했다. 이에 따라 12월 13일 공화국 대통령은 뒤포르를 불러 교서를 통하여 자신의 잘못을 인정하였으며, 이틀 뒤에 하원에 공화국 대통령의 교서는 전달되었으며, 이 교서는 위기를 촉발시킨 교서만큼이나 1875년의 헌정체제의 해석에 중요한 의미를 준다. 그 주요내용을 살펴보면 다음과 같다.

> "상원의원, 하원의원 여러분,
> 10월 14일 선거는 한 번 더 공화주의적인 제도에 대한 국민들의 신뢰를 보여 주었습니다. 의회주의의 규칙에 복종하기 위해서, 나는 헌법적 법률의 진정한 관습을 통해서 이와 같은 제도를 옹호하고, 유지할 것을 결심한 인물들로 구성된 양원 속에서 선택된 내각을 구성했습니다. 국민적 이익 때문에 우리가 겪어온 위기는 진정되어야 하며, 이와 같은 위기는 다시 재발되어서는 안 됩니다. 나는 하원해산권을 행사해야 한다고 생각했으며, 국민들의 대답에 복종합니다. 1875년 헌법은 각료들의 연대적·개인적 책임을 규정하는 한편 저의 무책임성을 규정함으로써 의회주

---

187) 의회주의체제의 고전적인 이론은 내각은 동질적(homogène)이어야 하며, 이는 모든 내각의 구성원들은 동일한 정당에 속해야 함을 의미한다. 하지만 상황이 이와 같은 이상을 실현하기 불가능한 경우 동질적이지 않은, 아주 상이한 모습의 내각을 가지게 된다. 그 대표적인 경우가 공무내각(ministère d'affaires)이다. 공무내각이라 함은 당파들을 분열시키는 당면한 문제를 임시적으로 제쳐두고, 국익에 관한 일에 협동하기 위하여 모든 당파의 인사들로 구성된 내각을 말한다. 예를 들자면, 드레퓌스사건 후에 국가적 안정을 위해 구성된 Waldeck – Rousseau내각, 재정상황의 복구를 위해 구성된 Poincaré내각이 있다. Joseph Barthélemy et Paul Duez, *op.cit.*, p. 654.

의적 공화국(République parlementaire)을 만들었습니다. 따라서 우리들 각각의 의무와 권리는 정해졌습니다. 내각의 독립은 내각의 책임의 조건입니다. 헌법으로부터 도출된 이와 같은 원칙은 나의 정부의 원칙입니다. 이와 같은 위기의 끝은 번영의 새로운 시대의 출발점입니다. 모든 공권력은 이와 같은 발전에 이바지할 것입니다."[188]

따라서 공화국 대통령은 그 자신의 정치적 무책임과 내각의 독립을 인정했으며, 강베타(Gambetta)의 공화주의적 의원내각제에 따른 해석에 순응하여 공화국 대통령이 정책의 방향을 설정하는 데 주도적인 역할을 하는 것을 단념했다.

Ⅳ 그레비헌법

공화국 대통령의 항복은 이미 1875년의 헌정체제의 해석을 변경을 초래했지만, 이를 확고히 한 것은 바로 보수적인 인물인 공화국 대통령의 사임이다. 맥마옹은 1873년 11월 20일의 법률에 따라 1880년 말까지 임기가 보장되어 있었다. 그러나 상황의 전개는 공화국 대통령을 임기 이전에 사임하도록 했다.

1877년 시의회(conseils municipaux)의 선거는 전통적인 지역의 명사를 몰아내고, 대신 공화파들이 그 자리를 차지하도록 함으로써 "시장의 혁명(révolution des mairies)"[189]을 이루었고, 이는 국가적

---

188) Message du président de la République aux Chambres du 14 décembre 1877 (René Rémond, *op.cit.*, pp. 396 – 397).

189) "1871년의 국민의회의 다수파를 이루는 이들 명사들은 1877년에도 농촌에서의 영향력이 확고할 것이라는 환상에 계속 젖어 있었다. 하지만 이 시기 이미 공화파들은 그들의

차원의 정치적 결과를 가져왔다. 왜냐하면 상원의원은 시골지역의 코뮌의 대표자들이 다수를 차지하는 선거인단에 의해 선출되기 때문이다.

이와 같은 농촌지역에 공화주의의 전파는 결국 1879년 1월 5일에 있었던 상원의 부분적인 개선시에 상원을 공화파의 수중으로 넘어가도록 했으며, 이와 같은 결과는 상원의원의 지명을 농촌지역의 대표자들에게 맡기는 것은 보수파들에게 득이 되는 것이 아니라, 농촌에 정치를 도입하는 것이며, 공화국의 미래를 보증하는 것으로 예견한 강베타의 선견지명이 옳았음을 보여 준 것이기도 하다.[190]

따라서 공화국 대통령은 보수성을 상징하는 상원을 잃게 되었으며, 그 자신 역시 실질적인 권력을 행사할 수 없는 처지에 있게 되었다. 즉 공화국 대통령은 무장해제당한 채 하원을 상대해야만 하는 상황에 놓이게 되었으며, 결국 맥마옹은 뒤포르가 요청한 고위

권력의 토대를 다지기 위해서, 그들의 공화주의 이념을 농촌지역에 뿌리내리게 했으며, 1877년 이래로 시장은 보통선거로 선출된 시의회로부터 선출되었기 때문에 전통적인 시장의 위치와는 다른 상황에 처하게 되었다. 이와 같은 시장의 혁명은 프랑스 사회의 전통적인 모습을 상당히 변경시켰다." Daniel Halévy, *La fin des notables*(t. Ⅱ) – *La République des ducs*, Paris: Hachette(ed.), 1995, pp. 280 – 282: 참고로, René Rémond가 참고로 한 판은 Bernard Grasset판이다.

190) Gambetta는 1875년의 헌법적 법률에 대한 그의 생각을 나타내는 연설을 1875년 4월 23일 Paris의 제20구에서 했다. 특히 그는 이 연설에서 상원이 각 코뮌의 정치의식을 일깨울 것이라고 예견했다. 연설문의 전문은 Joseph Reinach, op.cit., pp. 138 – 178참조: 그리고 전수연에 의한 이 연설의 부분 번역(ibid., p. 156)은 다음과 같다. 즉 "음모 정치를 하다 보면 스스로의 함정에 빠지는 수가 종종 있답니다.(웃음) 저들은 계산 착오를 한 게지요. 이름표가 완전히 사라져 버린 셈입니다. 저들은 이것을 상원이라고 부르고는 상원이 하나 생겨날 거라고 믿었던 것입니다.(나시 웃음) 하시만 이 세노의 여건을 열거해 보십시오. 그리고 자세히 들여다보십시오. 코뮌들이 정치 생활에 눈을 뜨고, 함께 모여 서로 의견과 정보를 나누고, 논의를 거쳐 대표를 선출하는 것을 보십시오. 이 대표들은 도청 소재지에 모여 자신의 뜻을 앞세우고 선거에 참여합니다. 함께 모여 표결하고 나면 투표함에서 과연 무엇이 나올까요? 상원일까요? 아니오, 시민 여러분. 여러분은 프랑스 코뮌 대평 의회를 목격하게 될 것입니다.(박수) 네, 여러분, 프랑스 코뮌 대평 의회입니다. 바로 이것이 적절한 명칭인 것입니다." 전수연, 프랑스 제3공화국의 상원과 지방자치, 인문과학 제76·77합집, 연세대학교 인문과학연구소, 1997, pp. 388 – 389.

군 간부에 대한 숙청을 거부하고 1879년 1월 30일 사임하게 된다.[191]

이에 따라 같은 날 양원회의는 그레비를 새로운 대통령을 선출했으며,[192] 헌정체제를 공화주의적으로 이해하는 그레비의 개인적인 신념은 제3공화국 헌법에 대한 이해를 근본적으로 변화시키는 데 상당한 영향을 끼치게 된다. 왜냐하면 이미 1848년 헌법의 개정안[193]에 대한 토론에서 국가원수의 폐지와 의회의 종속하에 있는 집단적인 행정부를 통한 국가원수의 대체를 주장했었던 근본주의적 공화파인 그레비는 공화국 대통령으로 선출된 다음 1879년 2월 6일의 교서를 통하여 계속하여 그의 신념을 유지했기 때문이다.[194]

즉 공화국 대통령으로 선출된 그레비는 헌정실제에 있어서 대표의 권리를 존중해야 한다는 그의 신념에서 벗어나지 않았으며, 이와 같은 신념은 하나의 관행으로 정착되어 "그레비헌법(constitution Grévy)"이라고 부를 수 있게 되었다.

---

191) Gabriel Hanotaux, *Histoire de la France Contemporaine(1871~1900)IV -La République Parlementaire*, Paris: Ancienne Libraire Furne, 1908, pp. 427-428.

192) *Nomination de M. Jules Grévy à la Présidence de la République. Bulletin des Lois de la République Française*, XIIᵉ Série. N°425, pp. 9.

193) 유명한 그의 1848년의 공화국 대통령의 권한에 대한 개정안은 다음과 같다. 즉 "집행권의 수장은 의회를 통해 선출된다. 집행권의 수장은 각료회의의 의장의 직위를 가진다. 집행권의 수장은 투표의 절대 다수와 비밀투표에 의해 기간의 제한 없이 선출된다. 집행권의 수장은 항상 해임될 수 있다. 집행권의 수장은 각료들을 임명하고 해임할 수 있다(Le chef du pouvoir exécutif est élu par l'Assemblée. Il prend le titre des président du conseil des ministres. - Il est élu pour un temps illimité au scrutin secret et à la majorité absolue des suffrages. Il est toujours révocable. - Il nomme et révoque les ministres.)."

194) "진심으로 의회제체제의 위대한 법률에 복종하는 나는 결코 국민들의 헌법적 기관에 의해서 표명된 국민적 의사에 대항하여 싸우지 않을 것입니다(Soumis avec sincérité à la grande loi du régime parlementaire, je n'entrerai jamais en lutte contre la volonté nationale, exprimée par ses organes constitutionnels)." René Rémond, op.cit., p. 383: François Burdeau, La troisième République, Paris: Montchrestien, 1996, pp. 68-69.

제2절 일원적 의원내각제로 정착

1877년 5월 16일 사건과 공화주의 이념의 투철한 신봉자인 그레비의 공화국 대통령직에의 취임은 오를레앙적(이원적) 의원내각제를 개념지우는 집행권의 이원성을 파괴했다. 그렇지만 프랑스 제3공화국 시절의 정부의 불안정이라는 요소 역시 체제가 일원적 의원내각제로 정착되는 데 무시할 수 없는 한 요소로 자리매김한다.

제1항 공화국 대통령권한의 소멸

그레비헌법의 영향에 따라 제3공화국의 헌정체제는 공화국 대통령직에 대한 중요성과 비중을 계속해서 감소시켰다. 예를 들면 공화국 대통령으로 취임한 카시미르 페리에르는 제3공화국 헌법이 자신에게 부여한 권한을 행사하고자 하였으나, 취임한 후 단지 6개월 뒤에 사임하지 않을 수 없는 운명에 처했으며, 1895년 1월 그가 대통령식에 취임할 당시의 교서는 그 당시의 공화국 대통령직의 위상을 잘 말해준다.[195]

카시미르 페리에르에 따르면 "공화국 대통령직은 행동과 통제의

---

195) Marcel Morabito, *Histoire constitutionnelle de la France (1789~1958)*, Paris: Montchrestien, 2004, p. 331.

수단을 박탈당했습니다. 나는 내 자신에게 맡겨진 도덕적 책임의 중압감과 내 자신에게 강요된 무능력을 비교하는 것을 감내할 수 없습니다."라고 하였으며, 1905년 2월에 "Le Temps"에 게재된 그의 편지 – "공화국 대통령에게 부여된 모든 권력 가운데 공화국 대통령이 자신의 의향대로 몸소 행사할 수 있는 권한은 바로 국가적 의식을 주재하는 것뿐입니다." – 는 공화국 대통령직 당시의 그 자신의 쓰라린 경험을 나타내주고 있다.

이와 관련하여 실제로 제3공화국 헌정체제하의 따른 공화국 대통령 권한을 하나하나 검토해보자면, 5월 16일 사건을 통하여 하원해산권을 빼앗긴 공화국 대통령은 법률에 대한 새로운 토의를 요구할 수 있는 권한을 행사할 수 없게 되었으며, 맥마옹 대통령에 의해 자주 사용되었던 교서권도 예외적으로만 사용되었다. 그리고 공화국 대통령은 법률안의 발의권, 규칙제정권, 민사적 · 군사적 직책에 대한 임명권은 국무회의 의장이 실질적으로 행사함에 따라 박탈당하지 않을 수 없었다.

그러나 공화국 대통령의 임명권에 대해서 그레비가 강베타를 배제한 경우나 그 외의 몇몇 경우의 예를 들면서 공화국 대통령의 민사적 · 군사적 직책에 대한 임명권은 공화국 대통령이 유효하게 보유하고 있다는 견해가 제기되기는 하지만, 실제로 공화국 대통령의 임명권은 의회의 지지 없이는 형식적인 권한에 불가한 것으로 평가된다.

그리고 공화국 대통령의 외교문제에 대한 권한도 공화국 대통령이 실제로 대통령으로서의 권한을 행사한다는 견해가 있고, 1885년 그레비 그 자신이 중국과 평화협상을 위한 예비교섭에 서명을 한 것과 몇몇 외교적인 문제에 있어서는 사실이지만 1917년 이후 클레망소(Clemenceau, 1841~1929)가 국무회의 의장으로 복귀하고 부터는 공화국 대통령은 외교문제에 대한 권한을 국무회의 의장에 게 넘겨주지 않을 수 없었다.

요컨대 공화국 대통령은 헌법이 부여한 권한을 상실하였으며, 가장 영향력 있는 최고행정관으로서 정신적인 권위만을 가지게 되었다. 즉 공화국 대통령직의 안정성은 제3공화국 헌정체제의 특성인 약한 정부와 대비됨으로써 불랑제 사건(crise boulangiste)[196]과 같은 중요한 국가적 사안에 대해서 정부에 적극적으로 조언을 하였으며, 국가적 위기시에 궁극적으로 의지할 수 있는 헌법기관이라는 성격을 가진다.

그러나 이와 같은 조언자로서의 공화국 대통령의 역할도 제한적일 수밖에 없다. 왜냐하면, 제3공화국의 헌정실제에 있어서 공화국 대통령이 참석하지 않는 내각회의(Conseil de Cabinet)의 중요성과 빈도가 증가하며, 공화국 대통령이 주재하는 국무회의(Conseil des ministres)는 내각회의에 비해서 다루는 의제의 중요성과 빈도가 떨어지기 때문이다.

---

196) 불랑제 사건은 일반적으로 보나파르트주의적인 야심을 가진 한 장군이 일으킨 쿠데타 음모였으며, 프랑스 급진 우익, 즉 공화국에 반대하는 극우 반체제운동의 기원으로 평가된다. 불랑제 사건에 대한 상세는 안민석, 불랑제 사건: 프랑스 정치사의 전환기(1886~1889), 서울대 석사논문, 2004. 참조.

제2항　내각의 불안정

내각의 불안정은 프랑스의 헌정체제에서 생소한 개념은 아니지만 1879년에서 1914년까지는 유래가 없을 정도로 심했다. 그레비 대통령의 취임에서 1914년 8월의 제1차 세계대전의 선언에 이르기까지 프랑스에는 46개의 내각이 존재했다. 이와 같은 정부의 취약함은 간헐적인 안정기인 1883년에서 1885년, 1889년에서 1909년까지의 기간을 감안한다면 더욱더 그 정도의 심각성을 보여 준다. 따라서 아래에서는 이와 같은 내각의 불안정에 대한 요인을 정치적인 요인과 헌법 규범적인 요인으로 구분하여 살펴보도록 한다.

우선 제3공화국 아래에 있었던 정치세력의 분열과 변화무쌍하고 끊임없는 내부적인 분열을 경험한 정파들의 다양성과 정파들의 지속적인 움직임은 안정된 정부를 향한 극복할 수 없는 장애로서의 성격을 가진다.

우선 정치세력의 분열에 대해서 살펴보자면, 제3공화국 초기의 정파들은 좌파에서 태어나 꾸준히 우파로 지향하는 하나의 기본방향을 가졌다. 즉 블랑제 사건에 이르기까지 우파는 왕당파와 블랑제주의자, 중도파는 기회주의적 공화파, 좌파는 급진주의자들로 구성되어 있었는데, 이들은 20세기 초에 우파는 공화파에 가담한 보수주의자와 이전의 기회주의자들을 포함하게 되며, 중도파는 온건 공화파와 급진주의자들로 구성되게 되며, 좌파는 사회주의자들이 그 자리를 차지하게 된다.

게다가 이와 같은 지속적인 정파들의 움직임에다 각각의 정파들의 내부적인 분열은 정식의 정당으로 발전하는 것을 막았다. 즉 제3공화국 초기에 공화파들은 4개의 분파 – 1885년에 사라지는 중도좌파(Centre gauche), 극좌파인 급진주의자(radicaux), 쥘 페리의 공화주의적 좌파(Gauche républicaine)와 강베타의 공화국 연합(Union républicaine)으로 분열된 기회주의자(opportuniste) – 로 나누어졌으며, 이와 같은 여러 당파들의 경향들은 그들의 이념의 차이를 나타내는 것이 아닌 대표자간의 경쟁을 보여 주는 것이었다. 그리고 불랑제 사건 이후로는 온건공화파와 진보주의자(progressiste)와 같은 가톨릭의 참여를 인정하는 무리들과 온건급진주의자들과 사회주의적 급진주의자로 나누어진 급진주의자들로 당파들은 분열되었다.

또한 정파들의 외부적인 모습은 정파들의 활동에 법적인 실체를 제공해 주는 1901년 결사에 관한 법률 덕분에 변화되었지만, 이와 같은 외부적인 모습의 현대화가 정당으로서의 실체를 보증해 주는 것은 아니었다.[197]

그리고 내각의 불안정은 규범적인 측면의 무능력에도 그 원인이 있다. 왜냐하면 2회제 다수투표제(scrutin majoritaire à deux tours)는 이상적으로는 타협을 위한 가장 유연하고, 가장 적합한 방법이지만, 이와 같은 타협은 의회 내부의 차원에서는 거의 유지되지 않았으며, 특히 내각책임을 약화시키는 어떠한 법적인 장애물도 존재하지 않았기 때문이다.

그리고 1877년 5월 16일 사건 후에 하원해산권의 유명무실화는 입법권과 집행권과의 불균형을 초래했다. 따라서 하원은 자유롭게

---

197) Marcel Morabito, *op.cit.*, p. 332.

정부를 전복할 수 있음에 반하여, 정부는 하원에 대해 유권자에 의한 중재를 호소하는 위협을 할 수 없게 되었다.

또한 집행권과 입법권과의 불균형은 각료에 대한 정치적 책임의 폭을 정하는 척도가 없다는 점에 의해서 더욱 강화되었다. 왜냐하면 1875년의 헌법적 법률은 이에 관한 어떠한 절차도 규정하지 않았기 때문에 대정부 질문과 신임의 문제는 의회의 영향력을 조금도 제한하지 않은 채 언제든지 나타났다. 따라서 개인적인 대정부 질문은 끊임없이 촉발되었으며, 이와 같은 개인적 대정부 질문은 하원과 상원이 정부에게 신임을 부여하거나 거부하는 의사일정에 관한 표결로 종결되는 일반토의를 촉발시켰다.

그런데 여기서 정부에 대한 대정부 질문 권은 상원 역시 보유하고 있는 것으로 해석된다. 왜냐하면 1875년 2월 25일 법률 제6조는 "각료들은 의회에 대하여 연대하여 책임을 진다(les ministres sont solidairement responsables devant les Chambres.)."라고 규정하고 있기 때문에 상원의 이와 같은 대정부 질문을 통한 정부불신임권은 수많은 공화파에 의해 부인되었지만, 헌정관행은 1875년 2월 25일 법률 제6조의 규정대로 진행되었기 때문이다. 즉 1890년 3월 13일 터키에 관한 상업정책에 관한 대정부 질문은 각료회의 의장인 티라르(Tirard, 1827~1893)와 내무부장관인 스필러로 하여금 상원에 대해서 그들의 정책의 정당함을 변호하도록 했지만, 상원은 129찬성에 117반대로 정부의 선택에 반대되는 의사일정을 가결했으며, 내각은 회의장을 나오면서 상원에 의한 정부불신임이라는 하나의 선례를 만들었다. 그리고 하원과 같은 자격으로 정치적 통제권을 자신의 의지대로 행사한 상원은 여러 번 부르주아(Bourgeois, 1851~1925)

내각을 비난했으며, 그 결과 부르주아 내각은 사임했다.

또한 제3공화국의 헌정체제하에서 정부의 취약함은 지나치게 자주 '신임의 문제'(question de confiance)가 제기되었다는 사실도 하나의 원인이 된다. 따라서 반대파의 리더에 의해 어느 정도 엄숙하게 제기된 징계발의(motions de blâme)의 경우에만 그의 내각을 변호하면 되는 영국의 수상과 달리 프랑스의 국무회의 의장은 끊임없이 신임의 문제에 신경을 써야 했으며, 때로는 비중이 크지 않는 토의에서조차 신임의 문제에 신경을 써야 한다.

따라서 정부는 근본적인 문제이든 순수한 절차적인 문제이든 항상 책임이 있었으며, 의회의 명확하지 않은 표결은 의회의 정부에 대한 신임의 철회로 해석되었고, 내각의 지명에서 내각의 몰락에 이르기까지 의회의 통제는 항상 존재하게 되었다.

결국 이와 같은 사정으로 1914년 이전의 내각의 평균수명은 평균적으로 9달이 넘지 않게 되었고, 비록 십여 명의 인사들은 서로서로 장관직을 돌아가면서 했다고 하더라도 이와 같은 점이 내각에 긴요한 행동의 자유를 부여했다고는 할 수 없으며, 이와 같은 인물들의 불변성이 제도적인 불안정성을 상쇄할 수는 없는 것으로 평가된다.[198]

---

198) 제3공화국 헌법체제의 헌정관행에 따른 변화요인을 Fracis Hamon et Michel Troper는 국가원수의 지위의 열등함, 하원해산권의 사문화, 정파들의 다양성과 정부의 권위 부재로 분석한다. Fracis Hamon et Michel Troper, *Droit constitutionnel*, Paris: L.G.D.J., 2005, pp. 404-405.

연표¹⁹⁹⁾

1870   ■ 9월 4일: 공화국의 선포. 국민방위정부의 구성. 양원의 마지막 소집
       ■ 9월 8일: 10월 16일 헌법제정 국민의회를 지명하기 위해 유권자를 소집하는 데 크레 공포
       ■ 9월 12일: Tours로 국민방위정부의 대표단 파견
       ■ 9월 16일: 10월 2일에 선거를 실시하는 데크레 공포
       ■ 9월 19일: Paris에 대한 포위시작
       ■ 9월 19~20일: Bismarck와 Jules Favre 간의 Ferrières회담
       ■ 9월 23일: 선거의 무기한 연기
       ■ 10월 27일: Metz에서의 항복
       ■ 10월 31일: 항복뉴스에 대한 Paris의 저항
       ■ 11월 3일: 국민방위정부를 지지하는 파리 시민들의 투표
       ■ 12월 8일: 정부대표단을 Bordeaux로 이동시킴

1871   ■ 1월 28일: Paris의 항복과 휴전
       ■ 1월 29일: 국민의회 선거에 관한 데크레 공포
       ■ 1월 31일: 피선거 자격을 박탈하는 데크레 공포
       ■ 2월 8일: 국민의회 선거
       ■ 2월 12일: 국민의회가 Bordeaux에 소집됨
       ■ 2월 13일: 국민방위정부의 사임
       ■ 2월 17일: 프랑스공화국의 집행권의 수반으로 Thiers 지명
       ■ 2월 19일: 내각의 구성
       ■ 2월 19일~3월 10일: Bordeaux협약
       ■ 3월 1일: Paris로 프로이센군이 다시 진입함. 나폴레옹 3세의 폐위. 평화에 관한 예비교섭을 가결함
1871   ■ 3월 3일: Paris에 국민방위대의 중앙위원회를 구성함
       ■ 3월 10일: 국민의회가 그 소재지를 Versailles로 옮길 것을 결정. 국민의회는 3월 30일 월요일에 Versailles에서 첫 번째 소집을 할 것을 결정함
       ■ 3월 18일: 파리코뮌의 시작

---

199) 연표는 주로 Marcel Morabito, *Histoire constitutionnelle de la France(1789~1958)*, Montchrestien, 2004, pp. 281 – 284를 참조하였음.

- 3월 26일: 코뮌의 전체위원회 선거
- 4월 5일: 인질에 관한 데크레 공포
- 4월 10일: 각각의 코뮌의 소재지에서 다시 투표를 하는 것을 규정하는 법률의 공포
- 4월 19일: 프랑스 인민들에게 파리코뮌을 선포
- 5월 10일: Francfort 조약의 체결
- 5월 21~28일: 피의 주간
- 7월 2일: 국민의회에서의 보궐선거. 공화파의 약진
- 7월 6일: 샹보르 백작의 성명의 공포. 왕정복고의 실패
- 8월 31일: 공화국 대통령을 Thiers로 지명하는 Rivet법률의 공포
- 9월 2일: 각료회의 부의장으로 Dufaure지명

1872
- 11월 13일: 보수적 공화국을 지지하는 공화국 대통령의 교서발표
- 11월 29일: 국민의회는 공권력과 내각책임에 관한 법률안을 기초하기 위한 30인 위원회를 임명하기로 결정함

1873
- 2월 18일: 선거 법률 공포
- 3월 13일: 기이한 법률로 평가받는 Broglie법률의 공포
- 3월 15일: 영토소개의 협정
- 4월 28일: Paris에서 Rémusat 대신에 Barodet가 선출됨
- 5월 18일: 1871년 2월 19일 내각의 사임. 새로운 내각의 구성
- 5월 24일: de Broglie의 대정부 질문. Thiers의 사임. 공화국 대통령으로 Mac-Mahon을 선출함. 각료회의 부의장으로 de Broglie가 선임됨

1873
- 9월 16일: 영토의 해방
- 9월~10월: 왕정복고의 시도
- 11월 20일: 7년 임기제 법률
- 11월 24일: de Broglie내각의 첫 번째 사임
- 11월 26일: de Broglie내각의 두 번째 사임. 헌법적 법률의 심의를 위한 30인 위원회 임명

1874
- 5월 16일: 극단주의자들의 연합에 의한 de Broglie내각의 전복
- 5월 22일: 각료회의 부의장인 Cissey내각의 구성
- 5월 24일: Nièvre에서의 Bourgoing의 선출(보나파르티스트들에 의한 위기)

1875
- 1월 6일: 헌법적 법률의 제정이라는 중요한 문제에 착수할 시기가 왔음을 알리는 공화국 대통령의 교서
- 1월 30일: Wallon수정안의 제출

- ■ 2월 24일: 상원에 관한 헌법적 법률의 제정
- ■ 2월 25일: 공권력의 조직에 관한 헌법적 법률의 제정
- ■ 3월 10일: 각료회의 부의장인 Buffet내각의 구성
- ■ 5월 28일: 두 번째 30인 위원회의 구성
- ■ 7월 16일: 공권력의 관계에 관한 헌법적 법률의 제정
- ■ 8월 2일: 상원의원 선거에 관한 법률의 제정
- ■ 11월 30일: 하원의원 선거에 관한 법률의 제정
- ■ 12월 30일: 상원과 하원 선거의 날짜와 국민의회 해산을 정하는 법률의 제정

1876
- ■ 1월 30일: 상원의원 선거
- ■ 2월 20일~3월 5일: 하원의원 선거

1876
- ■ 2월 23일: Buffet의 사임. 각료회의 부의장인 Dufaure내각의 구성
- ■ 3월 8일: 국민의회의 권력의 만료
- ■ 3월 9일: 제2차 Dufaure(각료회의 부의장)내각의 구성
- ■ 12월 2일: Dufaure의 사임
- ■ 12월 12일: Jules Simon내각의 구성

1877
- ■ 5월 16일: Jules Simon의 사임
- ■ 5월 17일: 세 번째 de Broglie내각의 구성
- ■ 5월 18일: 의회의 회기연장을 위한 데크레 공포
- ■ 5월 30일: 363인의 선언발표
- ■ 6월 25일: 하원해산
- ■ 9월 3일: Thiers의 사망
- ■ 10월 14~28일: 하원의 개선
- ■ 11월 19일: 세 번째 de Broglie내각의 붕괴
- ■ 11월 23일: Rochebouët내각의 구성
- ■ 12월 13일: 세 번째 Dufaure내각의 구성

1878
- ■ 4월 12일: 5월 16일의 기간에 정치적 성격의 범죄에 대한 사면

1879
- ■ 1월 5일: 상원의 첫 번째 1/3의 개선에 관한 선거
- ■ 1월 30일: Mac-Mahon의 사임. Grévy를 공화국 대통령에 선출함. Grévy헌법

1871∼1875년 사이의 헌법적 법률 원문과 번역문

* Résolution de l'Assemblée nationale ayant pour objet de nommer M. Thiers *Chef du Pouvoir exécutif de la République française du 17 Février 1871*[200]

L'ASSEMBLÉE NATIONALE, dépositaire de l'autorité souveraine, – Considérant qu'il importe, en attendant qu'il soit statué sur les institutions de la France, de pouvoir immédiatement aux nécessités du Gouvernement et à la conduite des négociations, – Décrète: *M. Thiers* est nommé Chef du Pouvoir exécutif de la République française: il exercera ses fonctions, sous l'autorité de l'Assemblée nationale, avec le concours des ministres qu'il aura choisis et qu'il présidera.

주권적 권한의 수탁자인 국민의회는 프랑스의 제도에 대한 결정이 내려질 때까지 즉각적으로 정부의 필요성과 협상의 진행을 고려하는 것이 중요하다고 생각하기 때문에 다음과 같이 결정한다. M. *Thiers*는 프랑스공화국의 집행권의 수반으로 임명된다. 그리고 M. *Thiers*는 국민의회의 권위하에 그가 선택하고, 그가 지휘할 각료들의 협력으로 그의 직무를 수행한다.

---

200) *Bulletin des Lois de la République Française*, XII℮ Série. N°48, p. 71.

* Loi *Portant que le Chef du Pouvoir exécutif prendra le titre de Président* de la République française du 31 Août 1871

(Promulgu e au Journal officiel du 3 septembre 1871)[201]

L'ASSEMBLÉE NATIONALE, – Considérant qu'elle a le droit d'user du pouvoir constituant, attribut essentiel de la souveraineté dont elle est investie, et que les devoirs impérieux que tout d'abord elle a dû s'imposer, et qui sont encore loin d'être accomplis, l'ont seuls empêchée jusqu'ici d'user de ce pouvoir:

Considérant que, jusqu'à l'établissement des institutions définitives du pays, il importe aux besoins du travail, aux intérêts du commerce, au développement de l'industrie, que nos institutions provisoires prennent, aux yeux de tous, sinon cette stabilité qui est l'oeuvre du temps, du moins celle que peuvent assurer l'accord des volontés et l'apaisement des partis:

Considérant qu'un nouveau titre, une appellation plus précise, sans rien changer au fond des choses, peut avoir cet effet de mettre mieux en évidence l'intention de l'Assemblée de continuer franchement l'essai loyal commencé à Bordeaux: Que la prorogation des fonctions conférées au Chef du Pouvoir exécutif, limitée désormais à la durée des travaux de l'Assemblée, dégage ces fonctions de ce qu'elles semblent avoir d'instable et de précaire, sans que les droits souverains de l'Assemblée en souffrent la mioindre atteinte, puisque dans tous

---

201) *Bulletin des Lois de la République Française*, XIIᵉ Série. N°62, pp. 113 – 114.

les cas la décision suprême appartient à l'Assemblée, et qu'un ensemble de garanties nouvelles vient assurer le maintien de ces principes parlementaires, tout à la fois la sauvegarde et l'honneur du pays:

Prenant, d'ailleurs, en considération les services éminents rendus au pays par M. *Thiers* depuis six mois et les garanties que présente la durée du pouvoir qu'il tient de l'Assemblée,

DÉCRÈTE:

ART. 1er. Le Chef du Pouvoir exécutif prendra le titre de *Président de la République française* et continuera d'exercer, sous l'autorité de l'Assemblée nationale, tant qu'elle n'aura pas terminé ses travaux, les fonctions qui lui ont été déléguées par décret du 17 février 1871.

2. Le Président de la République promulgue les lois dès qu'elles lui sont transmises par le président de l'Assemblée nationale.

Il assure et surveille l'exécution des lois.

Il réside au lieu où siège l'Assemblée.

Il est entendu par l'Assemblée nationale toutes les fois qu'il le croit nécessaire, et après avoir informé de son intention le président de l'Assemblée.

Il nomme et révoque les ministres. Le conseil des ministres et les ministres sont responsables devant l'Assemblée.

Chacun des actes du Président de la République doit être contresigné par un ministre.

3. Le Président de la République est responsable devant l'Assemblée.

국민의회는 국민의회가 부여받은 주권의 본질적인 속성인 헌법 제정권을 행사할 권한이 있으며, 국민의회가 우선적으로 자신에게 부과한, 그리고 아직까지 결코 해결되지 않은 그 긴급한 의무 때문에 지금까지 이와 같은 권한(헌법제정권)을 행사할 수 없었음에 따라,

국가의 최종적인 제도의 설립시까지 노동의 필요, 상업의 이익, 산업의 발전을 위해서 우리들의 임시적인 제도들이 세월로 인한 안정성은 아니라 할지라도, 모든 사람들이 보기에 적어도 의지의 일치와 당파들의 안정을 보장해 줄 수 있는 안정성을 가지는 것이 중요하다는 점을 고려하여, 기본적 내용을 변경하지 않는 새로운 직위, 보다 정확한 칭호는 보르도에서 시작된 정당한 시도를 분명하게 계속하려는 국민의회의 의도를 보다 명확하게 하는 효과를 가질 수 있음에 비추어, 국민의회의 의정활동 기간으로 한정된 집행권 수반의 직무기간을 연장하는 것은 - 모든 경우에 있어서 최고의 결정은 국민의회에 속하며 새로운 일련의 보장들은 국민의 수호이자 명예인 의회주의적 원칙에 대한 지지를 보장하기 때문에 국민의회의 주권적인 권한에 대한 어떠한 침해도 없이 - 이와 같은 직무가 불안정하고 임시적으로 보이는 어려움으로부터 이와 같은 직무를 구해내기 때문에 또한 6개월 전부터 띠에르가 국가에 바친

훌륭한 봉사와 국민의회로부터 위임받은 권력의 기간에 따른 보장들을 고려해 보건대, 다음과 같이 결정한다.

제1조 집행권의 수반은 프랑스공화국 대통령이라는 칭호를 쓰며 국민의회가 그의 업무를 마치지 않는 한 국민의회의 권위하에 1871년 2월 17일의 데크레에 의해 띠에르에 위임된 직무를 계속해서 행사한다.

제2조 공화국 대통령은 국민의회 의장이 공화국 대통령에게 법률을 양도하자마자 그 법률을 공포한다.

공화국 대통령은 법률의 집행을 보장하고 감독한다.

공화국 대통령은 국민의회가 소재하는 곳에 거주한다.

공화국 대통령은 그가 필요하다고 생각되면 언제든지 국민의회 의장에게 그의 의도를 알린 후에 국민의회에서 연설할 수 있다.

공화국 대통령은 각료들을 임면한다. 국무회의와 각료들은 국민의회에 대해 책임을 진다.

공화국 대통령의 모든 행위는 각료에 의해서 부서되어야 한다.

제3조 공화국 대통령은 국민의회 앞에 책임을 진다.

Loi qui règle les attributions des Pouvoir publics et les conditions de la Responsabilité ministérielle du 13 mars 1873(Promulgu e au *Journal officiel* du 19 mars 1873)[202)

L'Assemblée nationale, réservant dans son intégrité le pouvoir constituant qui lui appartient, mais voulant apporter des améliorations aux attributions des pouvoirs publics, Décrète:

Art 1er. La loi du 31 août 1871 est modifée ainsi qu'il suit:

Le Président de la République communique avec l'Assemblée par des messages qui, à l'exception de ceux par lesquels s'ouvrent les sessions, sont lus à la trubune par un ministre.

Néanmoins, il sera entendu par l'Assemblée dans la discussion des lois, lorsqu'il le jugera nécessaire, et après l'avoir informée de son intention par un message.

La discussion à l'occasion de laquelle le Président de la République veut prendre la parole est suspendue après la réception du message, et le Président sera entendu le lendemain, à moins qu'un vote spécial ne décide qu'il le sera le même jour. La séance est levée après qu'il a été endendu, et la discussion n'est reprise qu'à une séance ultérieure. La délibération a lieu hors la présence du Président de la République.

2. Le Président de la République promulgue les lois déclarées

---

202) Bulletin des Lois de la République Française. XIIe Série. N°121, pp. 161 – 162.

d'urgence dans les trois jours, et les lois non urgentes dans le mois après le vote de l'Assemblée.

Dans le délai de trois jours, lorsqu'il s'agira d'une loi non soumise à trois lectures, le Président de la République aura le droit de demander, par un message motivé, une nouvelle délibération.

Pour les lois soumises à la formalité des trois lectures, le Président de la République aura le droit, après la seconde, de demander que la mise à l'ordre du jour pour la troisième délibération ne soit fixée qu'après le délai de deux mois.

3. Ces disposition de l'article précédent ne s'appliqueront pas aux actes par lesquels l'Assemblée nationale exercera le pouvoir constituant qu'elle s'est réservé dans le préambule de la présente loi.

4. Les interpellations ne peuvent être adressées qu'aux ministres, et non au Président de la République.

Lorsque les interpellations adressées aux ministres ou les pétitions envoyées à l'Assemblée se rapportent aux affaires extérieures, le Président de la République aura le droit d'être entendu.

Lorsque ces interpellations ou ces pétitions auront trait à la politique intérieure, les ministres répondront seuls des actes qui les concernent. Néanmoins si, par une délibération spéciale, communiquée à l'Assemblée avant l'ouverture de la discussion par le vice - président du Conseil des ministres, le Conseil déclare que les questions soulevées se rattachent à la politique générale du Gouvernement et engagent ainsi la responsabilité du Président de la République, le Président aura le droit d'être entendu dans les formes déterminées par l'article 1er.

Après avoir entendu le vice – président du Conseil, l'Assemblée fixe le jour de la discussion.

5. L'Assemblée nationale ne se séparera pas avant d'avoir statué:

1° Sur l'organsation et le mode de transmission des pouvoirs législatif et exécutif:

2° Sur la création et les attributions d'une seconde Chambre ne devant entrer en fonctions qu'après la séparation de l'Assemblée actuelle:

3° Sur la loi électorale.

Le Gouvernement soumettra à l'Assemblée des projets de loi sur les objets ci – dessus énumérés.

그 완전한 형태로 국민의회에 속하는 헌법제정권을 미리 부여받은, 그러나 공권력의 권한을 개선하고자 하는 국민의회는 결정한다.

제1조 1871년 8월 31일 법률은 다음과 같이 개정된다. 공화국 대통령은 회의가 개시되는 경우를 제외하고 국민의회와 각료에 의해 연단에서 낭독되는 교서를 통해 연락한다. 그러나 공화국 대통령은 국민의회의 법률안에 대한 토의가 있을 경우에 그의 판단상 필요하다고 인정될 때 그의 의도를 교서를 통해 알린 다음 발언한

다. 공화국 대통령이 발언을 하고자 하는 경우에 토의는 교서의 수리 후에 중지된다. 그리고 공화국 대통령은 별개의 투표를 통하여 공화국 대통령의 발언이 토의와 같은 날에 있을 것임을 결정되지 않는 한 다음날 발언한다. 공화국 대통령의 발언이 있은 후에 폐회가 선언되며, 토의는 차후의 회의에만 재개된다. 토의는 공화국 대통령이 참석하지 않은 상태에서 이루어진다.

제2조 공화국 대통령은 긴급한 것으로 선언된 법률은 3일 내에, 긴급하지 않은 법률의 경우 국민의회의 표결이 있은 후 그 달 안에 공포한다. 3일의 기간 동안, 제3독회에 회부되지 않은 법률의 경우 공화국 대통령은 이유 있는 교서를 통해 새로운 토의를 요구할 권한을 가진다. 제3독회의 형식에 제출된 법률의 경우, 공화국 대통령은 제2독회 후에 제3차 토의를 위한 의사일정을 두 달 뒤에 정하도록 요구할 권한이 있다.

제3조 전항의 규정은 국민의회가 이 법률의 전문에 유보된 헌법제정권을 행사하는 경우에는 적용되지 않는다.

제4조 대정부 질문은 공화국 대통령이 아닌 각료들에게만 행해질 수 있다. 각료들에 대한 대정부 질문 또는 국민의회에 제출된 청원이 외교정책에 관계되는 경우 공화국 대통령은 발언할 권한이 있다. 이와 같은 대정부 질문권이나 청원이 내부정책에 관계되는 경우 각료는 그의 직무와 관계되는 것에 대해서만 대답한다. 그러나 특별한 토의를 통해서 국무회의의 부의장에 의해 토론의 개시 전에 국민의회에 연락된다면 각료들은 제기된 문제가 정부의 일반 정책과 관련되며 따라서 공화국 대통령이 책임을 지는 것으로 공화국 대통령이 제1조에서 정해진 형식에 따라 발언할 권한을 가진

다는 점을 선언한다. 국무회의 부의장의 의견을 듣고 난 후에 국민의회는 토의의 날을 정한다.

　제5조 국민의회는 다음과 같은 사항에 대해서 결정을 내리기 전에 해산되지 않는다. 1° 입법권과 집행권의 이양의 조직과 방법. 2° 단지 현재의 국민의회의 해산 후에 기능을 개시해야 하는 제2원의 창설과 권한. 3° 선거 법률.

　정부는 국민의회에 위에서 열거한 사항을 위한 법률안을 제출한다.

* Loi *qui confie le Pouvoir exécutif pour sept ans au maréchal de Mac — Mahon, duc de Magenta du 20 Novembre 1873* (Promulguée au *Journal officiel* du 23 novembre 1873).[203)]

Art. 1er. Le pouvoir exécutif est confié pour sept ans au maréchal *de Mac — Mahon*, duc de Magenta, à partir de la promulgation de la présente loi: ce pouvoir continuera à être exercé avec le titre de *Président de la République* et dans les conditions actuelles jusqu'aux modifications qui pourraient y être apportées par les lois constitutionnelles.

2. Dans les trois jours qui suivront la promulgation de la présente loi, une commission de trente membres sera nommée en séance publique et au scrutin de liste, pour examen des lois constitutionnelles.

제1조 집행권은 이 법률이 공포된 이후부터 7년 동안 마장타 공작인 맥마옹에게 부여된다. 그리고 집행권은 공화국 대통령이란 칭호를 가지고 현재의 조건으로 헌법적 법률에 의해 행해질 개정시까지 계속 행사된다.

제2조 현재 법률의 공포 후 3일 내에 헌법적 법률의 검토를 위해서 공개회의를 통해 명부투표의 방식으로 30인 위원회가 임명된다.

203) Bulletin des Lois de la République Française, e Série, N°163, p. 717.

* Loi *relative* à *l'organisation du Sénat du* 24 Février 1875.
(Promulguée au Journal officiel du 28 février 1875)[204]

L'ASSEMBLÉE NATIONALE A ADOPTÉ LA LOI dont la teneur suit:

Art. 1er. Le Sénat se compose de trois cents membres:

Deux cent vingt − cinq élus par les départements et les colonies, et soixante − quinze élus par l'Assemblée nationale.

2. Les départements de la Seine et du Nord éliront chacun cinq sénateurs:

Les départements de la Seine − Inférieure, Pas − de − Calais, Gironde, Rhône, Finistère, Côtes − du − Nord, chacun quatre sénateurs:

La Loire − Inférieure, Saône − et − Loire, Ille − et − Vilaine, Seine − et − Oise, Isère, Puy − de − Dôme, Somme, Bouches − du − Rhône, Aisne, Loire, Manche, Maine − et − Loire, Morbihan, Dordogne, Haute − Garonne, Charente − Inférieure, Calvados, Sarthe, Hérault, Basses − Pyrénées, Gard, Aveyron, Vendée, Orne, Oise, Vosges, Allier, chacun trois sénateurs.

Tous les autres départements, chacun deux sénateurs.

Le territoire de Belfort, les trois départements de l'Algérie, les quatre colonies de la Martinique, de la Guadeloupe, de la Réunion et des Indes françaises éliront chacun un sénateur.

---

204) *Bulletin des Lois de la République Française*, XIIe Série. N° 246, pp. 167 − 168.

3. Nul ne peut être sénateur s'il n'est Français, âgé de quarante ans au moins, et s'il ne jouit de ses droits civils et politiques.

4. Les sénateurs des départements et des colonies sont élus à la majorité absolue, et, quand il y a lieu, au scrutin de liste, par un collége réuni au chef — lieu du département ou de la colonie et composé:

1° Des députés:

2° Des conseillers généraux:

3° Des conseillers d'arrondissement:

4° Des délégués élus, un par chaque conseil municipal, parmi les électeurs de la commune.

Dans l'inde française, les membres du conseil colonial ou des conseils locaux sont substitués aux conseillers généraux, aux conseillers d'arrondissement et aux délégués des conseils municipaux.

Ils votent au chef — lieu de chaque établissement.

5. Les sénateurs nommés par l'Assemblée sont élus au scrutin de liste et à la majorité absolue des suffrages.

6. Les sénateurs des départements et des colonies sont élus pour neuf années et renouvelables par tiers, tous les trois ans.

Au début de la première session, les départements seront divisés en trois séries contenant chacune un égal nombre de sénateurs. Il sera procédé, par la voie du tirage au sort, à la désignation des séries qui devront être renouvelées à l'expiration de la première et de la deuxième période triennale.

7. Les sénateurs élus par l'Assemblée sont inamovibles.

En cas de vacance par décès, démission ou autre cause, il sera, dans les deux mois, pourvu au remplacement par le Sénat lui-même.

8. Le Sénat a, concurremment avec la Chambre des députés, l'initiative et la confection des lois. Toutefois, les lois de finances doivent être, en premier lieu, présentés à la Chambre des députés et votées par elle.

9. Le Sénat peut être constitué en Cour de justice pour juger, soit le Président de la République, soit les ministres, et pour connaître des attentats commis contre la sûreté de l'État.

10. Il sera procédé à la élection du Sénat un mois avant l'époque fixée par l'Assemblée nationale pour sa séparation. Le Sénat entrera en fonctions et se constituera le jour même où l'Assemblée nationale se séparera.

11. La présente loi ne pourra être promulguée qu'après le vote

définitif de la loi sur les pouvoirs publics.

Délibéré en séances publiques, à Versailles, le 24 Février 1875.

제1조 상원은 300명의 상원의원으로 구성된다. 225명의 상원의원은 도와 식민지에서 선출되며, 75명의 상원의원은 국민의회에서 선출된다.

제2조 Seine와 Nord도는 각각 5명의 상원의원을 선출한다. Seine - Inférieure, Pas - de - Calais, Gironde, Rhône, Finistère, Côtes - du - Nord도는 각각 4명의 상원의원을 선출한다. Loire - Inférieure, Saône - et - Loire, Ille - et - Vilaine, Seine - et - Oise, Isère, Puy - de - Dôme, Somme, Bouches - du - Rhône, Aisne, Loire, Manche, Maine - et - Loire, Morbihan, Dordogne, Haute - Garonne, Charente - Inférieure, Calvados, Sarthe, Hérault, Basses - Pyrénées, Gard, Aveyron, Vendée, Orne, Oise, Vosges, Allier도는 각각 3명의 상원의원을 선출한다. 다른 모든 도는 2명의 상원의원을 선출한다. 벨포르군과 알제리의 세 개의 도, 마르티니크, 과랄루프, 레위니옹, 프랑스령 인도의 네 개의 식민지는 각각 한 명의 상원의원을 선출한다.

제3조 프랑스인이 아닌 자, 40세 미만인 자, 그리고 시민적·정치적 권리를 향유하지 않는 자는 상원의원이 될 수 없다.

제4조 도와 식민지의 상원의원은 도와 식민지의 도청소재지에 소집된 선거인단 - 하원의원, 도의회의원, 군의회의원 - 에 의해 명부투표제에 따른 절대 다수로 선출된다.

프랑스령 인도의 경우 식민지 위원회 또는 지방위원회가 도의원, 군의원, 지방의회의 대표자를 대신한다. 이들은 각 지역의 도청소재지에서 투표한다.

제5조 국민의회에 의해 임명된 상원의원은 명부투표제에 따라 투표의 절대 다수로 선출된다.

제6조 도와 식민지의 상원의원은 임기가 9년이며, 3년 마다 1/3씩 개선된다. 첫 번째 회기 초에 모든 도는 3가지 종류로 분리되며, 분리된 모든 도는 각각 동일한 숫자의 상원의원들로 포함된다. 추첨을 통하여 3년 주기의 첫 번째와 두 번째 기간의 만료시에 개선될 종류가 지정된다.

제7조 국민의회에 의해 선출된 상원의원은 종신신분이 보장된다. 사망, 사임, 또는 다른 이유가 있는 경우에 상원은 스스로 상원의원을 충원한다.

제8조 상원은 하원과 공동으로 발의와 제정을 한다. 그렇지만, 재정에 관한 법률은 하원에 우선적으로 제출되며, 하원에 의해서 통과된다.

제9조 상원은 공화국 대통령 또는 각료의 국가적 안전에 대해

행해진 범죄를 심판하고, 심리하기 위해서 법정으로 조직될 수 있다.

제10조 국민의회가 그 해산을 위해서 정한 시기보다 한 달 전에 상원의원선출을 위한 선거가 실시된다. 상원은 국민의회가 해산하는 날에 그 활동을 개시하며, 구성된다.

제11조 현재의 법률은 공권력에 관한 법률이 최종적으로 가결된 다음에만 공포된다.

* Loi *relative* à *l'organisation des Pouvoirs publics du* 25 Février 1875 (Promulguée au Journal officiel du 28 février 1875)[205].

L'ASSEMBLÉE NATIONALE A ADOPTÉ LA LOI dont la teneur suit:

Art. 1er. Le pouvoir législatif s'exerce par deux assemblées: la Chambre des députés et le Sénat.

La Chambre des députés est nommée par le suffrage universel, dans les conditions déterminées par la loi électorale.

La composition, le mode de nomination et les attributions du Sénat seront réglés par une loi spéciale.

2. Le Président de la République est élu à la majorité absolue des suffrages par le Sénat et par la Chambre des députés réunis en Assemblée nationale.

Il est nommé pour sept ans. Il est rééligible.

3. Le Président de la République a l'initiative des lois, concurremment avec les membres des deux Chambres. Il promulgue les lois lorsqu'elles ont été votées par les deux Chambres: il en surveille et en assure l'exécution.

---

205) Bulletin des Lois de la République Française. XIIe Série. N°246, pp. 165 – 166.

Il a le droit de faire grâce: les amnisties ne peuvent être accordées que par une loi.

Il dispose de la force armée.

Il nomme à tous les emplois civils et militaires.

Il préside aux solennités nationales: les envoyés et les ambassadeurs des puissances étrangères sont accrédités auprès de lui.

Chacun des actes du Président de la République doit être contre — signé par un ministre.

4. Au fur et à mesures des vacances qui se produiront à partir de la promulgation de la présente loi, le Président de la République nomme, en Conseil des ministres, les conseillers d'État en service ordinaire.

Les conseillers d'État ainsi nommés ne pourront être révoqués que par décret rendu en Conseil des ministres.

Les conseillers d'État nommés en vertu de la loi 24 mai 1872 ne pourront, jusqu'à l'expiration de leurs pouvoirs, être révoqués que dans la forme déterminée par cette loi. Après la séparation de l'Assemblée nationale, la révocation ne pourra être prononcée que par une résolution du Sénat.

5. Le Président de la République peut, sur l'avis conforme du Sénat, dissourdre la Chambre des députés avant l'expiration légale de son mandat.

En ce cas, les colléges électoraux sont convoqués pour de nouvelles élections dans le délai de trois mois.

6. Les ministres sont solidairement responsables devant les Chambres de la politique générale du Gouvernement, et individuellement de leurs actes personnels.

Le Président de la République n'est responsable que dans le cas de haute trahison.

7. En cas de vacance par décès ou toute autre cause, les deux Chambres réunies procèdent immédiatement à l'élection d'un nouveau Président.

Dans l'intervalle, le Conseil des ministres est investi du pouvoir exécutif.

8. Les Chambres auront le droit, par délibération séparées, prises dans chacune à la majorité absolue des voix, soit spontanément, soit sur la demande du Président de la République, de déclarer qu'il y a lieu de réviser les lois constitutionnelles.

Après que chacune des deux Chambres aura pris cette résolution, elles se réuniront en Assemblée nationale pour procéder à la révision.

Les délibérations portant révision des lois constitutionnelles, en tout ou en partie, devront être prises à la majorité absolu des membres composant l'Assemblée nationale.

Toutefois, pendant la durée des pouvoirs conférés par la loi du 20 novembre 1873 à M. le maréchal de Mac – Mahon, cette révision ne peut avoir lieu que sur la proposition du Président de la République.

9. Le siége du pouvoir exécutif et des deux Chambres est à Versailles.

Délibéré en séances publiques, à Versailles, les 22 Janvier, 3 et 25 Février 1875.

제1조 입법권은 하원과 상원의 양원에 의해 행사된다.

하원은 선거 법률에 의해 정해진 조건에 따라 보통선거를 통해 임명된다.

상원의 구성, 임명방법, 권한은 특별한 법률에 의해서 규정된다.

제2조 공화국 대통령은 국민의회로 소집된 상원과 하원의 절대다수의 투표에 의해서 선출된다.

공화국 대통령은 7년 동안 임명된다. 공화국 대통령은 재임이 가능하다.

제3조 공화국 대통령은 양원의 구성원과 공동으로 법률에 대한 발의권을 가진다. 공화국 대통령은 양원에 의해 법률이 가결되었을 때 법률을 공포한다. 그리고 공화국 대통령은 법률을 감독하고, 그

집행을 보장한다.

공화국 대통령은 사면권을 가진다. 대사면은 법률에 의해서만 부여될 수 있다.

공화국 대통령은 육군을 통솔한다.

공화국 대통령은 모든 민간·군사 직을 임명한다.

공화국 대통령은 국가적 의식을 주재한다. 공화국 대통령은 외교사절과 대사를 신임장을 주어 파견한다.

공화국 대통령의 각각의 행위는 각료에 의해서 부서되어야 한다.

제4조 현재의 법률의 공포시부터 공석이 발생하게 됨에 따라, 공화국 대통령은 국무회의에서 통상적인 업무를 담당하는 국참사원 위원을 임명한다. 임명된 국참사원 위원들은 내각회의에서 발해진 데크레에 의해서만 해임될 수 있다.

1872년 5월 24일 법률에 의해 임명된 국참사원 위원들은 그들의 임기 만료시까지 단지 이 법률에 의해 정해진 형태로만 해임될 수 있다. 국민의회의 해산 후에는 해임은 단지 상원의 결의로만 이루어질 수 있다.

제5조 공화국 대통령은 상원의 동의에 따라 하원을 그 적법한 임기의 만료 이전에 해산할 수 있다.

이 경우 새로운 선거를 위한 선거인단은 3달 내에 소집된다.

제6조 내각은 의회 앞에 정부의 일반정책은 연대적으로, 그들의 개인적 행동은 개인적으로 책임을 진다.

공화국 대통령은 국가반역죄의 경우만 책임을 진다.

제7조 사망이나 다른 사유로 인한 공석의 경우 소집된 양원은
즉각 새로운 대통령의 선출에 착수한다.
그 기간 동안 국무회의는 집행권을 부여받는다.

제8조 양원은 자발적으로 또는 공화국 대통령의 요구로 인하여
상원과 하원이 서로 분리된 토의를 하고 투표의 절대 다수로 헌법
적 법률에 대한 개정이 있다는 것을 선언할 권리를 가진다.
양원 각각이 이와 같은 결정을 한 다음 양원은 헌법적 법률에
대한 개정에 착수하기 위해서 국민의회로 소집된다.
부분적이든, 전부이든 헌법적 법률에 대한 개정을 위한 토의는
국민의회를 구성하는 구성원의 절대 다수로 이루어져야 한다.
그렇지만, 1873년 11월 20일 법률에 의해서 maréchal *de Mac −
Mahon*에 부여된 권한의 지속기간 동안 이와 같은 개정은 공화국
대통령의 제안에 대해서만 가능하다.

제9조 집행권과 양원의 소재지는 베르사유이다.

* Loi *constitutionnelle sur les rapports des pouvoirs publics.*

DU 16 juillet 1875 (Promulguée au Journal officiel du 18 juillet 1875).[206]

L'ASSEMBLÉE NATIONALE A ADOPTÉ LA LOI dont la teneur suit:

Art. 1er. Le Sénat et la Chambres des députés se réunissent chaque année le second mardi de janvier, à moins d'une convocation antérieure faite par le Président de la République.

Les deux chambres doivent être réunies en session cinq mois au moins chaque année. La session de l'une commence et finit en même temps que celle de l'autre.

Le demanche qui suivra la rentrée, des prières publiques seront adressées à Dieu dans les églises et dans les temples pour appeler son secours sur les travaux des assemblées.

2. Le Président de la République prononce la clôture de la session. Il a le droit de convoquer extraordinairement les Chambres. Il devra les convoquer si la demande en est faite, dans l'intervalle des sessions, par la majorité absolue des membres composant chaque Chambre.

Le Président peut ajourner les Chambres. Toutefois, l'ajournement ne peut excéder le terme d'un mois ni avoir lieu plus de deux fois

---

206) *Bulletin des Lois de la République Française,* XIIe Série. N°260, pp. 1-3.

dans la même session.

3. Un mois au moins avant le terme légal des pouvoirs du Président de la République, les Chambres devront être réunies en Assemblée nationale pour procéder à l'élection du nouveau Président.

A défaut de convocation, cette réunion aura lieu de plein droit le quinzième jour avant l'expiration de ces pouvoirs.

En cas de décès ou de démission du Président de la République, les deux Chambres se réunissent immédiatement et de plein droit.

Dans le cas où, par application de l'article 5 de la loi du 25 fév. 1875, la Chambre des députés se trouverait dissoute au momemt où la Présidence de la République deviendrait vacante, les collèges électoraux seraient aussitôt convoqués, et le Sénat se réunirait de plein droit.

4. Toute assemblée de l'une des deux Chambres qui serait tenue hors du temps de la session commune est illicite et nulle de plein droit, sauf le cas prévu par l'article précédent et celui où le Sénat est réuni comme cour de justice: et, dans ce dernier cas, il ne peut exercer que des fonctions judiciaires.

5. Les séances du Sénat et celles de la Chambre des députés sont publiques.

Néanmoins, chaque Chambre peut se former en comité secret, sur la demande d'un certain nombre de ses membres, fixé par le règlement.

Elle décide ensuite, à la majorité absolue, si la séance doit être reprise en public sur le même sujet.

6. Le Président de la République communique avec les Chambres par des messages qui sont lus à la tribune par un ministre.

Les ministres ont leur entrée dans les deux Chambres et doivent être entendus quand ils le demandent. Ils peuvent se faire assister par des commissaires désignés, pour la discussion d'un projet de loi déterminé, par décret du Président de la République.

7. Le Président de la République promulgue les lois dans le mois qui suit la transmission au Gouvernement de la loi définitivement adoptée. Il doit promulguer dans les trois jours les lois dont la promulgation, par un vote exprès dans l'une et l'autre Chambre, aura été déclarée urgente.

Dans le délai fixé pour la promulgation, le Président de la République peut, par un message motivé, demander aux deux Chambres une nouvelle délibération qui ne peut être refusée.

8. Le Président de la République négocie et ratifie les traités. Il en donne connaissance aux Chambres aussitôt que l'intérêt et la sûreté de l'État le permettent.

Les traités de paix, de commerce, les traités qui engagent les finances de l'État, ceux qui sont relatifs à l'état des personnes et au droit de propriété des Français à l'étranger, ne sont définitif qu'après avoir été votés par les deux Chambres. Nulle cession, nul échange, nulle adjonction de territoire ne peut avoir lieu qu'en vertu d'une loi.

9. Le Président de la République ne peut déclarer la geurre sans l'assentiment préalable des deux Chambres.

10. Chacune des Chambres est juge de l'éligibilité de ses membres et de la régularité de leur élection: elle peut seule recevoir leur démission.

11. Le bureau de chacune des deux Chambres est élu chaque année pour la durée de la session et pour toute session extraordinaire qui aurait lieu avant la session ordinaire de l'année suivante.

Lorsque les deux Chambres se réunissent en Assemblée nationale, leur bureau se compose des président, vice – présidents et secrétaires du Sénat.

12. Le Président de la République ne peut être mis en accusation que par la Chambre des députés et ne peut être jugé que par le Sénat.

Les ministres peuvent être mis en accusation par la Chambre des députés pour crimes commis dans l'exercice de leurs fonctions. En ce cas, ils sont jugés par le Sénat.

Le Sénat peut être constitué en cour de justice par un décret du Président de la République, rendu en Conseil des ministres, pour juger toute personne prévenue d'attentat commis contre la sûreté de l'État.

Si l'instruction est commencée par la justice ordinaire, le décret de convocation du Sénat peut être rendu jusqu'à l'arrêt de renvoi.

Une loi déterminera le mode de procéder pour l'accusation, l'instruction et le judgement.

13. Aucun membre de l'une ou de l'autre Chambre ne peut être poursuivi ou recherché à l'occasion des opinions ou votes émis par lui dans l'exercice de ses fonctions.

14. Aucun membre de l'une ou de l'autre Chambre ne peut, pendant la durée de la session, être poursuivi ou arrêté en matière criminelle ou corectionnelle qu'avec l'autorisation de la Chambre dont il fait partie, sauf le cas de flagrant délit.

La détention ou la poursuite d'un membre de l'une ou de l'autre Chambre est suspendue pendant la session, et pour toute sa durée, si la Chambre le requiert.

Délibéré en séances publiques, à Versailles, les 22 Juin, 7 et 16 Juillet 1875.

제1조 상원과 하원은 공화국 대통령에 의한 사전 소집통지가 없는 한, 매년 1월의 두 번째 화요일에 소집된다.

양원은 매년 적어도 5달의 회기로 소집된다. 하나의 원의 회기는 다른 원의 회기와 동시에 시작되며, 동시에 종료된다.

양원의 개회 뒤에 일요일에 의회의 업무에 대한 신의 은총을 요청하기 위해서 교회나 사원에서 공적인 기도가 신에게 이루어진다.

제2조 공화국 대통령은 폐회를 선언한다. 공화국 대통령은 예외적으로 의회를 소집할 권한을 가진다. 회기 사이에 각원을 구성하는 구성원의 절대 다수의 요구가 있을 경우 공화국 대통령은 의회를 소집해야 한다. 공화국 대통령은 휴회할 수 있다. 그렇지만, 휴회는 한 달의 기간을 넘을 수 없으며, 동일 회기에 두 번 이상 할 수 없다.

제3조 공화국 대통령의 법적인 임기의 적어도 한 달 전에 양원은 새로운 대통령의 선출을 위해서 국민의회로 소집되어야 한다.

이와 같은 소집통지가 없을 경우, 이 소집은 공화국 대통령의 임기만료 2주일 전에 적법하게 이루어진다.

공화국 대통령의 사망과 사임의 경우, 양원은 즉각 자동 소집된다.

1875년 2월 25일 법률 제5조의 적용에 따라 공화국 대통령직이 공석일 때 하원이 해산된 경우 선거인단은 즉시 소집되며, 상원은 당연히 가장 빠른 기간 내에 개회된다.

제4조 통상적인 회기기간 외에 개최된 양원 중의 한 원의 어떠한 모임도 상원이 법원으로 구성되어 단지 사법적인 권한만을 행사하는 경우를 제외하고는 불법적이며, 정당하지 않다.

제5조 상원과 하원의 회기는 공개된다. 그럼에도 불구하고, 상원과 하원은 규칙에 따라 정해진 상당한 숫자의 의원들의 요구로 비공개 위원회의 형태로 구성될 수 있다. 각원은 절대 다수의 요구에 따라 동일한 문제에 대해서 회기를 공개적으로 개최할 것인지에 대해 결정한다.

제6조 공화국 대통령은 각료에 의해 연단에서 낭독되는 교서를 통해 양원과 연락한다. 각료들은 양원에 출입하고, 양원의 요구가 있는 경우 답변한다. 각료들은 공화국 대통령의 데크레가 정하는 법률안의 토의를 위해서 관련 정부위원의 도움을 받을 수 있다.

제7조 공화국 대통령은 최종적으로 채택된 법률이 정부로 이송된 다음 달 내에 법률을 공포한다. 공화국 대통령은 각각의 원의 명시적인 투표를 통해서 긴급하다고 선언하는 법률에 대해서는 3일 내에 공포해야 한다.
공포를 위해 정해진 기간 동안 공화국 대통령은 정당한 이유 있는 교서를 통해서 새로운 토의를 양원에 요구할 수 있으며, 이는 거부될 수 없다.

제8조 공화국 대통령은 조약을 협상하고, 체결한다. 공화국 대통

령은 국가의 이익과 안정이 이를 허용하는 한 빨리 양원에 조약의 협상과 체결에 대해서 알려야 한다.

평화조약, 통상조약, 국가의 재정에 관한 조약, 개인의 신분에 관한 조약과 외국에서의 프랑스인의 재산권에 관한 조약은 양원에 의해 가결된 후에만 최종적이 된다. 어떠한 영토의 할양, 교환, 부속도 법률에 의하지 않고는 불가능하다.

제9조 공화국 대통령은 양원의 사전 동의 없이는 전쟁을 선포할 수 없다.

제10조 상원과 하원은 그 구성원의 피선거 자격과 그 선거의 적법성에 대한 심사를 한다. 상원과 하원만이 그 구성원의 사임을 받는다.

제11조 상원과 하원의 사무국은 회기기간 동안 그리고 다음해의 정기회전에 일어날 모든 임시회를 위해서 선출된다.

양원이 국민의회로 소집될 때, 그들의 사무국은 상원의 의장, 부의장, 비서로 구성된다.

제12조 공화국 대통령은 하원에 의해서만 소추될 수 있으며, 상원에 의해서만 심판될 수 있다.

각료들은 그들의 직무수행상 행한 범죄로 인하여 하원에 의해 소추될 수 있다. 이 경우에 각료들은 상원에 의해 심판된다.

상원은 국가적 안전에 대한 침해로 고소당한 모든 사람들을 심판하기 위해서 내각회의에서 내려진 공화국 대통령의 데크레에 의해 법원으로 구성될 수 있다.

만약 일반법원에 의해서 심리가 시작되었다면, 상원의 소집 데크레는 법원이송결정 이전에 발할 수 있다.

하나의 법률이 소추, 심리, 판결의 실행방법을 정한다.

제13조 상원의원과 하원의원은 직무상 행한 발언과 표결을 이유로 소추되거나 조사받지 않는다.

제14조 상원의원과 하원의원은 현행범의 경우를 제외하고, 회기 중 그가 속하고 있는 의회 동의 없이는 범죄와 경범죄에 대해서 소추되거나 체포되지 않는다.

상원의원과 하원의원에 대한 구금과 소추는 회기동안, 그리고 그 회기가 진행되는 모든 기간 동안 각원의 요구가 있는 동안 중단된다.

참고문헌

1. 1차 자료

Assemblée nationale 1871~1875, 『Annales de l'Assemblée nationale』, Paris: Impr. du Journal officiel , 1871~1876.

Conseil d'État, 『Lois annotées ou Lois, décrets, ordonnances, avis du Conseil d'État 7e SÉRIE』, Paris: Bureaux de l'administration. 1852 -

『Bulletin des lois de la République française』, Paris: Imprimerie nationale, 1794~1931.

2. 단행본

기독교대백과사전편찬위원회, 『기독교대백과사전 Ⅰ』, 기독교문사, 1981.

_____, 『기독교대백과사전 ⅩⅡ』, 기독교문사, 1984.

김민제, 『프랑스 혁명의 이상과 현실』, 역민사, 1998.

노명식, 『프랑스 제3공화정연구 - 그 확립문제를 중심으로』, 탐구당, 1976.

_____, 『프랑스 혁명에서 빠리꼼뮨까지(1789~1871)』, 도서출판 까치, 1980.

민석홍(편), 『프랑스 혁명사론』, 까치, 1987.

성낙인, 『프랑스 헌법학』, 법문사, 1995.

정종섭, 『헌법연구 (1)』, 철학과 현실사, 1994.

Adoumié, V., 『Histoire de la France: De la Monarchie à la République

1815~1879』, Paris: Hachette, 2004.

Agulhon, M., 『Le Cercle dans La France Bourgeoise 1810~1848』, Paris: Armand Colin, 1977.

Albert, J.V., 『Mémoires du Duc de Broglie Ⅱ, 1870~1875』, Paris: Aux Armes de France, 1941.

Albertini, P., 『Le Droit de Dissolution et les Systèmes Constitutionnels Français』, Paris: PUF, 1977.

Alland, D. et Rials, S.(sous la direction de), 『Dictionnaire de la culture juridique』, Paris: PUF, 2003.

Antonetti, G., 『Histoire contemporaine politique et sociale』, Paris: PUF(9ème éd.), 2003.

_____, 『La monarchie constitutionnelle』, Paris: Montchrestien, 1998.

_____, 『La Monarchie Constitutionnelle』, Paris: Montchrestien, 1998.

Avril, P. et Gicquel, J., 『Droit parlementiare』, Paris: Montchrestien, 2004.

Backouche, I., 『La Monarchie Parlementaire 1815~1848 de Louis Ⅹ Ⅷ à Louis − Philippe』, Paris: Pygmalion Gérard Watelet, 2000.

Barbiche, B., 『Les Institutions de la Monarchie Française à l'époque moderne Ⅹ Ⅵᵉ − Ⅹ Ⅷᵉ siècle』, Paris: PUF, 2001.

Barral, P., 『Les Fondateurs de la Troisième République』, Paris: Armand Colin, 1968.

Barthélemy, J., 『Crise de la Démocratie Représentative』, Paris: Marcel Giard, 1928.

Barthélemy, J. / Duez, P., 『Traité de droit constitutionnel』, Paris: Panthéon Assas(Ed.), 2004.

Beik, P.H., 『Louis Philippe and The July Monarchy』, Princeton: D. Van Nostrand Company, 1965.

Blanc, L., 『Histoire de la Constitution du 25 février 1875』, Paris: G. Charpentier, 1882.

Bodineau, P. et Verpeaux, M., 『Histoire Constitutionnelle de la France』,

Paris: PUF, 2004.

Bouju, P.M. et Dubois, H., 『La Trosième République (1870~1940)』, Paris: PUF, 1995.

Broglie, D. de., 『Vues sur le Gouvernement de la France』, Paris: Michel Lévy Frères, 1870.

Burdeau, F., 『La troisième République』, Paris: Monchrestien, 1996.

Burdeau, G., 『Traité de Science Politique Ⅰ – Le Pouvoir Politique』, Paris: L.G.D.J., 1949.

_____, 『Traité de Science Politique Ⅱ – L'État』, Paris: L.G.D.J., 1949.

_____, 『Traité de Science Politique Ⅳ – Les Régimes Politiques』, Paris: L.G.D.J., 1952.

_____, 『Traité de Science Politique Ⅴ – L'État Libéral et les Techniques Politiques de la Démocratie Gouvernée』, Paris: L.G.D.J., 1953.

_____, 『Traité de Science Politique Ⅵ – La Démocratie Gouvernmant son Assise Sociale et sa Philosophie Politique』, Paris: L.G.D.J., 1956.

_____, 『Traité de Science Politique Ⅶ – La Démocratie Gouvermant ses Structures Gouvernementales』, Paris: L.G.D.J., 1957.

_____, 『Traité de Science Politique Ⅲ – Le Statut du Pouvoir dans l'État』, Paris: L.G.D.J., 1949.

Calmon, 『Discours Parlementaires de M. Thiers ⅩⅢ』, Paris: Calmann Lévy, 1882.

Chastenet, J., 『Histoire de la Troisième République – Déclin de la Trosième 1931~1938』, Paris: Hachette, 1962.

_____, 『Histoire de la Troisième République – Jours Inquiets et Jours Sanglants 1906~1918』, Paris: Hachette, 1955.

_____, 『Histoire de la Troisième République – La République des Républicains 1879~1893』, Paris: Hachette, 1954.

_____, 『Histoire de la Troisième République – Le Drame Final

1938～1940』, Paris: Hachette, 1963.

_____, 『Histoire de la Troisième République – L'enfance de la Trosième 1870～1879』, Paris: Hachette, 1952.

_____, 『Histoire de la Troisième République – La République Triomphante 1893～1906』, Paris: Hachette, 1955.

_____, 『Histoire de la Troisième République – Les Années d'Illusions 1918～1931』, Paris: Hachette, 1960.

Chateaubriand, V. de., 『De la Monarchie selon la Charte』, Paris: Normant, 1816.

Chevallier, J.‒J., 『Histoire des institutions et des Régimes politiques de la France moderne』, Paris: Dalloz(3ème éd.), 1967.

Cornu, G.(sous la direction de), 『Vocabulaire juridique』, Paris: PUF, 2005.

Dangin, P.T., 『Histoire de la Monarchie de Juillet Ⅰ』, Paris: Plon, 1888.

_____, 『Histoire de la Monarchie de Juillet Ⅱ』, Paris: Plon, 1888.

_____, 『Histoire de la Monarchie de Juillet Ⅲ』, Paris: Plon, 1888.

_____, 『Histoire de la Monarchie de Juillet Ⅳ』, Paris: Plon, 1888.

_____, 『Histoire de la Monarchie de Juillet Ⅴ』, Paris: Plon, 1889.

_____, 『Histoire de la Monarchie de Juillet Ⅵ』, Paris: Plon, 1892.

_____, 『Histoire de la Monarchie de Juillet Ⅶ』, Paris: Plon, 1892.

_____, 『Le Parti Libéral sous la Restauration』, Paris: Plon, 1876.

Deslandres, M., 『Histoire constitutionnelle de la France – L'Avènement de la Troisième République, La Constitution de 1875 Ⅲ』, Paris: Armand Colin et Recueil Sirey, 1937.

_____, 『Histoire constitutionnelle de la France de 1789 à 1870 Ⅰ』, Paris: Armand Colin et Recueil Sirey, 1932.

_____, 『Histoire constitutionnelle de la France de 1789 à 1870 Ⅱ』, Paris: Armand Colin et Recueil Sirey, 1932.

Duguit, L. Monnier, H. et Bonnard, R., 『Les Constitutions et les Principales Lois Politiques de la France depuis 1789』, Paris: L.G.D.J., 1952.

_____, 『Discours Politiques et Judiciaires, Rapports et Messages de Jules Grévy Ⅰ』, Paris: Maison Quantin, 1888.

_____, 『Discours Politiques et Judiciaires, Rapports et Messages de Jules Grévy Ⅱ』, Paris: Maison Quantin, 1888.

_____, 『Manuel de Droit constitutionnel』, Paris: E. de Boccard, 1923.

_____, 『Traité de droit constitutionnel Ⅰ』, Paris: Fontemoing & Cie, 1924.

_____, 『Traité de droit constitutionnel Ⅱ』, Paris: Fontemoing & Cie, 1924.

_____, 『Traité de droit constitutionnel Ⅲ』, Paris: Fontemoing & Cie, 1924.

_____, 『Traité de droit constitutionnel Ⅳ』, Paris: Fontemoing & Cie, 1924.

_____, 『Traité de droit constitutionnel Ⅴ』, Paris: Fontemoing & Cie, 1924.

Duverger, M., 『Les Constitutions de la France』, Paris: PUF, 1983.

_____, Les Constitutions de la France. 문광삼 · 김수현(역), 『프랑스 헌법과 정치사상』, 해성, 2003.

E. Zevort, 『Histoire de la Troisième République – La Présidence de Jules Grévy』, Paris: Félix Alcan, 1898.

Esmein, A., 『Éléments de droit constitutionnel français et comparé』, Paris: Recueil Sirey(6ème éd.), 1914.

Fagniez, G., 『Le Duc de Broglie (1821~1901)』, Paris: Perrin et Cie, 1902

Furet F. et Ozouf, M.(sous la direction de), 『Le Siècle de l'Avènement Républicain』, Paris: Gallimard, 1993.

G. Lowes Dickinson, M.A., 『The Development of Parliament during the Nineyeenth Century』, London: Longmans, Green, And Co., 1895.

Garrigou, A., 『Histoire Sociale du Suffrage Universel en France 1848~2000』, Paris: Seuil, 2002.

Garrigues, J.(sous la direction de), 『Histoire du Parlement de 1789 à nos jours』, Paris: Armand Colin, 2007.

Gicquel J. et Gicquel, J.É., 『Droit Constitutionnel et Institutions Politiques』, Paris: Montchrestien, 2005.

Godechot. J., (저) / 국회법제자료실, 『Les Constitutions de la France depuis 1789(불란서헌법사)』, 서울: 국회도서관 법제자료실, 1973.

Goguel, F., 『La politique des Partis sous la Ⅲe République』, Paris: Seuil, 1957.

Gouault, J., 『Comment la France est devenue Republicaine – Les élections générales et partielles à l'Assemblée nationale 1870~1875』, Paris: Armand Colin, 1954.

Gouet, Y., 『Qu'est – ce que le Régime Parlementaire?』, Paris: Marcel Giard, 1932.

Grévy, J., 『La République des opportunistes (1870~1885)』, Paris: errin, 1998.

Halévy, D., 『La Fin des Notables – La Fin des Notables Ⅰ』, Paris: Grasset, 1995.

_____, 『La Fin des Notables – La République des ducs Ⅱ』, Paris: Grasset, 1995.

_____, 『Pour L'Étude de La Troisième République』, Paris: Bernard Grasset, 1937.

Hamon, F. et Troper, M., 『Droit Constitutionnel』, Paris: L.G.D.J., 2005.

Hamon, L et Lobrichon, G., 『L'Élection du Chef de l'État en France – De Hugues Capet À Nos Jours』, Paris: Beauchesne, 1988

Hanotaux, G., 『Histoire de la France contemporaine Ⅰ – Le Gouvernement de M. Thiers.』, Paris: Ancienne Librairie Furne.

_____, 『Histoire de la France contemporaine Ⅱ – La Présidence du Maréchal de Mac – Mahon * L'Échec de la Monarchie』, Paris: Ancienne Librairie Furne.

_____, 『Histoire de la France contemporaine Ⅲ – La Présidence du Maréchal de Mac – Mahon ** La Constitution de 1875』,

Paris: Ancienne Librairie Furne.

_____, 『Histoire de la France contemporaine Ⅳ－La République Parlementaire』, Paris: Ancienne Librairie Furne.

_____, 『L'Échec de la Monarchie et la Fondation de la République (Mai 1873~Mai 1876)－Tome Ⅱ』, Paris: Plon, 1926.

_____, 『L'Échec de la Monarchie et la Fondation de la République (Mai 1873~Mai 1876)－Tome Ⅰ』, Paris: Plon, 1926.

_____, 『Le Gouvernement de M. Thiers (1870~1873)－Ⅰ』, Paris: Plon, 1925.

_____, 『Le Gouvernement de M. Thiers (1870~1873)－Ⅱ』, Paris: Plon, 1925.

Hauriou, M., 『Précis de Droit constitutionnel』, Paris: Recueil Sirey(2ème éd.), 1929.

Isoart, P. et Bidegaray, C., 『Des Républiques françaises』, Paris: Economica, 1988.

Jackson, J.H., 『Clemenceau and the Third Republic』, London: The English Universities Press, 1965.

Jean Tulard, J.(sous la direction de), 『Dictionnaire Napoléon』, Paris: Fayard, 2004.

Joly, J.C., 『Histoire de Louis－Philippe d'Orléans et de l'Orléanisme Ⅱ』, Paris: Lagny Frères, 1863.

_____, 『Histoire de Louis－Philippe d'Orléans et de l'Orléanisme Tome Second』, Paris: Lagny Frères, 1862.

_____, 『Histoire de Louis－Philippe d'Orléans et de l'Orléanisme Ⅰ』, Paris: Lagny Frères, 1862.

_____, 『Histoire de Louis－Philippe d'Orléans et de l'Orléanisme Tome Premier』, Paris: Lagny Frères, 1862.

Laboulaye, É., 『Questions constitutionnelles』, Paris: Charpentier et Cie, 1872.

Laferrière, F. J., 『Les Députés Fonctionnaires sous la Monarchie de

Juillet』, Paris: PUF, 1970.

Laffitte, P., 『Le Suffrage Universel et le Régime Parlementaire』, Paris: Hachette et Cie, 1888.

Lefebvre, C., 『Étude sur Les Lois Constitutionnelles de 1875』, Paris: Librairie A. Maresco Ainé, 1882.

Lejeune, D., 『La France des débuts de la Ⅲᵉ République, 1870~1896』, Paris: Armand Colin, 2005.

Lentz, T., 『Napoléon Ⅲ』, Paris: PUF, 1995.

_____, 『Napoléon』, Paris: PUF, 2003.

Lévy, E.B., 『Histoire de Quinze Ans』, Paris: Chez Tous Les Libraires, 1886.

Locke, R.R., 『French Legitimists and the Politics of Moral Order in the Early Third Republic』, Princeton: Princeton University Press, 1974.

Malberg, R.C. de, 『Contribution à la Théorie générale de l'État Tome Ⅱ』, Paris: Recueil Sirey, 1920.

_____, 『Contribution à la Théorie générale de l'État Tome Ⅰ』, Paris: Recueil Sirey, 1920.

_____, 『La loi, expression de la volonté générale: Étude sur le concept de la loi dans la Constitution de 1875』, Paris: Recueil Sirey, 1931.

Martin, M.L. et André Cabanis, A., 『Histoire Constitutionnelle et Politique de la France de la Révolution à nos jours』, Paris: L.G.D.J., 2000.

Mathieu, B. et Verpeaux, M., 『Droit Constitutionnel』, Paris: PUF, 2004.

Mayeur J.M. et Corbin A.(sous la direction de), 『Les Immortels du Sénat 1875~1918 - Les cent seize inamovibles de la Troisième République』, Paris: Publications de la Sorbonne, 1995.

Mayeur, J.M., 『La Vie Politique sous la Trosième République 1870~1940』, Paris: Seuil, 1984.

_____, 『Les débuts de la Ⅲᵉ République 1871~1898』, Paris: Seuil, 1973.

_____, Jean - Pierre Chaline et Alain Corbin(sous la direction de), 『Les Parlementaires de la Troisième République』, Paris: Publications de la Sorbonne, 2003.

Morabito, M., 『Histoire constitutionnelle de la France (1789~1958)』, Paris: Montchrestien(8ème éd.), 2004.

Morange, J., La Déclaration des droits de l'homme et du citoyen: 26 août 1789. 변해철(역), 『1789년 인간과 시민의 권리선언』, 탐구당, 1999.

Moreau, F., 『Pour le Régime Parlementaire』, Paris: Ancienne Librairie Thorin et Fils, 1903.

_____, 『Précis Élémentaire de Droit Constitutionnel』, Paris: Recueil Sirey, 1921.

Nicolet, C., 『L'idée Républicaine en France(1789~1924)』, Paris: Gallimard, 1982.

Paradol, P., 『La France nouvelle』, Paris: Michel Lévy Frères, 1868.

Pesquidoux, D. de., 『Le Comte de Chambord d'après lui – même』, Paris: Victor Palmé, 1887.

Pierre, E., 『De la Procédure Parlementaire – étude sur le mécanisme intérieur du pouvoir législatif』, Paris: Maison Quantin, 1887.

Pierre, E., 『Traité de Droit Politique électoral et parlementaire Ⅰ』, Paris: Editions Loysel, 1989.

_____, 『Traité de Droit Politique électoral et parlementaire Ⅱ』, Paris: Editions Loysel, 1989.

Pilbeam, P.M., 『Republicanism in Nineteenth – Century France, 1814~1871』, New York: St. Martin's Press, 1995.

Ponteil, F., 『La Monarchie Parlementaire 1815~1848』, Paris: Armand Colin, 1949.

_____, 『Les Institutions de la France de 1814 à 1870』, Paris: PUF, 1966.

Pradalié, G., 『Le Second Empire』, Paris: PUF, 1987.

Prélot, M., 『Précis de Droit Constitutionnel』, Paris: Dalloz, 1948.

Rebérioux, M., 『La République radicale? 1898~1914』, Paris: Seuil,

1975.

Reinach, J., 『Discours et plaidoyers choisis de Léon Gambetta』, Paris: G. Charpentier, 1883.

Reinach, J., 『La Politique Opportuniste - 1880~1889』, Paris: Charpentier, 1890.

Rémond, R., 『La vie politique en France depuis 1789 Tome 1(1789~1848)』, Paris: Pocket, 2005.

_____, 『La vie politique en France depuis 1789 Tome 2(1848~1879)』, Paris: Pocket, 2005.

_____, 『Les droits en France』, Paris: Aubier Montaigne, 1982.

Renoux T.S. et Villiers, M. de., 『Code Constitutionnel』, Paris: Litec, 2005.

Rials, S., 『Révolution et Contre - Révolution au Ⅹ Ⅸ e Siècle』, Paris: Diffusion Université Culture et Albatros, 1987.

Robert, H., 『L'orléanisme』, Paris: PUF, 1992.

_____, 『La Monarchie de Juillet』, Paris: PUF, 2000.

Sieyès, E.J., Qu'est - ce que le Tiers - état? 박인수(역), 『제3신분이란 무엇인가』, 책세상, 2003.

Valensise, M., 『François Guizot et La Culture Politique de son Temps』, Paris: Gallimard, 1991.

Valette, J.P., 『Le Pouvoir exécutif en France de 1789 à nos jours』, Paris: Ellipses, 1999.

Vidalenc, J.『La Restauration(1814~1830)』, Paris: PUF, 1973.~

Wallon, H., 『Discours prononcé par M. Wallon - Discussion du Projet de Résolution Tendant A La Révision Partielle des Lois Constitutionnelles』, Paris: Journal Officiel, 1884.

3. 논 문

안민석, 『불랑제 사건: 프랑스 정치사의 전환기(1886~1889)』, 서울대학교 석사학위논문 (서양사학과), 2004.

전수연,『공화주의의 파종－1870년대 프랑스 공화파의 대농민 정치선
　　　전조직을 중심으로』,『서양사론』제36호, 1991.

＿＿＿,『프랑스 7월 왕정의 지방자치제와 농민－＜1831년 선거법＞을
　　　중심으로－』,『인문과학』제69·70합집, 연세대학교 인문과학연
　　　구소, 1993.

＿＿＿,『프랑스 제3공화국의 상원과 지방자치』,『인문과학』제76·77
　　　합집, 연세대학교 인문과학연구소, 1997.

＿＿＿,『프랑스 제3공화국의 헌법 개정, 1875～1889』,『프랑스사 연
　　　구』제2호, 1999.

정종섭,『한국헌법사에 등장한 국무총리제도의 연원』,『서울대 법학』,
　　　제45권 4호, 2004.

최갑수,『1830년의 7월 혁명: '잊혀졌던 혁명'의 발견?』,『서양사론』제
　　　33호, 1989.

한태연,『공화국의 이론적 과제－미국헌법과 프랑스 헌법을 중심으로－』,
　　　『동아법학』, 제24호, 1998.

＿＿＿,『근대헌법에 있어서의 양원제 권력분립의 원리에 있어서의 또
　　　하나의 과제(上)』,『고시연구』, 2001, 9월호.

＿＿＿,『근대헌법에 있어서의 양원제 권력분립의 원리에 있어서의 또
　　　하나의 과제(中)』,『고시연구』, 2001, 10월호.

＿＿＿,『근대헌법에 있어서의 양원제 권력분립의 원리에 있어서의 또
　　　하나의 과제(下)』,『고시연구』, 2001, 11월호.

＿＿＿,『레페랜덤과 쁠레비시뜨－근대국가에 있어서의 국민투표제의
　　　이론과 실제－』,『동아법학』, 제5호, 1987.

＿＿＿,『의원내각제의 현대적 상황－그 이론과 실제－』,『동아법학』,
　　　창간호, 1985.

홍태영,『루이 나폴레옹의 제2제정과 1860년대 성치적 자유주의』,『프
　　　랑스사연구』, 제6호, 2002.

＿＿＿,『프랑스 공화주의 모델의 형성: 제3공화국과 민주주의의 공고
　　　화 (1885～1940)』,『한국정치학회보』, 제39집 3호, 2005.

Tudesq, A.J.,『Les Pairs de France au Temps de Guizot』,『Revue d'Histoire Moderne et Comtemporaine』,Tome Ⅲ. 1956.

Bonnefon, J., 『Le Régime Parlementaire sous la Restauration』, Paris: V. Giard & E. Brière, 1905.

Bourgougnon, A., 『Étude Historique du Droit de Dissolution de la Chambre des Députés sous la Restauration』, Paris: Émile Larose, 1909.

Caty, G., 『La Revision de 1884』, 『Politique』, 1966, Tome Ⅸ, Numéros 33 – 36.

Combredet, G., 『Le vote des Lois Constitutionnelles de 1875 et les Débuts de leur Application』, Algérie: F. Zaragozi, 1930.

Dogan, M., 『La Stabilité du Personnel Parlementaire sous la Troisième Rèpublique』, 『Revue française de Science Politique』, 1953, Janvier – Mars.

Feydy, J., 『Les Commissions des Trente et La Loi Constitutionnelle du 24 Février 1875』, 『Politique』, 1966, Tome Ⅸ, Numéros 33 – 36.

Gicquel, J.É., 『Les Idées Constitutionnelles de Prévost – Paradol』, 『Revue Administrative』, 2000 Juillet – Août.

Gigout, P., 『Théorie de la Responsabilité politique des Ministres dans la Constitution de 1875』, Dijon: Imprimerie Barbier – Marilier, 1898.

Girard, L., 『Une Constitution Mort – Née: Le Projet de Loi sur Les Pouvoirs Publics de Mai 1873』, 『Études Européennes – Mélanges offerts à Victor – Lucien Tapié』, Paris: Publications de La Sorbonne, 1973.

Jaume, L., 『Le Concept de 《Responsabilité des Ministres》 chez Benjamin Constant』, 『Revue Française de Droit Constitutionnel』, 2000(42).

Lupi, G., 『La Dissolution sous Les Deux Chartres』, 『Politique』, 1958, Janvier – Mars.

Machelon, J.P., 『Victor de Broglie et Les Vues sur Le Gouvernement de La France』, 『Coppet, Creuset de L'esprit Libéral』, Paris: Economica, 1998.

Malberg, R.C. de, 『La Constitutionnalité des Lois et La Constitution de

1875』, 『Revue Politique & Parlementaire』, Tome 132, 1927.

Marichy, J.P., 『La Deuxième Chambre dans la Vie Politique Français depuis 1875』, Paris: L.G.D.J., 1967.

Matter, P., 『Histoire du Droit de Dissolution en France』, 『Annales de l'École libre des Sciences Politiques』, 1898.

Perny, A.F., 『Le Pouvoir Constituant sous la Monarchie de Juillet』, Paris: L. Boyer, 1901.

Pouthas, C., 『Les Ministères de Louis‐Philippe』, 『Revue d'Histoire Moderne et Contemporaine』, Tome Ⅰ, 1954.

Pradon, J., 『L'École du Correspondant' et le Bicaméralisme』, 『Politique』, 1966, Tome Ⅸ, Numéros 33‐36.

Pradon, J., 『L'École du ≪Correspondant≫』, 『Revue Internationale d'Histoire Politique et Constitutionnelle』, 1955, Avril‐Juin N° 18.

Prélot, M., 『La Signification Constitutionnelle du Second Empire』, 『Revue française de Science Politique』, 1953, Janvier‐Mars.

Rigny, L., 『Le Droit de Dissolution dans la Constitution de 1875』, Paris: L. Larose & Forcel, 1900.

Roche, J., 『Paul Prévost‐Paradol』, 『Revue Internationale d'Histoire Politique et Constitutionnelle』, 1955, Avril‐Juin N° 18.

Soto, J. de., 『Édouard de Laboulaye』, 『Revue Internationale d'Histoire Politique et Constitutionnelle』, 1955, Avril‐Juin N° 18.

Soulier, A., 『La Ⅲe République entre dans l'Histoire』, 『Revue Internationale d'Histoire Politique et Constitutionnelle』, 1955, Avril‐Juin N° 18.

_____, 『L'instabilité Ministérielle sous la Trosième République (1871~1938)』, Paris: Recueil Sirey, 1939.

Vanauld, P., 『Le Droit d'Interpellation sous la Monarchie de Juillet』, Aix‐en‐provence: P. Pourcel, 1909.

Zollinger, H., 『L'Assemblée nationale de 1871 et son oeuvre constituante』, Beaune: Imprimerie René Bertrand, 1911.

Claveau, V. A., 『Le 24 mai 1873』, 『Revue de Paris』, 1914 Janvier.

4. 인터넷주소

http://cujas − front.univ − paris1.fr/
http://fr.wikipedia.org/
http://gallica.bnf.fr/
http://www.assembleenationale.fr/
http://www.bnf.fr/
http://www.journal − officiel.gouv.fr/
http://www.legifrance.gouv.fr/
http://www.senat.fr/

한동훈 ─────────────────────────────

▌약력

　영남대학교 법과대학 법학사(1998)
　경북대학교 법과대학 법학석사(헌법전공, 2003)
　프랑스 파리 제2대학교(Panthéon - Assas) 방문연구자(Chercheur invité), 2005~2006
　서울대학교 법과대학 법학박사(헌법전공, 2008)
　현재 한국법제연구원 부연구위원

▌주요논문

　1. 프랑스법상 집회와 시위에 관한 소고, 법제연구 통권 제35호, 2008.12, 한국법제연구
　　원(등재지)
　2. 2008년 프랑스 헌법 개정에 관한 소고, 토지공법연구 제43집 제3호, 2009.02, 한국토
　　지공법학회(등재지)

프랑스 제3공화국 헌정체제
- 초기 정립과정을 중심으로 -

초판인쇄 ｜ 2009년 5월 30일
초판발행 ｜ 2009년 5월 30일

지은이 ｜ 한동훈
펴낸이 ｜ 채종준
펴낸곳 ｜ 한국학술정보㈜
주　소 ｜ 경기도 파주시 교하읍 문발리 파주출판문화정보산업단지 513-5
전　화 ｜ 031) 908-3181(대표)
팩　스 ｜ 031) 908-3189
홈페이지 ｜ http://www.kstudy.com
E-mail ｜ 출판사업부　publish@kstudy.com

등　록 ｜ 제일산-115호(2000. 6. 19)
가　격 ｜ 30,000원

ISBN　　　　　　　　　　0 (Paper Book)
　　　978-89-268-0020-1 98360 (e-Book)

내일을여는지식 ▉ 은 시대와 시대의 지식을 이어 갑니다.